Éditions du cram
MONTRÉAL

Au
CŒUR
L'INTELLIGENCE

Du même auteur chez le même éditeur

Relation d'aide et amour de soi

La communication authentique

Éduquer pour rendre heureux

La liberté dans la relation affective

Vivre en couple et heureux, c'est possible

Aimer sans perdre sa liberté

La guérison intérieure, un sens à la souffrance

L'acceptation et le lâcher-prise

Les 7 étapes du lâcher-prise

3 grands secrets pour réussir votre vie amoureuse

De quel système relationnel êtes-vous prisonnier ?

Surmonter les difficultés relationnelles le cœur en paix

L'amour de soi

Du même auteur aux éditions Jouvence

Petit cahier d'exercices pour identifier les blessures du cœur

Petit cahier d'exercices pour soulager les blessures du cœur

Les 7 étapes du lâcher-prise

La guérison intérieure par l'acceptation et le lâcher-prise (épuisé)

10 vertus pour cultiver son jardin intérieur (collectif)

De quel système relationnel êtes-vous prisonnier ? (épuisé)

Surmonter les difficultés relationnelles le cœur en paix

Au
CŒUR L'INTELLIGENCE

Colette Portelance

Éditions du cram

Les Éditions du CRAM
1030 Cherrier, bureau 205,
Montréal (Québec) H2L 1H9
514 598-8547
www.editionscram.com

Photographie de l'auteur
Laforest et Sabourin
Conception graphique
Audrey Phillips
Édition
Marie Desjardins
Illustrations de couverture
© iStockphoto

Dépôt légal – 3e trimestre 2021
Bibliothèque et Archives nationales du Québec
Bibliothèque et Archives Canada

Gouvernement du Québec – Programme de crédit d'impôt pour l'édition de livres – Gestion SODEC.

Société de développement des entreprises culturelles Québec

Financé par le gouvernement du Canada | Canada

Canada : Diffusion Prologue
France et Belgique : DG Diffusion
Suisse : Transat Diffusion

Catalogage avant publication de Bibliothèque et Archives nationales du Québec et Bibliothèque et Archives Canada

Titre: Au cœur de l'intelligence / Colette Portelance.

Nom: Portelance, Colette, 1943- auteure.

Description: Comprend des références bibliographiques.

Identifiants: Canadiana (livre imprimé) 2021005168X | Canadiana (livre numérique) 20210051698 | ISBN 9782897212827 (couverture souple) | ISBN 9782897212834 (PDF) | ISBN 9782897212841 (EPUB) | ISBN 9782897212858 (MOBI)

Vedettes-matière: RVM: Intelligences multiples. | RVM: Intelligence.

Classification: LCC BF432.3.P67 2021 | CDD 153.9—dc23

Imprimé au Canada

TABLE DES MATIÈRES

À tous mes étudiants
de l'école secondaire Rigaud,
*du Centre de relation d'aide de Montréal (CRAM*MD*)*
et de l'École internationale de formation à l'ANDC (EIF).
Sans vous ce livre n'aurait jamais vu le jour.

INTRODUCTION

Écrire sur l'intelligence humaine, c'est pénétrer dans un domaine tellement vaste et d'essence tellement abstraite qu'il peut sembler, *a priori*, inaccessible, voire paradoxalement « inintelligible ». Ce n'est pas, d'ailleurs, par un attrait de nature cartésienne que j'ai été amenée à m'intéresser à ce sujet d'une ampleur et d'une profondeur que j'estime aujourd'hui considérables. La recherche théorique que j'ai effectuée pour écrire ce livre résulte d'un besoin de compléter et de mettre en mots mes observations empiriques en tant que pédagogue. Autrement dit, c'est en travaillant pendant presque vingt ans comme enseignante aux adolescents à l'école secondaire de Rigaud, ma ville natale, que mon questionnement à propos de l'intelligence des apprenants et mes doutes concernant les tests d'intelligence ont commencé à occuper, chaque jour davantage, mon esprit. Des questions comme celles-ci se sont imposées à ma conscience dès le début de ma carrière :

> Comment expliquer que certains élèves prennent un plaisir évident à apprendre et participent volontiers au processus pédagogique alors que d'autres s'y prêtent avec beaucoup moins d'enthousiasme, voire avec résistance, rébellion ou résignation ?
>
> Pourquoi ces derniers qui, comme les autres, ont tout de même réussi à se rendre au cours secondaire, manifestent-ils moins d'intérêt à l'apprentissage que les premiers, et pourquoi ont-ils tant de difficulté à obtenir la note de passage ?

Ç'aurait été tellement facile pour moi de porter un jugement défavorable sur les rendements de ces élèves en difficulté, de leur reprocher leur manque évident de concentration, leur notable difficulté à écouter, leur nette insuffisance d'investissement et de les responsabiliser de mon impuissance à leur inculquer, en tant que professeur de français, mon amour pour la beauté de ma langue maternelle. J'avais créé avec eux une relation de confiance. Ils savaient que je les aimais et que je croyais en eux. Malgré leurs résultats plus ou moins médiocres aux examens et aux tests de mesure du quotient intellectuel (QI), je restais profondément convaincue que leurs piètres performances scolaires ne reflétaient en rien leur véritable niveau d'intelligence.

Parce que ces jeunes, d'apparence moins brillants que les autres, se sentaient acceptés par moi ; parce qu'ils appréciaient l'importance sincère que je leur accordais sur le plan humain et ma foi en leur potentiel ; parce que leurs opinions étaient entendues et valorisées, ce qui favorisait la reconnaissance de leur valeur de la part de leurs camarades ; et parce qu'ils m'aimaient bien et qu'ils me faisaient confiance, ils trouvaient un certain bien-être dans ma classe, l'atmosphère y étant presque toujours décontractée et souvent enjouée.

Nonobstant ces marques sporadiques d'intérêt que je réussissais à éveiller en eux, particulièrement par les qualités relationnelles de mon approche éducative, par mon amour des jeunes et ma passion pour l'enseignement, ces adolescents manquaient manifestement de motivation pour l'école et pour la matière que je leur enseignais. Les règles de grammaire, les conjugaisons, l'accord des verbes et des participes passés, les analyses de textes, les figures de style, les créations littéraires, la lecture des livres imposés par le programme scolaire de leur niveau, l'enrichissement de leur vocabulaire et l'orthographe, tout cela les emmerdait complètement d'autant plus que ces sujets d'apprentissage du français les confrontaient à un sentiment intolérable d'être stupides, incapables et médiocres.

Devant cette réalité, j'ai très vite compris que, déjà démotivés par les cours théoriques, les exercices, les travaux, les devoirs et les examens, ces adolescents, qui ne se croyaient pas doués intellectuellement, ne seraient pas plus animés par des exigences supplémentaires pour répondre aux contraintes de l'échéancier auquel je devais me soumettre et pour combler leurs manques. Au lieu d'essayer de les changer par des moyens qui auraient pu m'amener à prendre du pouvoir sur eux comme, par exemple, des reproches, des paroles d'humiliation, des tentatives de les contraindre à épouser des moules qui ne tiennent pas compte de leurs différences individuelles, j'ai opté pour la remise en question.

> **C'est par l'observation, un travail sur le terrain, une reconnaissance de mes erreurs poursuivie pendant plusieurs années, que j'en suis venue à avancer l'hypothèse que l'absence d'intérêt de certains étudiants pour l'apprentissage scolaire n'est pas due à un manque d'intelligence de leur part, mais à une école et à une société qui survalorisent un seul type d'intelligence au détriment des deux autres.**

Habitée par cette conviction, j'ai travaillé à adapter progressivement mon enseignement, dans le respect des contenus du programme du ministère de l'Éducation et des limites de mes connaissances, aux différences d'intérêts de mes élèves. Je l'ai fait jusqu'à ce que je sente le besoin de prendre du recul pour reconsidérer mon approche pédagogique et pour entreprendre à temps complet une recherche plus approfondie sur le sujet. C'est alors que, en juin 1982, j'ai laissé l'enseignement du français au cours secondaire pour m'inscrire au doctorat en sciences de l'éducation à l'Université de Paris. J'ai quitté le Québec avec mon conjoint et mes quatre enfants qui avaient alors trois, sept, dix et treize ans, dans le but de poursuivre ma recherche pendant trois années consécutives dans un cadre didactique, et j'ai inclus le thème des types d'intelligence dans ma thèse que j'ai soutenue en juin 1985. Forte de mes expériences pratiques échelonnées sur vingt ans, j'avais accumulé de nombreuses informations puisées sur le terrain et tenté certaines applications en classe d'une approche multidimensionnelle pour pouvoir vérifier la justesse de mon hypothèse.

> **Mon objectif était de démontrer que les échecs scolaires ont principalement pour cause le manque de motivation des élèves dont le type d'intelligence n'est pas suffisamment reconnu ni adéquatement exploité à l'école. Sans cette motivation nécessaire pour les inciter à s'investir, à créer et à se réaliser, ces élèves subissent les cours parce que leurs intérêts ne sont pas considérés comme ayant de l'importance et de la valeur.**

À l'époque où j'ai rédigé ma thèse de doctorat, je n'avais pas entendu parler du remarquable travail du psychologue étatsunien Howard Gardner concernant les intelligences multiples. Son premier ouvrage sur le sujet, publié en 1983 sous le titre *Frames of Mind: The Theory of Multiple Intelligences*, n'est paru en français qu'en 1996 aux éditions Odile Jacob et avait pour titre *Les formes d'intelligence*. C'est alors seulement que j'en ai pris connaissance avec beaucoup d'intérêt. J'avais déjà soutenu ma thèse qui développait, notamment, ce sujet, et j'avais inclus un chapitre sur ma conception des types d'intelligence dans mon premier ouvrage publié aux Éditions du CRAM en 1990, *Relation d'aide et amour de soi*. J'avais surtout commencé à appliquer en classe mes découvertes empiriques sur l'intelligence humaine, non seulement à partir des années 1970 à l'école secondaire Rigaud, mais surtout et sans restriction au Centre de relation d'aide de Montréal (CRAM^{MD}) dans la formation des thérapeutes à l'Approche non directive créatrice^{MD} (ANDC^{MD}) que j'ai créée de 1980 à 1985 et que j'ai commencé à enseigner dans cette école à partir de l'automne 1986. Les résultats en ce qui a trait à la confiance en soi et à l'amour de soi chez mes étudiants ont été remarquablement surprenants.

Après la publication de cet ouvrage, j'ai reçu de nombreux témoignages qui confirmaient ceux des étudiants. Les caractéristiques et les modes de fonctionnement qui correspondent à chacun des trois types d'intelligence décrits dans mon livre ont permis à mes lecteurs de comprendre leurs enfants ou leurs élèves, de mieux les accepter tels qu'ils sont et, surtout, de se comprendre eux-mêmes et d'accepter davantage leurs différences et celles de leurs proches. Quel bonheur pour certains de découvrir du jour au lendemain qu'ils sont intelligents alors qu'ils en doutaient véritablement !

Encouragée par ces témoignages et témoin de transformations de comportements qui montrent à quel point les croyances négatives à propos de sa propre intelligence et de celle des autres peuvent nuire à l'épanouissement, à la réalisation de soi et aux relations, j'ai pris la décision de consacrer un ouvrage complet à ma conception de l'intelligence humaine et des types d'intelligence. Cette conception, bien que considérablement différente de celle de Gardner, ne contredit en rien sa théorie que je cite à certains égards au cours de cet essai. Son livre[2], et surtout les récentes découvertes en physique quantique et en neurosciences, constituent des apports importants en ce qui concerne l'évolution de ma recherche sur ce sujet.

C'est donc avec un sentiment de reconnaissance envers toutes ces personnes qui contribuent à rendre le monde éducatif et relationnel meilleur que j'entreprends la rédaction de ce livre, résultat de mon expérience de plus de cinquante ans dans le domaine de la pédagogie et de la relation d'aide. Il s'adresse à tous ceux qui veulent s'aimer davantage et qui souhaitent aider les autres à cultiver l'amour de soi et la confiance en soi par la reconnaissance de leur type d'intelligence. Il s'adresse aussi à ceux qui veulent développer l'acceptation des différences pour rendre toutes leurs relations plus harmonieuses et à ceux qui ont besoin de croire que, par ce qu'ils sont, ils ont quelque chose d'unique à apporter aux autres. Il s'adresse surtout à tous les parents, à tous les enseignants et à tous les aidants qui sont aussi soucieux du bonheur de leurs enfants, de leurs étudiants et de leurs patients que d'enrichir leur savoir. Il s'adresse enfin à vous, chers lecteurs, afin que vous sachiez que qui que vous soyez et quel que soit votre type d'intelligence, le monde a besoin de vous.

---

2 Howard Gardner, *Les intelligences multiples*, éditions Retz, Paris 1996, p. 188.

Pour vous communiquer ma foi profonde en la valeur de tous les êtres humains, quel que soit leur type d'intelligence, je diviserai le sujet de cet ouvrage en deux parties : les types d'intelligence et l'intelligence irrationnelle. Je le traiterai en répondant aux questions suivantes :

– Qu'est-ce que l'intelligence ? (Chapitre 1)

– Quels sont les types d'intelligence et qu'est-ce qui caractérise chacun d'eux ? (Chapitres 2, 3, 4, 5)

– La relation entre des types d'intelligence différents peut-elle être harmonieuse ? Si oui, à quelles conditions ? (Chapitre 6)

– L'intelligence irrationnelle est-elle aussi importante dans l'exploitation des potentiels que l'intelligence rationnelle ? (Chapitres 7, 8, 9, 10, 11, 12)

– La connaissance du cerveau de l'homme lui permet-elle de mieux développer ses formes d'intelligence ? (Chapitre 7)

– L'émotion est-elle une aide ou un obstacle à l'épanouissement de l'intelligence ? (Chapitre 8)

– La motivation joue-t-elle un rôle dans le développement de l'intelligence ? (Chapitre 9)

– L'école devrait-elle être conçue pour répondre aux besoins de tous les types d'intelligence ? (Chapitre 11)

– Les tests qui mesurent le quotient intellectuel (QI) sont-ils fiables et représentent-ils vraiment la globalité de l'intelligence humaine ? (Chapitre 1)

– L'intelligence spirituelle existe-t-elle ? (Chapitre 7)

– Est-il juste d'affirmer que la connaissance de soi est l'une des plus grandes preuves d'intelligence de l'être humain ? (Chapitre 12)

– L'aptitude relationnelle est-elle une preuve d'intelligence ? (Chapitre 12)

Nous sommes tous doués d'un potentiel illimité à faire fleurir. Il suffit d'en prendre conscience et de l'exploiter au maximum. Si vous êtes disposé à ouvrir votre esprit au changement et à l'inconnu, ce livre vous aidera à porter sur vous un regard que vous n'avez peut-être jamais eu jusqu'à maintenant, et qui vous ouvrira des portes que vous n'avez peut-être jamais ouvertes tant sur vous-même que sur votre entourage immédiat et sur le monde. Il vous convie directement au cœur de votre intelligence.

Bonne lecture !

PREMIÈRE PARTIE

LES TYPES D'INTELLIGENCE

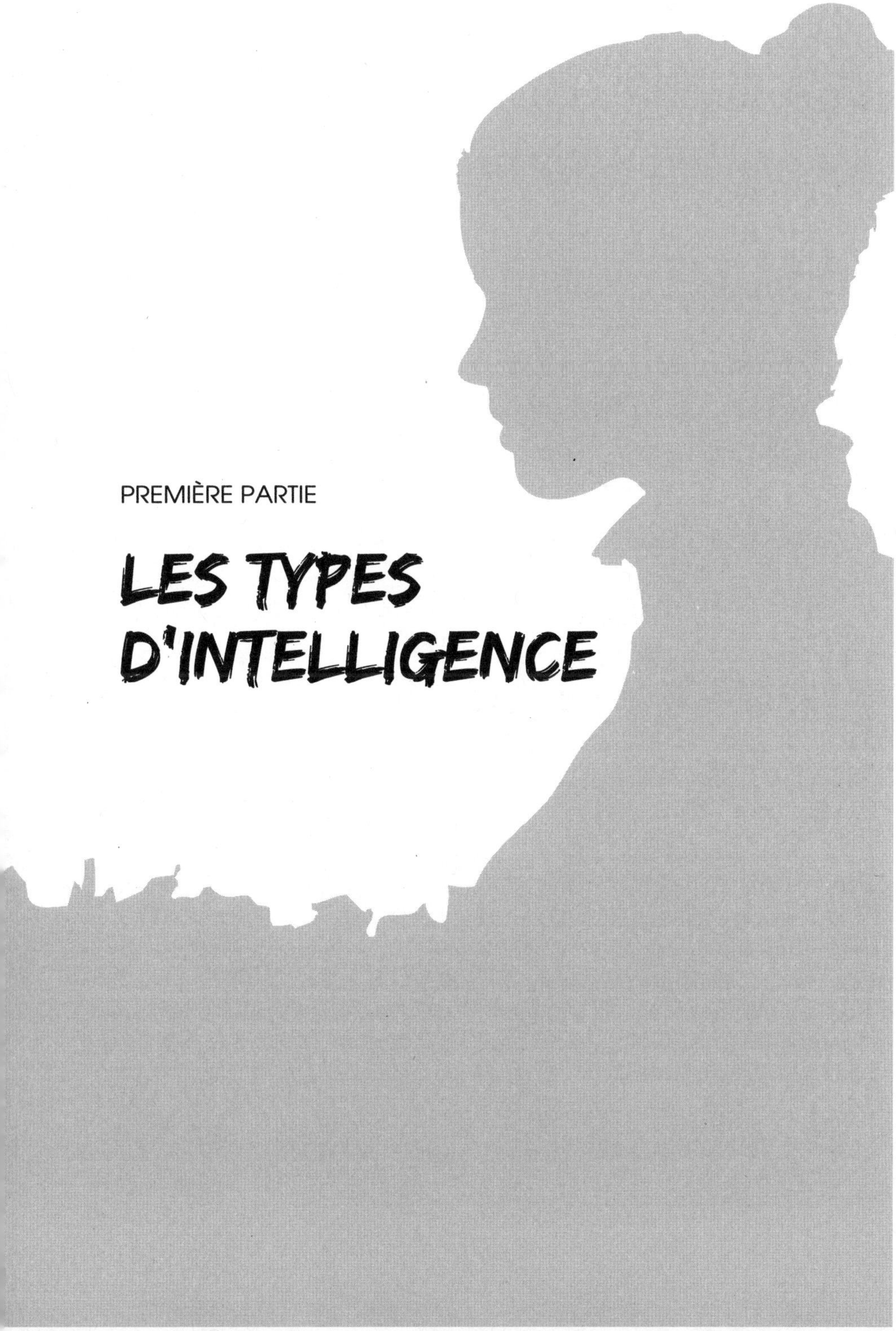

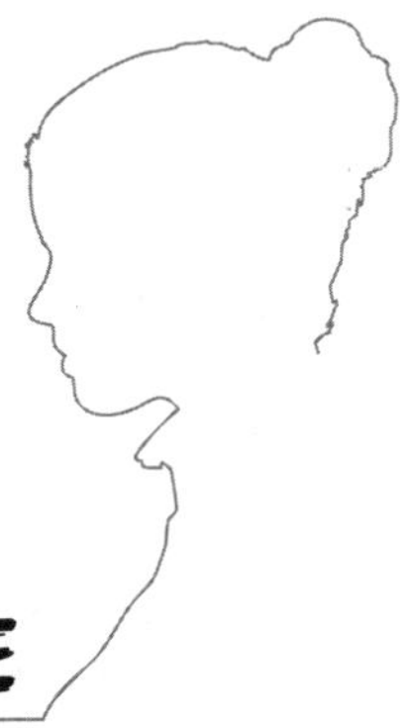

Chapitre 1

AU CŒUR DE L'INTELLIGENCE

« J'ai grandi avec la conviction que je n'étais pas intelligent, affirme Jules. À l'école, j'étais nul. J'enviais ma sœur ainée qui était toujours première de classe et qui n'étudiait à peu près jamais alors que moi je mettais des heures à essayer de comprendre ce qu'elle saisissait en cinq minutes. Je détestais l'école. Chaque matin, j'appréhendais le fait d'être contraint à passer la journée assis sur une chaise à m'ennuyer et à subir avec lassitude la monotonie routinière des cours de français, d'Histoire, de sciences et de mathématiques. La simple pensée d'avoir à m'efforcer de comprendre des règles de grammaire et de résoudre des problèmes d'algèbre me démoralisait. Combien d'heures ai-je dépensées pour parvenir à apprendre mes tables de multiplication, à saisir l'accord des participes passés, à décortiquer une phrase complexe, à retenir le temps des verbes, à mémoriser l'orthographe des mots ? Sans compter le fait que, le soir, le cauchemar se poursuivait avec les devoirs à domicile.

Quels étaient les résultats de ce bourrage de crâne ? Obtenir à peine la note de passage, quand je l'atteignais, ne suffisait pas à me stimuler à apprendre, d'autant moins que l'école nourrissait en moi des sentiments amers d'infériorité, d'inaptitude et de médiocrité qui me rendaient profondément triste et malheureux. J'entretenais une image dévalorisante de ce que j'étais, et cette représentation avilissante s'ancrait au plus profond de mon être pour y imprimer les stigmates du manque de confiance en moi et du manque d'amour de moi. Ces stigmates ont laissé leur empreinte, et je les traîne encore aujourd'hui malgré le fait que je me sois rendu de peine et de misère jusqu'à l'université grâce à mon intérêt pour l'environnement et à l'encouragement de mes parents. Séjourne toujours au cœur de moi la croyance indélébile que je ne *suis pas très intelligent et que, quels que soient mes efforts et mes réussites, je n'arriverai jamais à me convaincre que j'ai de la valeur.*

Heureusement, j'avais d'autres champs d'intérêt que l'école. J'adorais accompagner mon père à la pêche et dans la forêt. Lorsqu'il m'enseignait le nom des poissons, des oiseaux, des fleurs et des arbres, qu'il m'apprenait à distinguer les champignons toxiques des champignons comestibles, qu'il m'expliquait le travail des abeilles et leur rôle dans la survie de notre espèce et qu'il me parlait de l'impact des changements climatiques sur notre planète, ma soif de savoir n'avait pas de limites. Quand il me révélait les mystères de la nature, je me sentais comme un roi sur son trône, maître de son royaume.

Dès que je mettais les pieds à l'école, j'étais dépossédé de ce pouvoir et je tentais d'émerger des sentiments d'infériorité, d'inanité et de honte qui me harcelaient. Je savais que, dans la classe à côté de la mienne, ma sœur jouissait de la valorisation prodiguée aux élèves intelligents et je l'enviais d'avoir été dotée d'un niveau d'intelligence duquel je serais toujours privé. J'enviais cette facilité de compréhension des concepts abstraits qui rendait sa vie beaucoup moins ardue que celle qui m'était réservée. Je cultivais la conviction que la vie n'est pas juste parce qu'elle favorise la réussite de certains privilégiés en leur accordant des capacités intellectuelles qu'elle refuse à d'autres. Je me demandais souvent ce que pouvait réserver l'avenir à ceux qui, comme moi, n'aimaient pas l'école parce qu'ils sont convaincus qu'ils ne sont pas intelligents. »

L'expérience de dévalorisation et d'infériorisation vécue par Jules à l'école n'est pas exceptionnelle. En tant que pédagogue auprès des adolescents, j'ai pu entendre le découragement et l'impuissance de ces élèves complètement démotivés parce qu'ils n'arrivaient pas à se concentrer sur des concepts qui étaient étrangers à leurs champs d'intérêt. J'étais vivement interpelée par leur doute concernant leur intelligence et profondément remuée par la vision négative que plusieurs d'entre eux entretenaient d'eux-mêmes à cause de leurs piètres résultats aux examens. Ma sensibilité à leur impuissance et à leur détresse fut le déclencheur de mon désir de les comprendre et surtout de trouver des moyens efficaces pour les aider. Je leur dois l'impulsion qui m'a poussée, dans les années 1970, à remettre en question mon enseignement, à corriger progressivement mes erreurs et à développer mon intérêt pour tout ce qui touche le domaine de l'intelligence. Des questions comme celles-ci ont été à la base d'une recherche où se sont constamment interreliés l'expérience sur le terrain et le besoin de compréhension des mécanismes qui régissent le monde de l'intelligence humaine :

- **Qu'est-ce que l'intelligence ?**
- **Qu'est-ce qui caractérise une personne intelligente ?**
- **L'intelligence est-elle innée ou acquise ?**

Le mot *intelligence* est un concept abstrait difficile à définir. C'est pourquoi il compte autant de définitions que de chercheurs qui s'y sont intéressés, qu'ils soient pédagogues, psychologues, biologistes, généticiens, docteurs en neurosciences, épistémologues ou autres. Il appert en plus que la perception de l'intelligence diffère selon les époques et les cultures. Nous pouvons donc facilement comprendre la raison pour laquelle ce mot a toujours été davantage cerné par ses manifestations que dans son essence même, l'essence des êtres et des choses s'avérant péniblement définissable. Les termes souvent employés pour lui attribuer un caractère propre en témoignent. Selon les auteurs concernés, l'intelligence serait une *faculté*, une *fonction*, une *capacité*, une *aptitude* ou encore une *disposition*. Toutes ces appellations demeurent spéculatives sans attributs pour les préciser et sans leurs multiples applications dans la réalité. Prenons pour exemple les définitions suivantes :

- Jean Piaget (1896-1980), ce biologiste suisse qui s'est baptisé lui-même « le psychologue de l'intelligence », la considère comme une *fonction* qui permet à l'être humain de s'adapter à son entourage et à son environnement.
- Le psychologue étatsunien d'origine roumaine David Wechsler (1896-1981), connu pour sa création de tests d'intelligence qui portent son nom[2], la définit comme l'*aptitude* à agir dans un but déterminé, à penser rationnellement et à avoir des rapports efficaces avec l'environnement.

---

2 Le *Wechsler Adult Intelligence Scale* (WAIS), le *Wechsler Intelligence Scale for Children* (WISE), le *Weschler Preschool and Primary Scale of Intelligence* (WPPSI). Ses tests d'intelligence sont les plus utilisés dans le monde entier.

- De son côté, le psychologue français contemporain Gilles Lafargue affirme qu'il s'agit d'une *faculté* qui permet à l'homme de comprendre, de s'adapter à des situations nouvelles et de découvrir des solutions aux difficultés qu'il rencontre.
- Pour sa part, le psychologue étatsunien Howard Gardner (1943- ...), auteur de *Les intelligences multiples*, définit l'intelligence comme une *capacité* à résoudre des problèmes et à créer dans quelque domaine que ce soit.
- Daniel Goleman (1946- ...) décrit *l'intelligence émotionnelle* comme la *capacité* à comprendre les émotions, à les maîtriser, à comprendre celles des autres et à les influencer.

Bien sûr, ces définitions sont bien réductrices par rapport à l'œuvre entière de ces chercheurs et elles offrent un échantillonnage bien limité considérant le grand nombre de personnes qui, au cours des derniers siècles, ont manifesté leur intérêt pour ce sujet. Cependant, elles indiquent que le choix des termes pour désigner l'intelligence peut différer d'un spécialiste à l'autre et surtout que cette faculté se définit principalement par ses manifestations.

Nous pouvons alors nous demander comment se manifeste l'intelligence et ce que permet d'actualiser cette faculté. L'apport des auteurs précédemment cités et de plusieurs autres mentionnés dans ce livre m'amène à affirmer que **l'intelligence est une faculté dont les manifestations se multiplient à l'infini au point qu'il est chimérique de croire qu'une seule personne puisse les actualiser toutes.** Faire une liste exhaustive de ces manifestations est absolument impossible et vouloir les intégrer toutes est absolument illusoire. À la lecture de ces manifestations, ne vous disqualifiez pas. Accueillez plutôt vos forces et vos limites, admettez que vous avez besoin des autres et constatez l'ampleur des potentialités de l'intelligence humaine et de la vôtre.

Voyons donc ce que permet d'actualiser cette faculté à potentiel indéniablement illimité :

- d'apprendre dans quelque domaine que ce soit : sciences de la nature, sciences pures ou appliquées, sciences de la santé, sciences humaines, arts, pédagogie, psychologie, architecture, mathématiques, neurosciences, électricité, couture, art culinaire, mode, etc. ;
- de résoudre des problèmes et de trouver des solutions à des difficultés d'ordre pratique, artistique, théorique et psychologique ;
- de s'adapter à tous les entourages et à tous les environnements dans lesquels l'humain vit, voyage ou passe ;
- de s'ouvrir à toute forme de changement ; au travail, à la maison, dans la société ;
- d'arrêter des choix et de prendre des décisions dans le respect de son ressenti, de ses besoins et de ses valeurs ;
- de se connaître dans toutes ses dimensions : affective, corporelle, intellectuelle, spirituelle, relationnelle ;
- d'être à l'écoute de ses ressentis, de ses intuitions et de son corps ;
- de se remettre en question et de réaliser les changements favorables à son épanouissement ;
- de travailler à se changer et à s'améliorer plutôt qu'à changer les autres quand les relations rencontrent des difficultés ;
- d'intégrer la responsabilité dans sa vie personnelle, relationnelle et professionnelle ;
- de comprendre toute forme d'abstraction : conceptuelle, mathématique, théorique, métaphysique, philosophique ;
- de concevoir des théories, des plans, des systèmes, des logiciels, des œuvres d'art ;
- de saisir et d'expliquer les liens qui unissent les êtres vivants, les choses, les éléments de la nature, les atomes, les cellules, les neurones, etc. ;
- de parler et d'agir avec discernement, justesse et sagesse ;

- d'accueillir sa nature humaine perfectible, de se pardonner ses erreurs et de faire de même avec celles des autres ;
- de comprendre la différence entre une observation objective précise de la réalité et une interprétation subjective ;
- de reconnaître ses limites et ses torts ;
- d'actualiser et de matérialiser les conceptions théoriques ;
- de composer adéquatement avec sa réalité matérielle et financière et d'agir pour la faire prospérer ;
- de manifester ses aptitudes manuelles dans les domaines de la mode, de la couture, de la menuiserie, de la plomberie, de la mécanique, de la construction de maisons, de ponts, de barrages, de routes, de navires, etc. ;
- de se représenter fidèlement l'espace et de s'orienter facilement partout dans le monde ;
- de ressentir ses émotions, de les accueillir, de les identifier et de les exprimer clairement ;
- d'apprivoiser, de percevoir avec sensibilité et de comprendre la subtilité de son monde intime et de celui des autres, c'est-à-dire le vécu, les défensives, les besoins et les ressources ;
- d'entretenir des relations harmonieuses avec les autres et de savoir choisir ses relations ;
- de savoir quand passer à l'action et quand lâcher prise ;
- d'utiliser son potentiel d'ordre intellectuel, pratique et artistique pour se réaliser ;
- de contribuer, par l'exploitation de ses talents, à son mieux-être et à celui des autres ;
- de respecter la nature et de vivre en harmonie avec elle ;
- de se créer et de créer sa vie ;
- d'arrêter des choix et de prendre des décisions dans le respect de soi et de son type d'intelligence ;

- d'avoir le souci de participer à la création d'un monde meilleur ;
- autres.

Ces manifestations nous confirment clairement que les pouvoirs de l'intelligence humaine dépassent largement le monde exclusif de l'abstraction, du rationnel et du cartésien, et que, **si une personne ne réussit pas à l'école, ce n'est pas nécessairement dû à un déficit d'intelligence de sa part.** Elles attestent aussi que l'intelligence a un potentiel illimité et que nous ne pouvons actualiser avec compétence qu'une partie de ces manifestations. Ce qu'elles nous montrent, enfin, c'est qu'il est fondamental d'accepter, pour vivre en harmonie avec les autres, qu'ils ont, dans certains domaines, des connaissances et une expérience que nous n'avons pas. Le nier, c'est nous perdre dans un ego démesuré et destructeur. Cela dit, même si nous ne pourrons jamais manifester tout le potentiel de notre intelligence, nous sommes des génies en puissance si nous comprenons bien les caractères distinctifs d'une personne intelligente. Quels sont-ils ?

> **Ce ne sont ni son savoir, ni ses diplômes, ni sa renommée, ni sa hiérarchie, ni sa profession, ni ses biens matériels qui caractérisent une personne intelligente. Autrement dit, les gens instruits, les érudits, les scientifiques, les personnalités célèbres et riches n'ont pas nécessairement une intelligence plus développée que la vôtre.**

Que vous soyez un être fortuné ou moins nanti financièrement, un diplômé des meilleures universités du monde ou un autodidacte ; que vous ayez ou non le corps physique des normes de notre époque ; que vous soyez une célébrité ou un quidam, il y aura toujours, dans votre vie, des domaines où vous serez médiocre et où vous aurez grandement besoin des autres. Force vous est d'admettre, en effet, **que vous aurez toujours besoin de ceux qui ont exploité leur potentiel inné d'intelligence différemment de vous, de ceux qui possèdent des connaissances, des habiletés et des expériences dans des spécialités que vous ne maîtrisez pas.** C'est donc dire que nous ne pouvons pas limiter l'intelligence aux apparences, aux diplômes et aux normes sociales puisqu'elle est beaucoup plus large et profonde que ce à quoi, comme société, nous l'avons trop souvent réduite. Qu'est-ce donc qui caractérise une personne intelligente ?

> **En réalité, une personne intelligente se caractérise par une capacité à utiliser sa tête et son cœur pour ouvrir son esprit à la nouveauté, pour s'adapter à son entourage, à son environnement et au changement, pour se connaître, pour entrer en relation avec les autres et exploiter son potentiel inné dans les domaines où elle peut le mieux se réaliser, créer sa vie, manifester ses talents et contribuer à l'édification d'un monde meilleur.**

Le champ de l'intelligence humaine couvre une infinité de potentiels à exploiter et, j'insiste sur ce point, ces derniers s'expriment différemment d'une personne à l'autre. Aucune personne au monde ne peut prétendre qu'elle est supérieure aux autres et que son apport est plus important et plus noble que celui des autres. Le croire n'est pas une preuve d'intelligence, mais de fatuité, de suffisance, d'égocentrisme, voire de mégalomanie. Deux facteurs interviennent pour expliquer ces différences entre les humains : la génétique et l'éducation. Ces facteurs ont été à la source d'un débat qui oppose, depuis l'Antiquité, les scientifiques qui affirment, preuves à l'appui, que l'intelligence est innée à ceux qui croient formellement qu'elle est acquise. La grande question à se poser dans les circonstances est la suivante : **naît-on intelligent ou le devient-on ?**

Certains auteurs comme Charles Murray (1943- …), Richard Herrnstein (1930-1994) et Francis Galton (1822-1911) considèrent que l'intelligence est innée. Cette conviction amène les deux premiers à défendre dans leur livre, *The Bell Curve*[3], la thèse de la supériorité congénitale de l'intelligence des Blancs sur celle des Noirs et des Latinos. Comme nous le savons, leur croyance a entraîné depuis des décennies des conséquences désastreuses

---

3 Richard Herrnstein et Charles Murry, *The Bell Curve, Intelligence and Class Structure in American Life*, A Free Press Paperbacks Book, 1966.

dans la société étatsunienne en particulier, et dans d'autres pays du monde dont le Canada dans l'approche que nous avons réservée aux Autochtones.

De son côté, l'anthropologue et psychométricien britannique Francis Galton, cousin et adepte de Darwin, considère que l'intelligence est héréditaire et se mesure par des tests standardisés. Ce Britannique est reconnu comme le fondateur de l'eugénisme. Cette science, qui, alors que le nazisme sévissait, a conduit à des politiques de stérilisation et à l'élimination des juifs et des handicapés physiques et mentaux, étudie les méthodes génétiques susceptibles d'améliorer les populations humaines et encourage la reproduction des individus, jugés arbitrairement par lui et ses adeptes, supérieurs aux autres génétiquement. Encore ici, l'application de cette conception de l'intelligence, qui a fait florès à la fin du 19e siècle, a engendré des conséquences tragiques au cours et depuis la Seconde Guerre mondiale. En effet, cette théorie négative de l'innéisme s'est implantée avec le colonialisme et les études de certains scientifiques qui cherchaient à démontrer la supériorité des Occidentaux sur les autres populations de la planète.

Cela dit, les tenants de l'innéisme n'ont pas tous emprunté cette orientation. Un bon nombre d'entre eux ont fait évoluer la science avec leur découverte concernant des troubles mentaux, tels la schizophrénie et l'autisme, par exemple, qui seraient en grande partie, selon eux, d'origine congénitale. C'est le cas, notamment, du Dr Guy Rouleau du Centre de recherches du Centre hospitalier universitaire Sainte-Justine à Montréal et professeur de médecine à l'Université de Montréal, dont les travaux récents portent sur les facteurs génétiques dans les maladies du cerveau et du système nerveux.

Par contre, les partisans de l'importance de l'acquis sur le développement de l'intelligence comme, par exemple, Jean Piaget (1896-1980), Fitzhugh Dodson (1923-1993), et le contemporain français Michel Duyne, pour ne nommer que ceux-là, de même que les plus récentes recherches en physique quantique et en neurosciences démontrent **que le milieu dans lequel nous vivons revêt une importance incontestable dans le développement de l'intelligence et que des enfants, qui ont été amenés**

à changer d'entourage pour vivre avec des éducateurs qui leur communiquaient le désir d'apprendre, évoluaient positivement au plan intellectuel. Toutefois, tout ne se jouerait pas avant six ans, comme l'affirme Fitzhugh Dodson[4]. En réalité, dans un environnement culturel stimulant et avec le soutien des éducateurs parentaux et scolaires, l'intelligence se développerait incontestablement, quel que soit notre âge. Elle serait donc un potentiel à cultiver.

Est-ce à dire que l'acquis est plus important que l'inné? N'étant ni biologiste ni généticienne, je ne peux m'avancer sur le pourcentage de l'inné et de l'acquis en ce qui concerne l'intelligence, mais je peux affirmer qu'en tant que pédagogue, mon expérience m'a profondément convaincue que l'éducation a un rôle fondamental à jouer dans le développement de cette faculté. C'est pourquoi je considère qu'elle se doit d'offrir aux enfants et aux adolescents un environnement propice à l'éclosion de leur potentiel inné d'intelligence. D'ailleurs, les parents d'Arthur Ramiandrisoa[5][6], lauréat français du Bac à 11 ans, ont affirmé que leur fils n'était pas né surdoué, mais qu'il l'est devenu grâce aux méthodes d'éducation qu'ils ont créées pour soutenir son apprentissage et sa motivation à apprendre.

Les affirmations avancées par certains auteurs concernant la part d'inné et d'acquis de l'intelligence n'ont jamais été fondées sur des preuves scientifiques irréfutables parce qu'il est impossible de mettre des chiffres précis sur une fonction aussi abstraite que l'intelligence humaine. Cependant, l'expérience a démontré sans l'ombre d'un doute que la part d'acquis est loin d'être négligeable et qu'en tant qu'éducateurs, nous avons la responsabilité d'aider les jeunes et les moins jeunes, quel que soit leur âge, à exploiter leur potentiel dans le respect de leurs intérêts, de leurs talents et de leurs différences. Pour leur faciliter la tâche, une connaissance des types d'intelligence est non seulement utile, mais nécessaire.

---

4 Fitzhugh Dodson, *Tout se joue avant 6 ans*, Éditions Marabout, 1998.

5 Arthur Ramiandrisoa. *Mon école buissonnière*, Paris : Pocket, 2006.

6 Joana Ramiandrisoa. *La méthode Arthur*, Paris : Presses Pocket, 1994.

Chapitre 2

LES TYPES D'INTELLIGENCE

Tout le monde est un génie. Mais si vous jugez un poisson à sa capacité de grimper à un arbre, il vivra toute sa vie en croyant qu'il est stupide.
Albert Einstein

« Chers parents,

Les examens de vos enfants commenceront bientôt. Je sais que vous êtes soucieux de leur réussite. Mais, permettez-moi de vous rappeler que, parmi les élèves qui seront assis à leur table d'examen, il y a un artiste qui n'a pas besoin de comprendre les mathématiques… Il y a un entrepreneur qui s'en fiche de l'histoire et de la littérature anglaise… Il y a un musicien pour qui les notes en chimie n'ont pas d'importance… Il y a un athlète pour qui la forme physique est plus importante que la physique…

Si votre enfant réussit bien ses examens, c'est super ! Mais s'il ne réussit pas, s'il vous plaît, ne lui enlevez pas sa confiance en lui et sa dignité. Dites-lui que c'est O.K., que ce n'est qu'un examen.

Vos enfants sont faits pour de beaucoup plus grandes choses dans la vie que la réussite d'un examen. Dites-leur que, quelles que soient leurs notes, vous les aimez et que vous ne les jugerez pas.

S'il vous plaît, faites ce que je vous dis et vous observerez vos enfants conquérir le monde. Si vous le faites, un examen ou une mauvaise note ne leur enlèveront pas leurs rêves et ne les priveront pas de leurs talents. Et de grâce, ne pensez pas que les médecins et les ingénieurs sont les seules personnes heureuses en ce monde. »[7]

7 Traduction française d'une lettre écrite en anglais par un Singapourien.

Cette lettre non signée que j'ai trouvée sur Internet aurait été écrite le 7 juin 2018 par un directeur d'école de Singapour avant la période d'examens des élèves de son école. Elle montre bien la compréhension intuitive des différents types d'intelligence de la part de ce directeur et son empathie pour les souffrances des jeunes qui manquent d'intérêt pour certaines matières à l'école et qui sont réduits à des évaluations et à des jugements qui ne mesurent pas tous leurs talents et qui ne reflètent pas leur véritable valeur.

Au cours de mes nombreuses années d'enseignement à l'école secondaire, j'ai compris que certains adolescents à qui je m'adressais ne ressentaient pas la motivation nécessaire à l'apprentissage de leur langue maternelle parce que j'essayais, avec la meilleure volonté du monde, de leur inculquer des connaissances en passant par une porte qui n'était pas la leur. Je me conduisais comme si je tentais d'entrer chez mon voisin par une fenêtre de sa maison plutôt que par sa porte d'entrée. Évidemment, si cela se produisait, il y aurait de fortes possibilités que me soit formellement interdit l'accès à sa demeure.

Ce comportement de ma part me rappelle le film de Samuel Collardey que j'ai beaucoup aimé, et qui a pour titre *L'année polaire*. L'action se passe à Tiniteqülaq, au Groenland, en 2016-2017, un hameau inuit de quatre-vingts habitants. Ce film raconte l'histoire vraie d'un jeune instituteur danois de vingt-neuf ans qui, pour son premier poste, choisit d'aller enseigner aux Inuits par désir d'aventure et par besoin de s'éloigner de sa famille pour trouver sa voie dans la vie. Malgré ses louables intentions et ses laborieux efforts, il se heurte au manque total d'intérêt de ses élèves et à la méfiance de leurs parents et grands-parents parce qu'il essaie d'imposer la culture du Danemark à son nouveau milieu de vie.

Le regard des habitants de la bourgade a changé lorsque cet instituteur a compris qu'il avait pris le mauvais chemin dans l'approche de ses élèves. C'est lorsqu'il a décidé de s'ouvrir à leurs coutumes, de participer à la vie de leur communauté et d'apprendre leur langue que le comportement des Inuits à son égard s'est transformé. Les enfants se sont alors ouverts à son enseignement et lui ont fait confiance. À partir du jour où ce professeur a compris que les jeunes ne participeraient à leurs apprentissages que s'il partait de leur monde à eux, de leurs intérêts et de leur culture, il a été reçu par eux parce que, ce jour-là, il a disposé leur esprit et leur cœur à l'écouter. Du seul fait qu'il s'est remis en question, il a non seulement fait profiter les apprenants et leurs familles de ses connaissances, mais il a surtout appris de leur sagesse et de leur savoir-faire.

En établissant une relation de confiance avec les membres de cette communauté groenlandaise et grâce à la reconnaissance de leurs différences par rapport à celles des résidents du Danemark, il a vécu une expérience enrichissante inoubliable qui a fait en sorte qu'à la fin de l'année scolaire, il n'était plus le même homme. Il avait incontestablement gagné en ouverture d'esprit et de cœur. Cette admirable capacité d'adaptation dont il a fait preuve est bien, selon Piaget, une des plus remarquables manifestations de l'intelligence humaine. Elle a permis à cet instituteur d'entrer avec son cœur en relation avec ses élèves plutôt qu'uniquement avec son savoir. Tout bon enseignant a avantage à développer cette capacité d'adaptation pour satisfaire le but que doit atteindre un travail éducatif et pédagogique honorable et efficace. C'est d'ailleurs l'objet de ce chapitre de répondre aux questions suivantes :

Quel est le but de l'éducation ?

Quels sont les différents types d'intelligence ?

Comment aborder les types d'intelligence ?

Quels sont les avantages à les connaître ?

Quel est le but de l'éducation ?

Éduquer et enseigner, c'est aborder l'apprenant d'une manière holistique avec un souci d'harmoniser et d'exploiter ses dimensions intellectuelle, relationnelle, émotionnelle, corporelle et spirituelle pour favoriser le développement de tout son potentiel en passant par la porte de son type d'intelligence dominant.

Cet objectif ne peut s'atteindre qu'en partant des intérêts de l'étudiant et en prenant en considération son type prééminent d'intelligence. **Respecter le mode d'appréhension de la réalité des personnes en processus d'apprentissage à qui il s'adresse sans les y réduire, et tout en suscitant progressivement leur curiosité pour de nouveaux champs d'intérêt, est probablement le plus imposant défi d'un pédagogue soucieux de l'épanouissement global de ses élèves.**

Je suis bien consciente, comme la plupart de ceux qui œuvrent dans les milieux de l'éducation, qu'avoir une approche holistique de l'apprenant est un idéal à développer particulièrement chez l'enseignant. Cependant, la réalité de sa tâche ne lui permet pas d'atteindre facilement cet idéal compte tenu des objectifs pédagogiques et des programmes auxquels il doit se soumettre. Ces objectifs et ces programmes privilégient, en général, l'exploitation de la dimension intellectuelle de l'enfant au détriment de ses autres dimensions. De plus, la qualité de pédagogue de l'enseignant est jugée explicitement ou implicitement par les résultats de ses élèves aux examens. Dans ce contexte, **c'est le facteur humain qui fait la différence. C'est lui qui dote le pédagogue d'une sensibilité à la souffrance des apprenants, de ceux-là qui se croient inintelligents parce qu'à cause de leur manque de motivation, ils n'arrivent pas à se concentrer et à participer à leur propre apprentissage.**

Ils n'y arrivent pas parce qu'ils se croient nuls, leurs résultats aux examens étant médiocres et leur intérêt pour les cours étant négligeable. La vérité est qu'ils sont loin d'être nuls. Ils ne réussissent pas parce que les matières enseignées ne les intéressent pas et parce qu'ils se comparent défavorablement aux premiers de classe ou à certains membres de leur famille doués d'une intelligence de type rationnel. À ceux-là qui se croient inintelligents et à tous ceux qui me lisent en ce moment, je me permets de citer l'exemple de personnes connues qui, malgré leurs échecs à l'école, se sont merveilleusement réalisées dans la vie. Par leurs découvertes ou leurs accomplissements, ces personnes ont même largement contribué à l'évolution de l'humanité.

Croyez-vous que Einstein était plus intelligent que vous ne l'êtes ? Savez-vous qu'il passait pour un cancre à l'école et que ses parents le pensaient simple d'esprit au point de consulter un médecin parce qu'il avait beaucoup de difficulté à s'exprimer ? Le petit Albert était plutôt rebelle. Il n'acceptait pas l'autorité déshumanisée de ses professeurs, et il détestait apprendre par cœur les notions qui lui étaient imposées. Il était considéré comme un mauvais élève, un élève étourdi, tout simplement parce qu'il n'était pas motivé. Einstein, reconnu aujourd'hui comme un des plus grands savants de tous les temps, notamment pour ses découvertes sur la relativité et la gravitation, était un autodidacte qui a appris par lui-même, en dehors de l'école, dans le domaine qui l'intéressait : la physique.[8] [9]

Que dire de Winston Churchill, cet homme d'État britannique reconnu pour sa ténacité devant Hitler, ses intuitions et ses interventions justes en tant que Premier ministre durant la Deuxième Guerre mondiale, ses dons d'orateur et son talent d'écrivain ? On dit pourtant que son père lui aurait écrit un jour : « Tes résultats scolaires sont une honte à l'intelligence. » À l'école, le jeune Winston était turbulent. Il manquait nettement d'intérêt. Malgré ses échecs scolaires, il est devenu un des plus grands hommes politiques de l'histoire du monde.[10]

Les professeurs de l'Étatsunien Thomas Edison lui disaient qu'il était trop bête pour apprendre. Il n'apprenait pas parce qu'il était doué d'un type d'intelligence non valorisé à l'école : l'intelligence pratique. Nous savons aujourd'hui qu'il a inventé au-delà de 1 000 appareils dont certains ont changé le monde, notamment le phonographe et l'ampoule électrique.[11]

Je pourrais ajouter des dizaines d'autres exemples de personnes qui, si elles avaient douté toute leur vie de leurs capacités et si elles avaient cru qu'elles n'étaient pas intelligentes parce

---

8 Françoise Balibar. *Einstein : La joie de la pensée*, Gallimard, 1993.

9 Albert Einstein. *Comment je vois le monde*, Champs Sciences, 2009.

10 François Kersourdy. *Winston Churchill*, Éd. Tallandier, 2009.

11 Thomas Edison. *L'autobiographie les secrets de l'inventeur qui a éclairé le monde*, Éd. Cadel, 2019.

qu'elles n'aimaient pas l'école, ne seraient jamais arrivées à atteindre les objectifs auxquels elles ont accédé dans leur vie. Ces personnes tout comme Einstein, Churchill et Edison, ont réussi parce qu'elles étaient motivées. Elles étaient stimulées pour la simple raison qu'elles œuvraient dans un champ d'intérêt où elles pouvaient exploiter au maximum leur type d'intelligence, c'est-à-dire leur manière personnelle d'appréhender le monde extérieur et leur réalité intérieure.

Quels sont les types d'intelligence ?

Il pourrait y avoir autant de types d'intelligence que d'individus, mais mon expérience m'a permis de découvrir que je pouvais les rassembler en trois groupes :

- les esthètes
- les pragmatiques
- les rationnels

Les premiers sont doués d'une intelligence sensitive. Les pragmatiques, par contre, se distinguent par une intelligence pratique et les rationnels par une intelligence spéculative.

Chacun des types possède des caractéristiques particulières, mais avant de les décrire, il est fondamental que je vous fournisse, à vous les éducateurs, les aidants et à toutes les personnes qui me lisez en ce moment, une manière de les aborder pour que, dans votre rapport avec vous-même, vos proches, vos étudiants et vos aidés, vous puissiez profiter au maximum de la contribution inestimable de cette connaissance.

Comment aborder les types d'intelligence ?

> La connaissance et le respect des types d'intelligence ont pour objectif d'intensifier l'amour de soi chez l'être humain, de nourrir sa confiance en lui-même et de susciter sa motivation à solliciter toutes ses ressources pour se réaliser et réaliser ses rêves. Sachez que, qui que vous soyez, vous avez le potentiel inné pour exploiter tous les

types d'intelligence et que le type pur n'existe pas.

Cependant, l'éducation, l'environnement et l'entourage peuvent faire en sorte que vous ayez développé une partie de ce potentiel inné plus qu'une autre, ce qui est tout à fait normal et facilement compréhensible. En effet, l'influence de votre entourage sur vous et vos expériences de vie ont cultivé en vous des intérêts bien définis, des modes d'apprentissage, des formes de langage, des aptitudes qui vous différencient des autres. La position sociale de vos parents, les amis de ces derniers, leur manière de s'ouvrir au monde, leurs valeurs, leurs principes, leurs croyances, leurs intérêts, leurs peurs, leurs comportements avec vous et entre eux, le genre de travail de votre père et celui de votre mère, ont eu une influence indéniable sur votre vie. Par ailleurs, les *permissions* qu'ils vous ont accordées, les limites qu'ils vous ont imposées ainsi que votre sexe et votre rang dans la famille sont autant d'éléments qui ont pu influer sur vos modes de perception et d'action ainsi que sur vos motivations dans la vie.

À ces influences se sont ajoutées celles de l'environnement, du quartier où vous avez grandi, de l'immeuble, de la maison ou de l'appartement où vous avez vécu, du terrain ou du parc où vous avez joué, des jouets que vous avez reçus ou inventés, des jeux que vous avez appris ou créés, des espaces intérieurs et extérieurs que vous avez pu occuper et exploiter, de vos amis et de vos instituteurs. Tous ces éléments rassemblés ont contribué à vous influencer, à vous caractériser, à orienter vos intérêts dans un sens plus que dans un autre, à motiver vos choix et vos décisions. Ils vous ont amenés à emprunter des chemins de toutes sortes pour vous réaliser et pour atteindre ce que nous recherchons tous : la satisfaction et le bonheur.

Les influences considérables de l'éducation que vous avez reçue, jointes aux expériences que vous avez vécues et à votre hérédité ont pu favoriser le développement en vous d'un type d'intelligence particulier. Cela dit, j'insiste sérieusement sur ce sujet :

> **le type pur n'existe pas. Il est donc fondamental que vous ne vous serviez jamais des connaissances présentées dans ce livre pour vous limiter vous-même, pour étiqueter les autres et les enfermer dans les caractéristiques d'un seul type.**

Bien que, généralement et pour les raisons énumérées ci-haut, vous ayez probablement cultivé les caractéristiques d'un type en particulier, il n'en reste pas moins possible que vous trouviez dans la description des autres des caractéristiques qui vous concernent. L'important pour vous, lecteurs de ce livre, éducateurs scolaires et parentaux et aidants dans quelque domaine que ce soit, est de respecter votre porte d'entrée et celle de vos enfants, de vos élèves, de vos aidés et de ceux que vous aimez pour ouvrir leur cœur et leur esprit à l'exploitation de tout leur potentiel dans le respect de leur rythme et de ce qu'ils sont.

> **Il est indispensable que vous n'entreteniez pas de préjugés favorables ou défavorables par rapport à l'un ou l'autre des types d'intelligence. Il n'y a pas de type supérieur aux autres.**

Nous avons besoin de ces trois types dans notre société. Que ferions-nous sans nos artistes, sans nos pédagogues, sans nos mécaniciens, sans nos entrepreneurs, sans nos scientifiques et sans nos chercheurs ? Toutes nos opinions préconçues à leur égard mènent inévitablement au jugement et produisent des effets négatifs sur nous-mêmes, sur les apprenants et sur toutes les personnes qui nous entourent parce qu'elles contribuent à dévaloriser leurs forces et à les fermer à toute nouvelle forme d'évolution. D'ailleurs,

> **qu'il s'agisse des esthètes, des rationnels ou des pragmatiques, tous ont en commun les caractéristiques suivantes :**
>
> **– un potentiel d'intelligence émotionnelle, relationnelle, spirituelle et intrapersonnelle ;**
>
> **– une aspiration profonde à s'accomplir ;**

- un désir ardent d'apprendre dans les domaines qui les intéressent ;
- un besoin vital de relation et
- un potentiel créateur illimité.

Quels sont les avantages à connaître les types d'intelligence ?

Il y a de grands avantages pour vous à connaître les types d'intelligence. En plus de vous soutenir dans le respect de vos intérêts et de vos modes d'apprentissage et dans le respect de ceux de vos enfants, de vos élèves, de vos aidés et de toutes les personnes qui composent votre entourage affectif et professionnel, ils vous permettront de reconnaître les ressources de chacun, ses talents, ses aptitudes ; ils vous encourageront aussi à apprendre à vous ouvrir à l'acceptation des différences et des limites, tant les vôtres que celles des autres. Grâce à ce savoir, vous pourrez surtout faciliter l'éclosion de tous les potentiels y compris les vôtres, encourager la complémentarité des échanges, œuvrer dans une atmosphère de collaboration plutôt que d'opposition, de supériorité ou de mépris.

Le climat relationnel sur lequel repose l'approche des types d'intelligence présentée ici tant dans les milieux familiaux, scolaires, sportifs, professionnels qu'affectifs est primordial.

> Utiliser les types d'intelligence d'une manière uniquement rationnelle dans le but d'étaler vos savoirs ne sert à rien si cette connaissance n'est pas appliquée dans un contexte relationnel profondément humain et chaleureux où les besoins d'amour, de sécurité, d'écoute, de compréhension et de valorisation des apprenants, des aidés et des proches ne sont pas respectés.

C'est dans cet esprit seulement que la connaissance des trois types d'intelligence peut être bénéfique, et dans cet esprit respectueux que je les décris.

Sachez, cher lecteur, qu'il n'est pas impossible que vous vous reconnaissiez totalement ou partiellement en lisant la description de l'un des trois types, mais, comme je viens de le mentionner, il est fort possible que vous réalisiez que l'un d'eux est votre forme dominante d'intelligence, c'est-à-dire votre principale porte d'entrée sur le monde. L'important n'est pas du tout de vous encourager à prouver que vous possédez les caractéristiques des esthètes, des pragmatiques et des rationnels pour vous croire, à tort, plus intelligent que les autres. Mon objectif est de vous aider à vous connaître davantage, à vous accepter et à reconnaître humblement vos limites et vos forces, de manière à vous ouvrir à l'exploitation de tout votre potentiel tant physique, affectif, intellectuel, artistique, rationnel que spirituel, et ce, dans le respect de vous-même ou des autres.

C'est avec cette approche profondément humaine, valorisante et respectueuse des différences individuelles que j'entreprends la description des caractéristiques des trois types d'intelligence. Comme je suis à la fois pédagogue et thérapeute en relation d'aide, je ferai suivre la description de chaque type par deux exemples puisés dans mon premier ouvrage, *Relation d'aide et amour de soi*, un exemple tiré de mon expérience thérapeutique et un autre de mon expérience pédagogique. Évidemment, des changements de prénoms, de lieux, d'âges et de situations ont été apportés dans tous les cas présentés dans ce livre, par respect de la confidentialité. Je vous convie donc à découvrir trois façons différentes d'appréhender les autres, le savoir et le monde, par la description des caractéristiques de chacun des types d'intelligence en commençant par celle des esthètes.

Chapitre 3

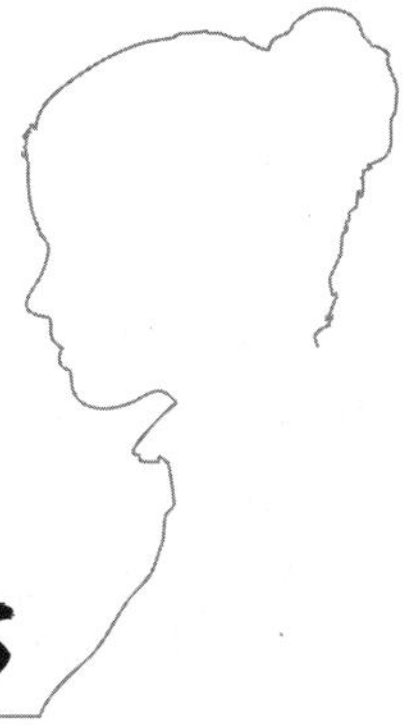

LES ESTHÈTES

Les caractéristiques de l'intelligence de l'esthète

Le mot *esthète* vient du grec *aisthêtês* qui signifie *celui qui sent*. **L'esthète pur se caractérise par une intelligence prioritairement sensitive et intuitive.** Donc, si vous voulez l'atteindre et susciter son intérêt, il est essentiel de passer par la porte des sensations, de l'imaginaire et de la sensibilité. Avec lui, c'est la voie du cœur, des perceptions sensorielles et émotionnelles qu'il faut emprunter pour qu'il puisse accéder plus facilement à la compréhension rationnelle et apprivoiser sans résistance les composantes de la vie quotidienne.

> **Qu'il s'adonne ou non à un travail de nature psychologique ou à des activités artistiques, l'esthète est un artiste dans l'âme. Il saisit parfaitement de l'intérieur le monde de l'invisible et la complexité du cœur humain.**

Il n'a pas d'emblée sur la vie le regard analytique des rationnels ni l'approche pratico-pratique des pragmatiques. Pour bien cerner sa différence d'avec les autres types, voyons grosso modo ce qu'est son rôle dans la construction d'une maison. Si le rationnel en est le concepteur et le pragmatique le bâtisseur, l'esthète se chargera plutôt de la décoration, de l'harmonie des couleurs et des formes, de la touche finale.

Doué d'une intelligence d'ordre irrationnel, il est aussi à l'aise dans ce qui est insaisissable pour l'intelligence rationnelle que le pragmatique peut l'être dans le monde de la matière. En réalité, c'est un visionnaire qui habite son univers imaginaire, sensitif et sensible beaucoup plus aisément que celui de la logique et du concret. Tiraillé entre son idéal très élevé et les contraintes de la réalité, il fuit souvent le milieu extérieur et cognitif par le rêve éveillé pour ne pas ressentir son ambivalence et son impuissance lorsque le réel l'affecte et lorsque les notions rationnelles le rebutent parce qu'il ne les comprend pas ou qu'elles ne l'intéressent pas.

> **Le monde du rêve, de l'imaginaire, des perceptions sensibles de l'âme humaine et de la création artistique n'est pas seulement un refuge pour un esthète. C'est sans le moindre doute son véritable univers, celui où il se sent le plus dans son élément.**

C'est pourquoi son potentiel intellectuel et son potentiel d'habiletés pratiques ne peuvent se développer que si, comme éducateurs, vous passez par ses portes d'entrée. C'est à l'intérieur de lui-même que se crée sa vie. Son imaginaire est constamment inondé d'idées, de projets qu'il a beaucoup de mal à structurer, à organiser et à réaliser parce qu'ils sont dominés par l'affectif et la fantaisie et qu'il ne sait pas trop comment composer avec l'univers strictement matériel et rationnel. Sa difficulté à actualiser ses objectifs de vie le remplit souvent de frustration, d'insécurité et d'un sentiment fréquent d'insatisfaction, ce qui, par conséquent, altère considérablement sa confiance en lui. Il peut alors, pour se sécuriser, verser dans certaines formes de rationalisation, ce qui ne lui procure pas ce sentiment de sécurité qu'il recherche parce qu'il utilise des moyens défensifs pour l'atteindre. L'esthète qui ne prend pas le temps de ressentir son vécu et ses besoins devient frustré parce que, ce faisant, il s'éloigne, progressivement et à son insu, de sa nature sensible et créatrice.

> **Amant de l'art, de l'âme humaine et de la relation vraie, l'esthète ne réalise pas toujours qu'il n'est prioritairement ni un penseur ni un entrepreneur, mais un idéaliste, un visionnaire, un intuitif, un artiste, un thérapeute dans l'âme.**

Comme ce type est plus tourné vers l'intérieur que vers l'extérieur, il a une curiosité naturelle pour la vie émotionnelle et la vie spirituelle. Autant il a peur d'y accéder, autant il y est irrésistiblement attiré parce que sa nature intuitive et sensible l'y aspire et parce que c'est sa voie royale vers l'épanouissement de tout ce qu'il est. Les grandes questions métaphysiques l'intéressent, non pour les analyser comme les rationnels, non pour y donner des réponses concrètes comme les pragmatiques, mais parce qu'elles l'affectent. Il ne cherche pas à répondre intellectuellement aux *Qui suis-je*? *D'où je viens*? *Où vais-je*? *Pourquoi la mort*? *Que se passe-t-il après la mort*? Il tente plutôt d'intégrer ces préoccupations à son monde intérieur pour qu'elles deviennent une source de créativité plutôt qu'une fontaine d'anxiété. Autrement dit, l'esthète tire ses réponses dans ses expériences de vie intérieure plus que dans les connaissances théoriques parce que les explications exclusivement rationnelles ne correspondent pas à son type d'intelligence, c'est-à-dire à sa manière unique et personnelle d'appréhender le monde et la réalité.

Comme le mot *intellectuel* fait référence à ce qui est abstrait, cérébral, livresque, mental et théorique, ce terme n'est pas approprié pour désigner l'intelligence de l'esthète, ce qui ne veut pas du tout dire qu'il n'est pas intelligent, et ce qui ne veut surtout pas dire non plus qu'il n'a pas le potentiel pour accéder au monde de la cérébralité et de la spéculation. Sa motivation à lire un livre de psychologie, par exemple, ne vient pas d'un désir de connaître les théories des grands spécialistes en la matière, mais d'un désir de comprendre ce qui se passe à l'intérieur de lui-même et de comprendre les autres. Pour décrire un esthète, le mot clé est SENSIBILITÉ. Tout son univers tourne autour de son impressionnabilité. Afin de contribuer à son développement quand vous l'abordez, rappelez-vous qu'il a besoin que son type d'intelligence soit respecté. Il a une manière sensible et intuitive d'appréhender la réalité que vous pouvez observer partout dans sa vie y compris et surtout dans sa vie affective et relationnelle.

La vie affective et relationnelle de l'esthète

Comme l'esthète aborde le monde par la voie de ses sentiments, de ses sensations et de sa faculté intuitive, il est particulièrement vulnérable et souvent habité par l'impuissance, l'anxiété, l'insécurité, voire un sentiment d'infériorité dans ses relations avec les autres s'il manque de compréhension de leur part et s'il ne s'accepte pas tel qu'il est. **Assez souvent chargé émotivement et fréquemment envahi par la honte de sa sensibilité et de ses besoins qu'il juge anormaux, il ne livre pas facilement son monde intérieur. Il lui arrive même de se composer un personnage et de présenter une image de lui qui l'éloigne de lui-même et des autres par manque d'acceptation de ce qui se passe en lui. En effet, en ce qui concerne sa vie intime, l'esthète est, dans la majorité des cas, un taciturne qui a un besoin viscéral de compréhension et d'harmonie affective pour s'exprimer avec confiance et pour évoluer paisiblement.**

Parce qu'il perçoit le monde et les autres émotivement et sensitivement, il est très impressionnable et très sensible à son environnement et aux personnes de son entourage. Un mot, un regard, un oubli, un silence, une parole peuvent avoir sur son psychisme des effets positifs et évolutifs, ou alors négatifs et destructeurs. Cette vulnérabilité devant les déclencheurs extérieurs explique ses angoisses et ses blocages devant certains apprentissages, et explique aussi son retrait des relations affectives non harmonieuses quand il est affecté émotionnellement. **Entendons-nous bien. Je n'affirme pas que les rationnels et les pragmatiques n'ont pas de sensibilité, mais qu'elle n'est pas leur porte d'entrée pour atteindre le cœur de leur intelligence et pour qu'ils se développent et grandissent harmonieusement.**

L'esthète est un être d'une sensibilité si pure, si raffinée et paradoxalement si confuse qu'il ne trouve pas toujours les mots justes pour traduire sa vérité profonde quand il est touché. Il a souvent peur d'être incompris, rejeté ou même ridiculisé. Son moyen d'expression et de libération privilégié, c'est la création artistique, c'est-à-dire la poésie, la peinture, la sculpture, la décoration intérieure, l'écriture, le théâtre ou la création musicale. Il s'exprime aussi à travers tout ce qui touche la vie intérieure. Sa compréhension de l'âme humaine peut faire de lui un excellent thérapeute, un très bon pédagogue, un être capable d'écouter et de saisir parfaitement bien le monde intérieur des autres à condition qu'il saisisse et accepte le sien.

La connaissance de ce qu'est un esthète peut vous faire comprendre à vous, les éducateurs, pourquoi il est parfois difficile d'entrer dans son monde, surtout si vous n'avez pas son type d'intelligence. Souvent, son univers intérieur ne vous est accessible au premier abord que par ses créations et ses intérêts d'ordre psychologique et spirituel. Cette accessibilité n'est possible qu'à condition de vous y intéresser. Pour qu'il consente à se livrer, vous devez susciter sa confiance par un respect indéfectible et sans jugement de sa vulnérabilité et par un amour véritable de ce qu'il est, tel qu'il est.

À cause de leur sensibilité à fleur de peau et de leurs peurs, certains esthètes ont de la difficulté à vivre sereinement la relation affective et particulièrement la relation amoureuse. Pour ne pas souffrir, ceux-là se réfugient dans des relations imaginaires. Ils inventent des situations et créent l'être aimé dans leur esprit selon leurs perceptions de la réalité et selon leur état psychique. L'imaginaire occupe une place considérable dans leur vie affective. Pour cette raison, ils sont parfois désillusionnés en amour. En fait, ces êtres sensibles et créateurs s'inventent des aventures et des histoires d'amour et vivent dans l'attente de voir se réaliser leur rêve le plus secret affectivement, ce qui rend leur vie parfois compliquée d'autant plus que le moindre échec affectif, le moindre rejet, le moindre refus est vécu avec une intense souffrance. Parfois, leur imaginaire les entraîne dans des scénarios catastrophiques qui les maintiennent dans la peur d'être abandonnés. Le moins que l'on puisse dire est qu'ils ont énormément et constamment besoin d'être sécurisés affectivement, particulièrement dans leur relation amoureuse.

Entrer en relation avec un esthète est un art. Il faut de la douceur, une grande capacité d'écoute et d'acceptation sans jugement, une ouverture intérieure à ses champs d'intérêt et

surtout beaucoup d'honnêteté et de cohérence. Si vous faussez l'expression de vos sentiments à son égard, si vos paroles contredisent votre attitude et vos comportements, il le sentira instantanément et vous retirera sa confiance.

Le meilleur moyen de le rejoindre sans l'effaroucher, c'est de comprendre que son monde imaginaire et émotionnel né de ses perceptions est sa réalité, et que cette réalité teinte toutes les facettes de son existence. C'est donc, sans aucun doute, ce chemin privilégié que vous auriez avantage à prendre comme éducateur ou comme aidant pour favoriser l'exploitation de ses talents d'esthète et pour le disposer à s'ouvrir au développement de son potentiel concernant les autres types d'intelligence.

Pour approfondir la compréhension de ce type d'intelligence, arrêtons-nous à ce qui motive l'esthète et le propulse dans la vie.

Les intérêts particuliers de l'esthète

L'esthète vit souvent hors du temps et de l'espace physique. Il n'a pas toujours les notions de temps, de norme, d'échéance, et il semble fréquemment loin de la réalité tangible. Il vit parfois dans un monde parallèle où il est parfaitement libre d'être ce qu'il est, le monde de l'imaginaire qui le fait voyager du fantastique au médiocre, du fantaisiste à la monotonie, de l'extraordinaire au lamentable, du réel à l'irréel suivant ses perceptions de la réalité de laquelle il cherche souvent à échapper. D'une manière générale, il ne conteste pas ouvertement les règles, les protocoles, les formules toutes faites et les élucubrations dogmatiques qu'il juge byzantines, qui l'agacent, voire qu' il abhorre. Il a horreur des moules, quels qu'ils soient, et surtout s'ils limitent son expression créatrice et sa liberté d'être. Le plus souvent, il les contournera ou les fuira en se réfugiant dans son monde imaginaire auquel n'ont accès que de rarissimes privilégiés qui ne menaceront pas ses structures internes à la fois fragiles et infrangibles.

Le monde intérieur de l'esthète est en même temps sa plus appréciable ressource et sa plus importante source de souffrance. C'est pourquoi il se protège en se renfermant pour éviter de souffrir, pour ne pas se laisser ébranler par la critique, le jugement et, surtout, par l'incompréhension. Souvent, il se confine pour broyer du noir, pour rêver ou pour créer. L'un des principaux moyens que prend l'esthète pour masquer sa vulnérabilité et pour ne pas en souffrir est le contrôle. Il contrôle son monde intérieur et par conséquent celui des autres, en le rationalisant, ce qui laisse parfois croire qu'il est rationnel. Or, ce n'est pas parce qu'il rationalise qu'il a un type d'intelligence prioritairement rationnel. Ne vous méprenez pas. Cette tendance à la rationalisation défensive peut lui être préjudiciable quand il arrête ses choix de vie. J'ai vu des esthètes emprunter un chemin de carrière contraire à leurs aspirations profondes et à leurs talents parce qu'ils jugeaient le monde des arts inférieur à celui des sciences. Certains ont fait de même avec leurs enfants et les ont privés ainsi de l'exploitation de leur véritable nature par manque de respect de leur type d'intelligence.

Vous avez bien compris que l'esthète n'est, dans son état pur, ni un manuel ni un cérébral. Il ne s'intéresse pas aux choses pour leur utilité comme le pragmatique ni pour leur ordre logique et leur aspect scientifique comme le rationnel, mais pour leur beauté, leur valeur intrinsèque, leur sensibilité. *C'est véritablement utile puisque c'est joli*, disait le Petit Prince d'Antoine de Saint-Exupéry à l'allumeur de réverbères. L'esthète, c'est un peu le Petit Prince, dont la perception du monde passe par la voie de la pureté de l'enfance, des symboles, des images, des sensations et des émotions. Cette perception se traduit dans toutes ses aptitudes.

Les aptitudes dominantes de l'esthète

Les dispositions innées et acquises de l'esthète sont principalement de l'ordre de la perception sensorielle, émotionnelle, intuitive et de l'ordre de l'expression non verbale et créatrice. Il comprend l'âme humaine dans ce qu'elle a de plus subtil et de plus impalpable. Il sait voir au-delà de l'écorce et saisir d'instinct l'essence des choses et des êtres vivants lorsqu'il n'est pas perturbé émotionnellement. Son sixième sens est remarquablement développé. De plus, il arrive naturellement à jouer avec les formes, les couleurs, les sons et les mots comme l'enfant avec les étoiles, c'est-à-dire en les déformant, transformant et réinventant sans cesse. Son imagination créatrice est sans limites. D'une fleur, il peut faire un royaume, d'une couleur une œuvre d'art, d'une note une chanson, d'un mot un poème, si on lui laisse suffisamment de liberté intérieure et extérieure pour s'actualiser sans préjugés. Ses potentialités créatrices au plan artistique et psychique sont extraordinaires. Bien soutenu et bien entouré, il peut embellir tout ce qu'il touche, se tailler une place de choix dans le monde et surmonter les défis imposés par la vie.

Les défis de l'esthète

L'esthète fane comme une fleur sans eau et sans soleil dans un environnement de laideur, de violence, de vulgarité et de bruit discordant et stressant. Vous me direz à juste titre que c'est vrai pour tous les êtres humains. Cependant, parce qu'il perçoit le monde par le biais des sensations et de l'émotivité, il est profondément affecté par ces déclencheurs. Ses barrières cartésiennes comme celles du rationnel, sa capacité d'action sur le monde extérieur comme celle du pragmatique ne sont pas assez développées pour le protéger contre ce qu'il vit comme une agression brutale et parfois intolérable. En réalité, de par sa nature même, il n'est pas toujours outillé pour affronter sereinement ces perturbateurs d'harmonie et de paix. C'est pourquoi, comme éducateurs, nous avons la responsabilité de l'aider à se connaître et à s'accepter assez pour qu'il trouve des moyens judicieux de se protéger contre l'envahissement extérieur et de se créer un environnement qui lui fait du bien intérieurement.

Au plan affectif et relationnel, l'esthète a de grands défis à relever. Ses immenses besoins d'être accepté, compris et reconnu le rendent parfois défensif quand ils ne sont pas satisfaits. Devant la dévalorisation, l'humiliation, l'incompréhension et le rejet, il peut fermer la porte de la communication et refouler ses émotions, s'autopunir pour punir l'autre, se terrer dans un silence obstiné et prêter à l'autre des intentions malveillantes qui n'ont rien à voir avec la réalité. Par son isolement, il se prive de ce dont il a le plus besoin pour son épanouissement : la relation affective harmonieuse. Il a un travail à faire sur lui-même pour apprendre à se connaître, à s'accepter et à s'exprimer. C'est, de tous les types d'intelligence, celui qui a le plus d'avantages à exploiter son intelligence intrapersonnelle[12]. Heureusement, il est généralement ouvert au travail sur lui-même par le truchement de la remise en question, de la relation d'aide, des groupes de croissance et des démarches à caractère artistique, psychologique et spirituel, bien qu'il en ait peur. L'art thérapie, par exemple, convient parfaitement aux esthètes.

L'autre défi de l'esthète concerne son rapport à la liberté. Pour enfanter une œuvre ou pour développer ses capacités psychiques, il a un besoin viscéral de liberté. Comme son imagination est parfois débridée, il a tendance à s'en servir pour s'évader et s'y perdre, ce qui peut l'empêcher de traduire dans la réalité ses projets créateurs et son potentiel d'aidant dans le domaine de tout ce qui touche le psychisme humain. Pour se réaliser pleinement, il a avantage à accepter qu'il a besoin de structure et d'encadrement. Il est absolument fondamental qu'il sache qu'un cadre de travail ne le privera nullement de sa précieuse liberté intérieure et créatrice, et qu'il en a absolument besoin pour aller au bout de ses objectifs de vie.

Le laisser-faire total ne convient pas à un esthète parce que, sans cadre, il a tendance à s'éparpiller et à en rester à des rêves jamais actualisés, ce qui entretient son manque de confiance en lui et ses sentiments de frustration, d'infériorité et d'insécurité. Pour qu'il aille au bout de ses créations, il a besoin d'encouragement, de valorisation et d'un encadrement soutenu, aimant et respectueux. C'est dans une atmosphère d'amour, de liberté d'être et de structure qu'il se réalise le mieux. Pour l'aider à y arriver, voyons, en terminant, l'approche éducative la mieux appropriée à ce type d'intelligence.

L'approche éducative des esthètes

La plus importante qualité d'un parent ou d'un enseignant dans son approche vers son enfant ou ses élèves est de ne pas avoir de préjugés négatifs par rapport à leur type d'intelligence et,

---

12 Voir chapitre 12.

dans le cas de l'esthète, de ne pas essayer d'en faire un rationnel ni un pragmatique si ces orientations sont contraires à sa véritable nature. L'éducateur doit impérativement passer par sa porte à lui et lui faire confiance. Cela veut dire que pour intéresser et motiver un esthète, il est essentiel d'être respectueux de sa grande vulnérabilité, d'être à l'écoute de ses silences, de lui manifester une affection sincère, d'être authentique avec lui, de reconnaître son besoin de liberté et d'espace intérieur, d'accueillir sans jugement ses talents et ses envolées imaginaires et de lui apprendre à les utiliser pour créer et se réaliser dans la vie concrète. Nous touchons ici un principe incontournable et déjà énoncé précédemment de l'Approche non directive créatrice^MD (ANDC^MD)[13].

> **Nous ne pouvons susciter l'intérêt et la motivation de nos enfants, de nos élèves et de tous nos aidés que si nous respectons leurs besoins, leur type d'intelligence, leurs dispositions, leur vécu et leurs rêves. Il n'y a pas d'autre voie.**

En ce qui concerne l'esthète, c'est, je le répète, par la voie de l'imaginaire, de la vie sensitive et émotionnelle, par la création artistique et par sa capacité innée à saisir le cœur de l'homme que nous avons avantage à l'aborder pour le motiver à découvrir d'autres intérêts et d'autres modes d'apprentissage et pour l'ouvrir à l'exploitation des deux autres types d'intelligence sans l'y forcer et sans chercher à l'orienter ailleurs que sur son propre chemin.

À l'école, alors qu'un pragmatique parle à ses camarades, chahute ou tente par un moyen ou un autre de bouger, de *faire quelque chose* ou d'attirer l'attention quand la matière enseignée l'ennuie, l'esthète, lui, quitte silencieusement le cours pour se réfugier dans son monde imaginaire. Inutile de dire qu'il n'aime pas qu'on l'en sorte brusquement devant tout le monde. En réalité, l'école, telle qu'elle existe dans certains milieux, ne lui plaît pas particulièrement. Les cours d'art sont rarissimes et certains d'entre eux sont donnés de façon technique ou trop théorique

13 J'ai décrit cette approche dans mon livre *Relation d'aide et amour de soi* publié aux Éditions du CRAM.

à son goût, ce qui laisse peu de place à ses besoins de liberté et d'épanchement créateur. Par conséquent, il est souvent inattentif, absent et apathique en classe. La pédagogie traditionnelle, trop livresque et trop rationnelle, n'est pas faite pour ce genre d'élève, à moins qu'il ait développé certaines caractéristiques d'un rationnel.

En thérapie, il est relativement plus facile d'aborder la personne douée d'une intelligence sensitive. Son ouverture au monde de ses sensations et de ses émotions facilite les échanges. Pour l'aider à apprivoiser ses peurs, l'aidant doit toutefois respecter le monde imaginaire de l'esthète. Ainsi, afin de l'encourager à actualiser ses rêves et ses projets de vie, les techniques de visualisation, le rêve éveillé, le travail avec les symboles, les contes et les mythes sont-ils des outils efficaces à utiliser avec lui, de même que les méthodes d'expression créatrice comme le dessin, la sculpture, la poésie. Le thérapeute doit aussi l'aider à se créer une structure de travail sans laquelle ses rêves resteront inatteignables. Il doit surtout avoir une écoute exceptionnelle, une capacité à refléter de façon juste son monde intérieur pour qu'il se sente compris. Manifester un respect de son monde tel qu'il est, et avoir un souci constant de ne jamais verser dans la projection, le jugement et l'interprétation pour ne pas perdre sa confiance est fondamental quand on travaille avec un esthète.

Le but du travail thérapeutique, pédagogique et éducatif avec une personne douée de ce type d'intelligence est de favoriser le développement de l'acceptation et de l'amour de ce qu'il est, de la confiance en lui, du respect de lui-même et, j'insiste consciemment, de lui proposer un encadrement pour qu'il puisse se réaliser. Deux exemples, tirés du livre *Relation d'aide et amour de soi*, témoignent du succès obtenu avec une telle approche de cet être sensible, intuitif et créateur. Mais avant d'apporter ces exemples, un résumé des caractéristiques de l'esthète vous aidera à trouver celles qui vous concernent si vous les précédez d'un crochet.

Quelles sont vos caractéristiques d'esthète ?

CARACTÉRISTIQUES GÉNÉRALES DE L'INTELLIGENCE DE L'ESTHÈTE

- intelligence prioritairement sensitive, émotionnelle et intuitive ;
- capacité à saisir l'invisible, l'immatériel, le psychologique et le spirituel ;
- appréhension du monde par le cœur ;
- facilité à comprendre la souffrance des autres et la complexité psychique ;
- apprentissage qui passe par l'émotion ressentie, la relation authentique et la création artistique plus que par la connaissance théorique et par le monde pratico-pratique ;
- confiance plus grande en ce qu'il ressent qu'en toutes les preuves scientifiques ;
- intérêt pour les lois empiriques de l'univers psychique et invisible plus que pour les lois statutaires, géométriques, physiques, scientifiques de l'univers rationnel et matériel ;
- recherche d'un sens à sa vie ;
- préoccupation existentielle pour les questions fondamentales de la vie, de la mort et de la finalité humaine ;
- compréhension intuitive du langage polysémique des images, des symboles, des rêves, des mythes, de la poésie et des contes ;
- capacité à agencer les contraires au lieu de les opposer ;
- capacité à utiliser les composantes nébuleuses de son monde imaginaire pour créer, surtout s'il est bien encadré ;
- attirance pour le mystère, le fantastique, le merveilleux et le surnaturel, le psychologique, l'intemporel ;
- grande capacité d'émerveillement devant la beauté des choses, des œuvres d'art, de la nature et des hommes ;
- forte sensibilité à l'environnement visuel et auditif ;

- structure de pensée de nature analogique plutôt que linéaire ;
- désir d'approfondir la conscience et la connaissance de lui-même ;
- nature plutôt idéaliste ;
- esprit visionnaire.

CARACTÉRISTIQUES AU PLAN AFFECTIF ET RELATIONNEL

- intensité et profondeur des sentiments et des émotions ;
- grande vulnérabilité, impressionnabilité ;
- besoin de sécurité affective et de liberté pour se réaliser pleinement et pour vivre heureux en relation avec les autres ;
- sentiment fréquent d'être incompris, inadéquat, impuissant ;
- perception immédiate de ce qui est de l'ordre du sensitif, de l'émotif, de l'intuitif ;
- honte fréquente de sa vulnérabilité qui l'amène malheureusement à la refouler ;
- très grande sensibilité à l'harmonie et à la disharmonie dans ses relations ;
- besoin d'attachement et réticence à s'attacher par peur de souffrir ;
- monde émotionnel parfois chaotique, nébuleux et troublé dont les composantes doivent être identifiées pour ne pas qu'il s'y noie ou qu'il s'en défende ;
- besoin vital d'affection et de démonstration de tendresse ;
- recherche d'intimité affective malgré sa peur de s'y perdre et d'en souffrir ;
- tendance à ruminer et à dramatiser ses chagrins ;
- difficulté à livrer son monde intérieur par peur d'être jugé et incompris ;

- besoin de se sentir écouté, accepté et respecté dans sa sensibilité pour s'ouvrir à l'autre authentiquement ;
- personnalité généralement introvertie, particulièrement en ce qui concerne l'expression de sa vie intérieure ;
- nature plutôt sentimentale et romantique et réticence à montrer ce côté de lui-même ;
- besoin d'être reconnu pour ce qu'il est plus que pour ce qu'il fait et ce qu'il sait ;
- manque de confiance en lui-même pour concrétiser ses objectifs de vie et pour s'affirmer en relation ;
- malaise profond quand il y a un manque d'authenticité dans son entourage parce qu'il le sent ;
- tendance paradoxale à présenter une image de lui différente de ce qu'il est pour être aimé s'il n'accepte pas sa vulnérabilité, ce qui le rend lui-même inauthentique ;
- approche des autres d'abord et avant tout par son ressenti ;
- tendance à l'isolement particulièrement quand il souffre ;
- grand besoin de solitude ;
- disposition à la mélancolie, voire à la dépression s'il manque de sécurité affective et dans un entourage qui manque d'authenticité ;
- tendance à se créer des relations imaginaires positives et négatives et à entretenir des monologues et des dialogues intérieurs qui l'empêchent parfois de vivre harmonieusement les relations réelles ;
- recherche constante de liberté d'être et difficulté à se donner cette liberté ;
- expression de ses sentiments par des métaphores, des regards pénétrants, des silences éloquents, de tendres attentions ;
- tiraillement perpétuel entre le repli sur lui-même et le besoin de l'autre ;

- bouleversements intérieurs importants devant la critique, le jugement et surtout l'incompréhension et l'injustice ;
- tendance à fuir parfois sa souffrance dans une dépendance : alcool, drogue, sexe, travail, sports, relation amoureuse, réseaux sociaux ou spiritualité déconnectée de la réalité.

INTÉRÊTS DE L'ESTHÈTE

- attirance pour l'intangible plus que pour le tangible ;
- attraction pour le monde irrationnel plus que pour le monde rationnel ;
- intérêt pour le fantastique, le merveilleux plus que pour le réel ;
- imaginaire riche, fécond et créateur qui doit être canalisé pour qu'il puisse se réaliser ;
- attirance pour la beauté des choses et leur valeur symbolique plus que pour leur utilité et leur ordre logique ;
- fascination pour les référents artistiques, psychologiques et symboliques plus que pour les référents théoriques et pratiques ;
- attraction marquée pour tout ce qui concerne *le savoir-être* plus que pour le *savoir* et le *savoir-faire* ;
- attirance pour l'introspection, la méditation et la contemplation de la beauté du monde ;
- ouverture au changement créateur malgré la peur ;
- attrait pour la psychologie humaine ;
- ouverture à développer son intelligence spirituelle et son intelligence intrapersonnelle ;
- passion pour la beauté, l'art et l'âme humaine.

APTITUDES DE L'ESTHÈTE

- potentialités artistiques élevées ;

- perception de la subtilité et de la complexité de l'âme humaine qui peut faire de lui un aidant remarquable sur le plan de la santé du corps, du cœur et de l'âme ;
- intuition raffinée qu'il n'écoute malheureusement pas suffisamment ;
- être de cœur plus que de tête et d'action ;
- capacité naturelle à voir au-delà de la *logique* et de la matière ;
- imagination créatrice illimitée ;
- possibilité de bonheur dans une mansarde comme dans un palais s'il peut y mettre de la beauté, de l'harmonie et de l'amour ;
- aptitude à dépasser les apparences pour atteindre l'essentiel ;
- potentialités remarquables au plan artistique et psychologique insuffisamment actualisées s'il manque d'encadrement, d'effort et de confiance en lui et d'encouragement ;
- ouverture à l'imprévu et au changement parfois freinée par l'insécurité et la peur ;
- capacité à saisir spontanément ce qui semble illogique et contradictoire pour un rationnel ;
- contribution importante à l'évolution artistique, psychologique et spirituelle de l'humanité.

DÉFIS DE L'ESTHÈTE

L'esthète a un travail personnel à faire pour :

- rester en contact avec la réalité et ne pas la fuir dans l'imaginaire quand il a peur ou qu'il est blessé ;
- résoudre le conflit intérieur entre son idéal et les contraintes de la réalité pour atteindre ses objectifs de vie ;

- développer son sens pratique et s'ouvrir au monde de la matière et à ceux qui s'y intéressent pour pouvoir mieux assumer ses responsabilités financières et matérielles ;
- s'encadrer et se discipliner pour concrétiser ses projets et ses rêves sans quoi il est frustré et nourrit son manque d'estime de lui-même ;
- accepter une aide extérieure quand il en a besoin : un coach stimulant pour le superviser dans l'atteinte de ses objectifs de vie ou un thérapeute pour élucider son monde intérieur ;
- s'ouvrir à des dimensions de lui-même qu'il peut avoir tendance à négliger : les dimensions corporelle, pratique et sociale.

Il est possible qu'en lisant ces caractéristiques, vous découvriez que l'esthète est votre type prédominant d'intelligence. Si oui, l'acceptez-vous pleinement ? Êtes-vous fier d'être un esthète ? Sinon pourquoi ? Si oui pourquoi ? Cependant, comme le type pur n'existe pas, il est possible aussi que vous ayez reconnu en lui seulement quelques traits qui vous ressemblent. Quoi qu'il en soit, l'important est de vous accepter tel que vous êtes, de suivre votre guide intérieur, de ne pas vous mentir en refusant d'accepter des caractéristiques qui vous ressemblent à cause de vos préjugés et de ne jamais cesser d'exploiter toutes les potentialités qui sont au cœur de votre intelligence.

Voici, comme annoncé précédemment, deux exemples, l'un tiré de ma pratique de thérapeute et l'autre de ma pratique de pédagogue, qui prouvent que l'approche qui respecte le type d'intelligence d'un aidé-esthète peut être efficace d'abord et avant tout lorsqu'elle répond à son besoin fondamental d'être compris, de se sentir normal et de se réaliser à partir de ce qu'il est.

Exemple thérapeutique

Guillaume avait 20 ans lorsqu'il est venu me voir la première fois. Il venait de quitter la maison de ses parents à cause de la relation insupportable qu'il vivait avec son père. Il ne comprenait pas que sa mère s'entête à rester avec un tel homme. Autant il n'aimait pas son père, autant il avait pour sa mère un attachement indéfectible. Très jeune, il s'était identifié à elle.

Artiste peintre, cette femme lui avait légué sa sensibilité raffinée, son sens de la beauté, son allure originale et ses talents créateurs dans le domaine des arts. Esthète comme elle, il se sentait compris et valorisé en sa présence. Par contre, sa relation avec son père était bien insatisfaisante pour ne pas dire parfois misérable. En fait, ce père incarnait presque toutes les caractéristiques d'un vrai pragmatique. Homme d'affaires éminent, il se réalisait professionnellement en tant que propriétaire d'un magasin prospère de matériaux de construction. Il avait le don de la vente et des talents remarquables de menuisier. Comme il n'avait qu'un fils, il avait tenté par tous les moyens de l'initier à son travail dans le but de lui léguer son florissant commerce. Plus il insistait, plus Guillaume se rebellait. Sur les plans des intérêts et de la personnalité, un fossé séparait les deux hommes. De nature particulièrement sensible, ce fils avait le sentiment d'être incompris de son père et banalisé dans son vécu et ses talents.

En réalité, cette relation difficile est fréquente en éducation entre un parent *pragmatique* et un enfant *esthète*, le premier percevant le monde par le biais du *faire* et de la réalité concrète et le second par celui du rêve, de l'imaginaire et des sentiments. L'un étant principalement ancré dans le monde extérieur et l'autre dans le monde intérieur, ils n'arrivent pas facilement à créer un pont pour se rejoindre.

Au cours de sa démarche thérapeutique, Guillaume a découvert ce qu'il n'avait jamais voulu admettre : l'amour et le respect de ses parents l'un pour l'autre. En dépit de leurs flagrantes différences, ils se complétaient merveilleusement bien. Sa mère, qui n'avait aucun sens pratique et dont la vie n'était pas très structurée, avait besoin de cet homme réaliste qui se chargeait de la gestion matérielle du ménage. N'était-ce pas lui qui avait construit le magnifique atelier où elle passait la plus grande partie de ses journées ? N'était-ce pas lui qui lui avait organisé ses expositions de peintures et qui avait contribué à la faire connaître comme artiste? N'était-ce pas lui qui avait fabriqué et réparé ses jouets d'enfant, qui lui avait appris à faire de la bicyclette, à patiner et même à conduire la voiture? Bien sûr, ce père n'était pas doué pour comprendre le monde sensible de son fils, mais il avait sa façon à lui d'exprimer son amour.

C'est la connaissance et l'acceptation de plus en plus profondes de lui-même qui ont ouvert Guillaume à l'acceptation de son père tel qu'il était. C'est lorsqu'il a pris conscience de ses propres limites sur le plan pratique et des frustrations qui en découlaient dans sa vie qu'il a reconnu les qualités de son père et qu'il lui a donné le droit d'être différent de ce qu'il était lui-même, ce qui l'empêchait de le comprendre et d'accepter sa façon à lui de lui montrer son amour. Il a compris à ce moment-là qu'il se croyait rejeté de cet homme alors que c'est lui qui le rejetait. C'est souvent la reconnaissance de ses limites qui permet à un être humain de développer sa tolérance envers celles des autres et de constater que ce qu'il reproche à l'autre, il le fait aussi lui-même.

Exemple pédagogique

L'histoire de Mathieu fut pour moi l'une des plus touchantes et des plus délicates que j'aie vécues au cours de mes années d'enseignement au secondaire. Il avait seize ans quand je l'ai connu. Dès le début de l'année scolaire, j'ai remarqué qu'il était souvent seul. Il semblait n'avoir aucun intérêt pour l'école. Il s'enfermait dans une bulle dans laquelle il ne permettait à personne de pénétrer. Lorsque je donnais mon cours, il semblait absent, non intéressé. Il bâclait les travaux écrits pour s'adonner à ce qu'il préférait : le dessin. Il dessinait partout, sur ses livres, ses cahiers et même sur son bureau de travail.

Dès le début de l'année scolaire, il m'a fourni, par son attitude renfermée et rêveuse, ainsi que par son intérêt marqué pour les arts et la créativité, suffisamment d'informations pour que j'émette l'hypothèse qu'il avait une intelligence sensitive. Il me fallait donc trouver des moyens de l'intéresser à la matière que j'enseignais, mais je savais que j'y arriverais plus facilement s'il était intégré à son groupe. S'il restait isolé et ne se faisait pas découvrir par ses camarades, il aurait beaucoup de difficulté à s'épanouir en classe.

> **Il m'est apparu indispensable au cours de mes années d'expérience de l'enseignement de ne pas dissocier l'intérêt d'un élève pour le cours de son intégration au groupe, la motivation étant inextricablement liée à la vie émotionnelle, affective et relationnelle et à la satisfaction du besoin d'appartenance.**

Je savais qu'à cet âge, les copains sont aussi sinon plus importants que les parents pour que le jeune trouve son identité. C'est donc dire que sans cette intégration, nous obtenons généralement comme enseignants et comme parents beaucoup moins de succès dans l'application de nos connaissances des types d'intelligence.

> **Le respect des besoins fondamentaux d'appartenir, d'être aimés, acceptés et reconnus de nos enfants, de nos élèves ou de nos patients est à la base de toutes les démarches d'apprentissage, de guérison, de croissance et d'épanouissement personnel. Si ces besoins ne sont pas satisfaits, l'application des plus belles théories se heurte à des résultats médiocres, non seulement au plan académique, mais sur le plan de l'équilibre psychique de l'être.**

Nous verrons, par ce qui suit, que l'intégration de Mathieu à son groupe n'a pas été facile. Cette expérience m'a confirmé qu'en éducation, l'apprentissage est indissociable du vécu psychique et de l'état physiologique de l'élève. Ce principe ne doit jamais être négligé par l'éducateur et par l'aidant, quel que soit le domaine dans lequel il travaille.

J'ai mis beaucoup d'énergie à tenter de favoriser la relation de Mathieu avec moi et avec les autres étudiants. Malgré mes efforts, il demeurait taciturne et isolé. De plus, il quittait souvent l'école pour des périodes assez longues et revenait chaque fois avec des billets signés par un médecin qui ne précisaient pas la cause de ses absences.

En novembre, lors d'une rencontre avec les parents, j'ai pu parler au père et à la mère de cet adolescent visiblement perturbé. C'étaient des gens simples et profondément humains. Mathieu était leur unique enfant. Lorsque j'ai abordé le problème des absences de leur fils et des conséquences qui en résultaient, ils sont restés discrets, affirmant qu'elles étaient nécessaires et qu'il ne pouvait les éviter. J'ai insisté en leur promettant la confidentialité. C'est alors que sa mère m'a dit, sous le regard approbateur du père : *Mathieu est atteint depuis sa naissance d'une maladie incurable qu'il n'accepte pas et qui lui fait honte. Il se sent anormal et pas comme les autres. Il est hémophile.* Au cours de cet entretien, cette mère a compris que la meilleure façon d'aider Mathieu était d'accepter elle-même cette réalité qu'elle refusait d'accueillir parce qu'elle se sentait trop coupable, l'hémophilie étant une maladie transmise génétiquement par la mère à son fils.

Cette rencontre a entraîné des changements notables chez Mathieu. Au début de janvier, il s'est absenté pendant une semaine. Quand il est revenu, il était en béquilles, ce qu'il n'avait jamais fait auparavant. À ma grande surprise, lorsque ses camarades lui ont demandé ce qu'il avait, il leur a dit la vérité et il leur a expliqué ce qu'est cette maladie dont les jeunes n'avaient jamais entendu parler.

À la suite de cette situation, son comportement en classe a beaucoup changé. Il était davantage à l'aise dans le groupe, ce qui lui a permis de se faire des amis.

> **Quand un enfant se sent bien dans sa famille et qu'un élève se sent bien dans son groupe parce qu'il est reconnu et valorisé pour ce qu'il est, il actualise généralement plus facilement son potentiel créateur. C'est le rôle de l'enseignant de favoriser cette intégration dans la classe et celle du parent dans la famille.**

Ces deux exemples nous montrent que deux choses fondamentales sont à retenir concernant les types d'intelligence : premièrement, les connaître nous aide à mieux nous comprendre et à mieux comprendre et accepter les autres ; deuxièmement, leur application dans notre vie personnelle, relationnelle et professionnelle n'est efficace que si nous ne négligeons jamais les facteurs humains. Voyons maintenant quelles sont les caractéristiques de ceux qui sont principalement doués d'une intelligence pratique : les pragmatiques.

Chapitre 4

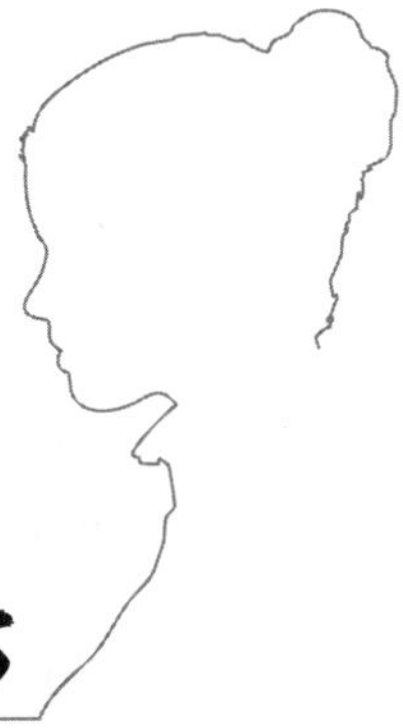

LES PRAGMATIQUES

Caractéristiques de l'intelligence du pragmatique

Le pragmatique est une personne qui se distingue par une intelligence pratique et spatiale remarquable. Il a un sens inné de l'espace et de l'orientation qui attire l'admiration des rationnels et des esthètes. Comme c'est un *visuel*, il trouve aisément son chemin partout où il veut aller parce qu'il observe les points de repère qui l'empêchent de s'égarer. Il est bien différent de l'esthète qui, sans vigilance, peut facilement se perdre dans un centre commercial.

Son sens pratique fait en sorte qu'il manie la matière comme les rationnels les concepts et les esthètes les symboles. Il a une maîtrise extraordinaire du monde extérieur et de la réalité concrète qu'il peut modifier, réparer ou transformer à son gré. Pour expliquer par un exemple la différence de son type d'intelligence avec celle des personnes des deux autres types, imaginez ces trois individus devant un nouvel appareil ménager. Notre pragmatique trouvera facilement et rapidement comment le faire fonctionner en regardant l'illustration, alors que le rationnel aura probablement besoin de lire et de relire le manuel d'instructions sans nécessairement comprendre, et que l'esthète requerra l'aide d'une personne à l'intelligence pratique pour l'aider.

Pour un pragmatique, tout passe par *le voir* et par *l'agir*. Incapable de concentration intellectuelle sur une longue période, il peut consacrer des heures avec la plus grande attention à accomplir un travail pratique et manuel parce qu'il est habile et débrouillard en ce qui touche ces champs d'intérêt. C'est un bâtisseur, un créateur de choses utiles, un être adroit et ingénieux qui se réalise pleinement dans toute expérience pratique où son pouvoir d'action et de solution est efficace et visuellement observable.

> **C'est par l'action et le mouvement que le pragmatique perçoit le monde, agit sur lui et apprend de lui. Si le rationnel a besoin de conceptualiser pour apprendre et l'esthète de ressentir, le pragmatique, lui, a besoin de *faire*.**

Nous ne pouvons donc participer avantageusement à l'apprentissage et à l'évolution d'un pragmatique qu'en le mettant le plus souvent possible dans des situations d'action concrète. À l'école, par exemple, il sera heureux et se sentira valorisé et utile si son professeur lui confie de petites tâches pratiques à accomplir. Cependant, autant il est à l'aise comme un poisson dans l'eau dans son action sur le monde extérieur, autant il peut être inconfortable dans le monde des émotions.

La vie affective et relationnelle du pragmatique

Sur le plan affectif, le pragmatique est un peu comme un enfant : pur, spontané, donc très attachant. Inlassablement tourné vers l'action, il exprime ses sentiments par des gestes et des actions concrètes. En amour, vous ne pouvez lui demander de vous écrire de belles lettres poétiques et sentimentales comme celles que votre meilleur ami reçoit de son amoureuse esthète ni de vous impressionner par les connaissances de la littérature romantique que possèdent les rationnels parce que ce n'est pas sa manière à lui de vous montrer son attachement. Il a deux façons, caractéristiques de son type d'intelligence, de vous exprimer son amour. La première est qu'il a besoin de toucher par une bonne poignée de main, une tape affectueuse dans le dos ou un bras enlacé autour de vos épaules. Ce sont ses moyens de vous dire qu'il vous apprécie ou qu'il est sensible à ce que vous vivez. **Les mains sont hyper importantes pour un pragmatique. C'est par elles qu'il crée, qu'il construit, qu'il répare la matière et c'est surtout par elles que passe l'expression de ses émotions et de son affection.**

Alors que le rationnel maîtrise facilement ses élans affectifs et en parle avec réserve et que l'esthète communique ses émotions par la création artistique, le pragmatique, lui, aime le contact physique. C'est pourquoi il doit apprendre à respecter les normes sociales, les principes moraux et les limites des personnes qu'il affectionne pour ne pas être jugé, interprété négativement et rejeté par elles. En fait, il doit apprendre à exprimer ses sentiments en tenant compte de la différence et du rythme des autres, ce qui n'est pas évident parce que c'est parfois difficile pour lui de dire son amour avec des mots, le pragmatique pur n'étant pas un Cyrano.

Cet être attachant a peur des déversements émotionnels verbaux parce qu'il ne sait pas quoi *faire* quand il est touché émotivement ou qu'une personne aimée est affectée psychiquement. L'impuissance qu'il ne supporte pas de ressentir le porte *à faire quelque chose* pour alléger les malaises des autres. En réalité, il a tendance à agir avec le monde des sentiments comme il le fait avec la matière, celle-ci étant le principal point de référence de son type d'intelligence. Autrement dit, devant l'effusion ou la confusion émotionnelle et devant la souffrance psychique, il propose instinctivement des solutions concrètes qui, parfois, ne sont pas appropriées à la situation et aux besoins de la personne concernée, laquelle ne se sent pas toujours comprise par ces suggestions qui ne lui conviennent pas nécessairement. Quand il ne peut pas aider par ses propres moyens, il est sincèrement malheureux.

Nous pouvons très bien comprendre cette compulsion du pragmatique à chercher des solutions à tous les problèmes, autant les siens que ceux des autres. Comme je viens de le souligner, il applique au monde psychique et affectif ce qu'il *fait* spontanément lorsqu'un problème se présente dans le monde physique où il réussit presque toujours à résoudre les difficultés et les complications qu'il rencontre. Quand il fait face à des désagréments d'ordre affectif sur lesquels il n'a pas de pouvoir, il est malheureux parce qu'il ne supporte pas son incapacité à dissiper la souffrance. Comme il se caractérise par une générosité de cœur hors du commun, il veut aider à tout prix. Pour ce faire, il propose des moyens parfois inadéquats afin que *l'autre* n'éprouve plus de douleur. Son intention étant honorable et désintéressée, il ne saisit pas toujours le pourquoi de l'incompréhension, du rejet ou du jugement qu'il s'attire en certaines occasions.

Cette disponibilité sans limites et cette générosité débordante sont, après le toucher, sa deuxième manière de dire *je t'aime* à ceux qui lui sont chers. **Le pragmatique est, en effet, toujours présent quand il s'agit de rendre service parce qu'il a un besoin viscéral de se sentir utile avec ce qu'il est et ce qu'il peut donner.** Il cessera donc toute activité pour répondre aux besoins pratiques d'une personne importante pour lui, voire aux besoins de tout le monde. Vous pouvez compter sur lui en tout temps, jour et nuit. Vivre proche affectivement d'un pragmatique, c'est être assuré d'une protection concrète et d'un accompagnement efficace indéfectible dans le domaine pratico-pratique où il excelle, et ce, quoi qu'il arrive et sans condition. Si vous savez apprécier ce qu'il peut vous offrir dans le respect de son type d'intelligence, vous jouirez d'une relation extraordinaire avec lui. J'en sais quelque chose puisque je vis avec un pragmatique depuis près de soixante ans.

Cependant, il ne faut surtout pas croire que le pragmatique n'est pas vulnérable. Ce n'est pas parce qu'il n'est pas à l'aise avec ses émotions qu'il n'a pas de sensibilité. Comme il se donne à fond à sa manière quand il aime, il peut souffrir énormément quand il est rejeté, abandonné, incompris, dévalorisé, ridiculisé, infériorisé ou trahi. Dans ces moments de grande souffrance, il se réfugie dans l'action compulsive, dans le sommeil ou dans une dépendance quelconque. Il a un très grand besoin d'être aimé et la pire chose qui puisse lui arriver est de perdre ceux qu'il aime. C'est d'ailleurs la peur de perdre ou la perte elle-même qui le pousse à se remettre en question, à lever les jugements qu'il porte sur le monde émotionnel et à laisser libre cours à sa souffrance.

Cela dit, le pragmatique est très à l'aise au plan social. Il est de compagnie agréable grâce à sa simplicité, à sa serviabilité, à son approche directe sans sous-entendus, à sa tolérance et à sa souplesse. Comme il aime les contacts humains qui ne demandent pas trop d'introspection, c'est un bon partenaire d'équipe si le travail est tourné vers l'action. Généralement jovial, parce qu'il refuse de se compliquer la vie, il profite du temps qui passe de son mieux, ce qui rend sa compagnie vraiment sympathique.

Parce que sa présence est bienfaisante et sécurisante et que les rationnels et les esthètes ont besoin de sa simplicité, de son sens pratique et de son amour désintéressé, sa relation avec l'un ou l'autre des autres types d'intelligence est possible, voire propulsive s'il y a un respect mutuel des différences de chacun, de leurs intérêts et une ouverture à découvrir un monde qui a tout à lui apprendre.

Les intérêts du pragmatique

> **Ce qui importe le plus pour le pragmatique et ce par quoi vous pouvez l'atteindre, c'est le moment présent, la vie sociale, l'action et la réalité concrète.**

Parce qu'il vit dans le moment présent et que le processus de la vie quotidienne est aussi important pour lui que le résultat de son travail, il a beaucoup de difficulté à sacrifier l'ici et maintenant pour réaliser un objectif à long terme. Pour lui, *un tien vaut mieux que deux tu l'auras*. À l'école, essayer de le motiver en lui disant qu'il passera à un niveau supérieur à la fin de l'année s'il travaille aujourd'hui n'est pas la manière idéale de procéder avec lui. La fin de l'année, c'est loin pour lui. Il a besoin d'objectifs à court terme où il pourra voir des résultats le plus tôt possible parce qu'il vit surtout dans le présent. Pour lui, le long terme doit passer par la somme de petits objectifs à réaliser ici et maintenant. C'est pourquoi un petit test à la fin d'un cours sur la matière fraîchement enseignée le stimulera beaucoup plus à se concentrer pendant le cours qu'un examen sur la matière d'un trimestre. L'approche comportementaliste est généralement efficace avec un pragmatique si la récompense arrive à court terme et qu'elle est tangible.

L'enseignant aurait avantage, pour attirer l'attention de ce genre d'élève, à introduire de temps en temps de courts examens à la fin de certains cours et à lui présenter le parcours pédagogique comme un escalier où l'accent est mis sur une marche à la fois, celle qu'il est en train de monter. Si toutefois vous souhaitez l'encourager à travailler pour réussir son année scolaire, une récompense concrète a généralement un effet plus stimulant pour lui qu'une récompense abstraite. N'oubliez pas que, quel que soit son sexe, c'est un manuel, un amant du palpable et du court terme. C'est donc dire qu'il y a de fortes possibilités que, selon son âge et les conditions de vie de sa famille, il soit plus stimulé par des jeux d'habileté manuelle ou motrice comme des jeux de construction, de création de choses utiles ou encore par une trottinette, un vélo ou un permis de conduire, que par la réussite aux examens de fin d'année.

Le pragmatique aime le plaisir et la vie. Pour lui, chaque minute est importante. Comme il ne supporte pas l'inaction, il est évident qu'il réagit très rapidement à l'ennui en cherchant un moyen d'agir pour s'occuper. À l'école, c'est généralement le genre d'élève qui brise la monotonie de l'enseignement théorique et magistral en parlant à son voisin, en bougeant constamment sur sa chaise ou en étant carrément indiscipliné. C'est souvent celui qui porte l'étiquette d'hyperactif et à qui on prescrit du *Ritalin*. En réalité, il a besoin de changer de position et d'agir sur la réalité concrète pour manifester de l'intérêt. Les concepts abstraits le rebutent et lui empoisonnent la vie tout comme les déversements émotionnels trop lyriques. **L'éducateur scolaire ou parental aurait avantage à ne jamais oublier, avant de lui faire prendre des médicaments, qu'il a besoin de bouger, de manier et d'agir pour exister pleinement. C'est pourquoi le sport d'équipe lui convient merveilleusement bien. Occupez-le si vous ne voulez pas qu'il vous préoccupe.**

Il est difficile, voire impossible dans certains cas, d'intéresser une personne à l'intelligence pratique par un travail uniquement intellectuel, analytique et abstrait. **J'insiste sciemment : le pragmatique a besoin d'agir sur la matière concrète pour s'épanouir. C'est sa porte d'entrée pour qu'il puisse s'ouvrir à l'exploitation de son potentiel intellectuel et artistique.** Il ne veut pas surtout *savoir théoriquement* ni *sentir émotionnellement*, mais *faire tangiblement*, bâtir, produire. Il veut des résultats visibles, efficaces et utiles. C'est pourquoi il est attiré par les expériences pratiques, les aventures réalistes et réalisables, les risques matériels mesurables. Dans ses domaines d'intérêt, il est infatigable et capable de dépenser une énergie physique surprenante pour actualiser ses aptitudes parce qu'il est motivé.

Les aptitudes dominantes du pragmatique

> Si vous avez un pragmatique dans votre vie, vous devez ressentir un sentiment profond de sécurité. Il est toujours présent pour vous rendre service, même dans des domaines où il n'excelle pas, mais surtout en ce qui concerne la vie concrète.

Il est là pour réparer votre évier qui coule, pour remplacer votre céramique démodée, pour déneiger votre voiture ensevelie sous la neige, pour construire la terrasse dont vous rêvez, pour déménager votre vieux fauteuil et le remplacer par un neuf, pour ranimer votre batterie déchargée, pour peindre votre appartement de la couleur que vous voulez, pour cuisiner des plats que vous aimez, pour améliorer votre qualité de vie. Avec lui, vos problèmes d'ordre matériel et technique sont facilement réglés. Il suffit de le lui demander clairement et de lui manifester votre admiration et votre reconnaissance et il sera heureux.

L'emploi du genre masculin ici pour décrire le pragmatique ne signifie pas du tout que ce type d'intelligence n'est réservé qu'aux hommes. Je connais beaucoup de femmes qui sont douées d'une intelligence pratique et qui, dans leur couple, assument tout le côté concret de la vie quotidienne, leur conjoint étant plutôt rationnel ou esthète. Ce n'est pas une question de sexe, mais de talents et surtout d'intérêts. Ma voisine et amie dont le conjoint est intellectuel montre un plaisir et des habiletés manifestes lorsqu'elle manie un marteau, un tournevis, une perceuse ou une scie. C'est elle dans leur couple qui s'occupe de leur voiture et je vous assure qu'elle n'est pas *tomboy*. Chez les couples homosexuels masculins ou féminins, il est intéressant de voir lequel des deux s'occupe naturellement et avec ravissement du côté pratique de leur ménage. À chacun ses forces. C'est la complémentarité des différences qui assure la réussite, pas nécessairement la similitude.

Malheureusement, l'apport dans une relation de cet être remarquablement habile n'est pas toujours assez valorisé. Nous ne percevons pas suffisamment l'amour, la générosité de cœur et la sensibilité tapie derrière des gestes et des compétences qui méritent beaucoup plus de témoignages d'appréciation qu'il n'en reçoit habituellement. Nous n'estimons pas à leur juste valeur la pertinence de son gros bon sens, la justesse de son esprit bon enfant et l'éclat de son regard ingénu sur le monde. Nous ne sommes pas toujours assez reconnaissants pour ses aptitudes et les qualités qui font de lui un être si attachant, et ce, même si, comme nous, il doit composer avec ses limites et les défis que son type d'intelligence l'amène à devoir surmonter pour évoluer.

Les défis du pragmatique

Il est facile de repérer, dans ce qui précède, les défis qu'a à affronter le pragmatique tant au plan intellectuel qu'au plan affectif. Comme il a un besoin vital de se sentir utile et efficace et qu'il a un immense désir d'agir sur la matière concrète et de constater, de visu, les résultats de son action, il va sans dire qu'il se sent inconfortable et incompétent dans le domaine des abstractions métaphysiques et dans celui des subtilités de l'âme humaine. Il y vit un sentiment d'infériorité parce qu'impuissant à résoudre les difficultés rencontrées et parce que ce sont des mondes qu'il n'appréhende pas facilement et qui l'insécurisent au premier abord.

Seul un contexte relationnel et affectif de respect sans jugement de son type d'intelligence pratique et de valorisation de ses talents manuels peut lui permettre d'accéder aux ressources inconnues qu'il n'a pas exploitées et favoriser une ouverture progressive sur ses potentiels de nature intellectuelle et artistique. Dans un tel contexte éducatif, amoureux, familial ou professionnel, il peut découvrir qu'il n'est pas dépourvu d'intelligence émotionnelle et d'intelligence rationnelle. Il peut également et surtout fertiliser sa confiance en lui et se libérer d'un sentiment d'infériorité qui le porte lui-même à se dévaloriser socialement parce que son type d'intelligence n'est pas toujours mis en valeur. **Le but d'une approche globale avec lui n'est pas de changer le pragmatique pour en faire un rationnel ou un esthète, ce qui serait vraiment dommage et nuisible à l'humanité entière, mais de l'encourager à élargir son champ de conscience et sa zone de confort afin qu'il soit plus fier d'être pragmatique**, qu'il bonifie ses relations affectives et qu'il découvre des connaissances qui contribueront à faire évoluer ses aptitudes pratiques et fonctionnelles dans ce monde qui dépend de lui pour améliorer quotidiennement la qualité de la vie. Pour l'épauler efficacement en ce sens, il est important de savoir comment l'aborder dans un contexte relationnel éducatif ou thérapeutique favorable à l'amour de soi.

L'approche éducative du pragmatique

Pour favoriser l'apprentissage d'une personne à l'intelligence pratique et pour l'aider à exploiter tout son potentiel et toutes ses dimensions, tant physique, intellectuelle, affective que spirituelle, l'intervenant, qu'il soit enseignant ou parent, a avantage à le faire passer par l'action. Tout projet qui laisse place au mouvement, à des réalisations pratiques, au *faire*, à l'organisation matérielle, à la vie d'équipe, le motivera et l'ouvrira progressivement au développement de son potentiel intellectuel et artistique. Partir de ses intérêts et de ses talents pour l'aider à élargir sa zone de confort est la meilleure approche que peut avoir un éducateur avec lui. Il ne faut pas oublier que le pragmatique recherche naturellement le plaisir, et que, dans les domaines qui l'intéressent, il manifeste une remarquable joie de vivre.

> **Si vous avez un pragmatique dans votre entourage affectif ou professionnel, rappelez-vous toujours que, pour lui, l'action et la production tangible ne sont pas seulement des moyens pour atteindre des buts, mais un mode de vie en soi.**

Aussi, les activités pratiques ne seront-elles des moyens d'apprentissage que si elles sont considérées pour leur valeur intrinsèque et que si elles ont autant d'importance à vos yeux que n'importe quelle activité intellectuelle ou artistique. Un milieu de vie qui valorise uniquement l'intelligence rationnelle ne répond pas aux besoins d'action concrète de celui qui est doué d'une intelligence pratique. Sachez d'ailleurs que si votre enfant pragmatique travaille relativement bien à l'école, ce n'est pas nécessairement par intérêt pour les matières enseignées. Il peut être profondément motivé par la peur d'être humilié, dévalorisé, infériorisé s'il a de mauvaises notes. Peut-être est-il motivé par la peur qu'on lui inflige des travaux supplémentaires ou des punitions qui pourraient le priver des moments qui l'intéressent le plus à l'école : les récréations, les sports, le plaisir de s'amuser avec ses camarades. Une autre raison qui peut expliquer sa réussite scolaire est la possibilité qu'il ait des caractéristiques du type rationnel. Quoi qu'il en soit, il est important pour un enseignant de rendre ses apprentissages agréables pour qu'il soit motivé par le plaisir d'apprendre plutôt que par la peur.

Comme son type d'intelligence n'est ni suffisamment exploité ni suffisamment valorisé dans certains milieux scolaires, familiaux ou sociétaux, il est parfois qualifié de paresseux, de cancre ou d'intellectuellement limité. En vérité, trop souvent, ce qu'il sait et ce qu'il réussit le mieux, il ne l'a pas appris à l'école. C'est pourquoi il a de la difficulté à reconnaître sa propre valeur. Il est influencé par des croyances qui lui enlèvent la confiance en lui-même et en ses capacités, particulièrement dans les domaines où il n'excelle pas. Ces croyances l'enferment dans des jugements qui le ferment à l'apprentissage intellectuel et l'empêchent d'exploiter tout son potentiel. L'une de ces fausses croyances assez connues dans certains milieux éducatifs et dans la société en général est la suivante : *les élèves qui ont de la facilité en mathématiques et en sciences sont plus intelligents que les autres.*

Malheureusement, certains parents de ces malheureux élèves pragmatiques en arrivent à la longue à croire que leur enfant n'est effectivement pas aussi intelligent que les autres et qu'il doit se contenter, par défaut, d'apprendre un métier étant donné que ses résultats scolaires sont médiocres. Cette dévalorisation des aptitudes pratico-pratiques se reflète trop souvent dans certaines familles et dans certains milieux scolaires et milieux de travail. Elle entraîne un manque de reconnaissance à l'égard de tous ceux dont l'intérêt est porté sur l'actualisation des habiletés techniques et manuelles. L'intelligence pratique étant celle que, personnellement, j'ai le moins développée, j'ai, vous l'avez peut-être remarqué, une sincère et profonde admiration pour les personnes douées de ce type d'intelligence. Je suis toujours émerveillée par tout ce que peut accomplir avec facilité mon amoureux et toutes les personnes qui, comme lui, savent régler les problèmes d'ordre matériel et qui ne sont jamais mal pris dans les situations fâcheuses et himalayennes, à mes yeux, de rationnelle-esthète.

En vérité, le monde a absolument besoin de gens à l'intelligence pratique. Si nous pouvions les apprécier davantage et leur témoigner notre considération au lieu d'uniquement les utiliser ! Ce n'est pas du tout par manque d'intelligence qu'une personne oriente sa vie sur un métier, mais par intérêt, par respect de son type d'intelligence, par un désir profond de faire ce qu'elle aime dans l'existence et aussi, avouons-le, par un besoin de compenser son manque d'investissement dans une école où il n'y a pas beaucoup de place pour ses talents. En s'adonnant à ce qui la rend vivante et heureuse à ses propres yeux, elle découvre qu'elle a une grande valeur et surtout que son potentiel d'intelligence est sans limites.

Maintenant que vous avez parcouru le profil du pragmatique, découvrez vos propres caractéristiques de ce type d'intelligence en cochant celles que vous possédez.

Quelles sont vos caractéristiques de pragmatique ?

CARACTÉRISTIQUES GÉNÉRALES DE L'INTELLIGENCE DU PRAGMATIQUE

- apprentissage par l'action, l'expérience concrète et le mouvement ;
- habiletés manuelles et tactiles remarquables ;

- grande maîtrise de la réalité matérielle ;
- besoin de toucher, de manier et de *faire* des choses et des actions tangibles ;
- esprit inventif, adroit, ingénieux et débrouillard ;
- approche directe et linéaire de la vie, sans sous-entendus ;
- grande capacité de concentration et de travail en ce qui concerne l'univers pratico-pratique ;
- motivation surtout pour des objectifs à court terme ;
- aptitude à vivre le moment présent ;
- gros bon sens naturel ;
- nature plutôt optimiste qui voit le bon côté de la vie à moins qu'il ne soit pas accepté tel qu'il est ;
- aptitude remarquable à solutionner rapidement et efficacement les problèmes d'ordre matériel et pratique ;
- capacité d'adaptation au changement au plan extérieur et matériel ;
- jouisseur, bon vivant, épicurien qui recherche les plaisirs et qui aime la vie.

PLAN AFFECTIF ET RELATIONNEL

- nature plutôt spontanée et souvent impulsive ;
- pureté de cœur d'un enfant qui le rend très attachant ;
- expression des sentiments par des mots simples, colorés et par des gestes et des actions concrètes ;
- souci d'améliorer la qualité de vie, le confort et le bien-être matériel de ceux qu'il aime ;
- besoin de voir, d'observer le monde extérieur et les autres et de les toucher pour exprimer ses sentiments ;
- difficulté avec la confusion et l'imprécision du monde intérieur ;

- incapacité à supporter l'impuissance devant un problème de quelque ordre qu'il soit ;
- difficulté à apprivoiser le monde émotionnel parce qu'il est changeant et instable, ce qui lui fait vivre de l'insécurité et de l'impuissance ;
- tendance à banaliser, voire à nier sa souffrance et à passer à autre chose le plus vite possible ;
- recherche constante de solutions efficaces et pas toujours appropriées à sa souffrance et à celle des autres ;
- peur de l'intimité affective sur le plan de la communication des sentiments ;
- difficulté à supporter la solitude ;
- fuite de la souffrance dans l'activité, le sommeil ou une dépendance quelconque ;
- grande sociabilité ; tendance naturelle à parler à tout le monde ;
- de compagnie généralement agréable parce qu'il ne se complique pas la vie ;
- personnalité plutôt extravertie et démonstrative à moins qu'il ait des caractéristiques d'un autre type d'intelligence ;
- difficulté à écouter sur une longue période les sujets abstraits, théoriques, intellectuels et les états d'âme ;
- besoin viscéral de se sentir utile en relation et de donner tout ce qu'il peut donner pour l'être ;
- disponibilité et serviabilité exceptionnelles et inconditionnelles ;
- remarquable générosité de cœur ;
- intelligence relationnelle développée au plan social ;
- vulnérabilité à l'humiliation et à la dévalorisation parce qu'il se dévalorise facilement lui-même dans son type d'intelligence ;
- belle naïveté en ce qui concerne le monde du cœur ;

- expression par des actions et par des gestes qui visent l'efficacité ;
- colères soudaines et passagères suivies de manifestations de joie de vivre ;
- grande simplicité et authenticité en relation ;
- présence agréable à cause de sa capacité à vivre dans le présent et à ne pas ressasser le passé ;
- besoin d'être reconnu pour ce qu'il fait plus que pour ce qu'il sait et ce qu'il est ;
- personnalité très sécurisante en tout ce qui touche la protection physique des personnes de son entourage et de leur bien-être.

INTÉRÊTS DU PRAGMATIQUE

- intérêt pour l'ici et maintenant. Généralement il ne nourrit pas de regrets par rapport au passé ni d'inquiétudes chroniques à l'égard de l'avenir à moins qu'elles soient d'ordre matériel et financier ;
- intérêt pour les objectifs à court terme. Pour lui, les objectifs à long terme sont atteignables et motivants si le parcours est fait d'une addition de petits objectifs à court terme ;
- soif d'apprendre surtout dans les domaines pratico-pratiques ;
- attirance pour les relations et les activités sociales fondées sur l'action et sur le plaisir ;
- attrait pour la vie d'équipe tournée vers l'action comme celle des sports ;
- grand besoin d'espace physique tant à l'intérieur de son lieu de vie qu'à l'extérieur pour construire, créer, bouger ;
- attirance pour les possessions matérielles, visuelles et concrètes comme, par exemple, une maison, des outils,

de beaux meubles ou une œuvre d'art de préférence figurative ;

- intérêt pour le *savoir-faire* plus que pour le *savoir* et le *savoir-être* ;
- attrait pour la mécanique, la menuiserie ou l'électricité, la couture, la cuisine, somme toute pour tout ce qui lui permet d'accomplir un travail manuel ;
- recherche de résultats tangibles, efficaces et utiles ;
- attrait pour les aventures réalistes et réalisables ;
- attraction pour tout ce qui lui apporte du plaisir : nourriture, sexe, activités récréatives, sports d'équipe, réalisations concrètes, services rendus, etc. ;
- intérêt marqué pour les quincailleries, les merceries et tous les endroits où il peut trouver des matériaux et des outils pour accomplir des réalisations concrètes et utiles.

APTITUDES DU PRAGMATIQUE

- intelligence spatiale développée, c'est-à-dire sens inné de l'orientation ;
- très grande capacité d'observation du monde visible qui lui permet d'enregistrer dans son esprit les référents visuels ;
- intérêt incontestable pour le dépannage, le bricolage, la rénovation ;
- capacité à résoudre les difficultés d'ordre matériel et technique ;
- disponibilité remarquable pour toute tentative de sauvetage ;
- capacité à modifier la matière, à l'utiliser pour augmenter sa qualité de vie et celle de ceux qu'il aime ;
- grande quantité d'énergie physique qui lui permet de s'adonner sur une longue période à des activités profes-

sionnelles et récréatives intenses physiquement (à moins de problèmes de santé) ;

- esprit d'entreprise ;
- dextérité manuelle souvent impressionnante ;
- recherche de compétence dans les domaines pratico-pratique ;
- action visant la productivité, le rendement et la rentabilité ;
- souplesse concernant l'actualisation concrète de projets ;
- sens de l'engagement et des responsabilités dans ses domaines de prédilection ;
- apport considérable et non suffisamment valorisé en ce qui concerne la qualité de vie, le confort et le bien-être matériel de l'humanité.

DÉFIS DU PRAGMATIQUE

- embarras devant les subtilités de l'âme humaine ;
- inconfort en ce qui a trait aux émotions négatives, tant les siennes que celles des autres parce qu'il ne peut les aborder comme des choses matérielles ;
- difficulté à supporter le silence et à composer avec les sujets trop profonds dans la communication ;
- malaise avec l'immobilité et le sentiment de tourner en rond ;
- souffrance indescriptible lorsqu'il est limité physiquement ;
- désagrément important lorsqu'il se sent inutile ;
- anxiété lorsqu'il ne trouve pas de solutions à ses problèmes et à ceux des personnes qu'il aime ;
- tendance à s'inférioriser à cause de son manque d'intérêt et de performance au plan rationnel et psychologique ;
- peine à s'intérioriser et à explorer les dimensions émotionnelle, intuitive et spirituelle ;

- difficulté à voir et à reconnaître ce qu'il est et ce qu'il fait de grand, de merveilleux et d'incomparable dans sa vie personnelle, relationnelle et surtout concernant son apport indispensable, en tant que pragmatique, à l'évolution du monde.

Pour mieux comprendre, accepter et valoriser les pragmatiques qui vous entourent et ce que vous reconnaissez de vous dans les caractéristiques de ce type d'intelligence, les trois exemples suivants auront sûrement l'art de toucher le cœur de votre intelligence.

Exemple thérapeutique

Rappelez-vous que le pragmatique est très ancré dans le présent, qu'il est peu enclin à « s'introspecter » et qu'il cherche à fuir la complexité du monde émotionnel et la souffrance qui en découle. Par conséquent, il n'est pas particulièrement intéressé à s'engager dans une démarche thérapeutique. Il faut admettre que, de par son côté *bon vivant* et son aptitude au bonheur, il n'en a pas nécessairement besoin. Ce n'est qu'à la suite d'une situation dramatique dans sa vie personnelle ou à la demande d'une personne importante à ses yeux, comme le partenaire amoureux, qu'il peut aboutir dans le bureau d'un thérapeute.

Ce fut le cas de Marius qui est venu me consulter parce que sa relation de couple, à laquelle il tenait beaucoup, se détériorait à un rythme effarant et que sa conjointe, Évelyne, qui suivait elle-même une thérapie, l'avait menacé de le quitter s'il n'entreprenait pas, lui aussi, une démarche pour améliorer leur relation. Marius tenait à cette relation plus que tout au monde. Comme son amoureuse était une priorité dans sa vie, il était prêt à prendre tous les moyens, même les plus désagréables à ses yeux, pour sauver son couple. C'est dans cet état d'esprit qu'il aborda ses premières rencontres avec moi. Il venait en consultation pour régler les problèmes de sa femme qui vivait une profonde insatisfaction dans leur relation. Il était convaincu que c'était elle qui avait un problème. Il venait donc me voir pour que je lui propose des moyens concrets pour aider Évelyne et pour l'aider lui-même à la rendre heureuse. Plus vite il trouverait quoi *faire* pour la satisfaire, plus vite il pourrait mettre fin à sa thérapie et à leurs conflits.

Peu porté à se remettre en question non par irresponsabilité ni par manque d'ouverture d'esprit, mais pour ne pas se compliquer l'existence, Marius souhaitait régler ce problème rapidement à la manière d'un bon pragmatique. Il voulait en finir avec les disputes qui lui empoisonnaient la vie. Il admettait qu'il avait une grande difficulté à comprendre les insatisfactions d'Évelyne qui lui reprochait son incapacité à communiquer. Lui dire à lui, l'homme sociable par excellence, qui parlait à tout le monde avec une aisance déconcertante, qu'il ne savait pas communiquer, n'avait aucune résonnance dans son esprit. Selon lui, c'était elle, de nature taciturne et réservée, qui avait manifestement ce problème.

Évelyne avait effectivement sa part de responsabilité dans leurs difficultés relationnelles. Elle s'adressait à son mari par le jugement et le blâme plutôt que par l'expression de ses besoins. Par contre, Marius, sans contredit un homme avenant, charmant et très sociable, avait une importante réticence à entrer dans l'intimité de la communication par peur de la complexité du monde émotionnel qu'il n'arrivait pas à élucider. Honnête, il a reconnu sans hésiter et sans se justifier qu'il fuyait dans l'action à cause de sa peur de se montrer vulnérable en présence d'Évelyne. Leur relation conflictuelle, comme toute relation non harmonieuse, était créée par son fonctionnement défensif et celui de sa conjointe. Ce sont d'ailleurs les deux personnes impliquées qui sont concernées par leurs difficultés relationnelles, jamais une seule d'entre elles, et ce, malgré les apparences.

Un grand danger guette les thérapeutes faisant face à des problèmes relationnels, celui de prendre parti pour l'un des partenaires et d'attribuer à l'autre la responsabilité de leurs disputes. En réalité, par exemple, si l'un est bourreau, c'est que l'autre entretient un comportement de victime. Si l'un est manipulateur, c'est que l'autre se laisse manipuler. Si l'un est envahisseur, c'est que l'autre se laisse envahir. Si l'envahi pose des limites claires pour faire respecter son territoire physique, affectif ou professionnel, l'envahisseur sera inévitablement forcé de se remettre en question.

Avoir une approche qui approuve l'une des deux personnes en situation conflictuelle au détriment de l'autre ne fait qu'envenimer leur problème. Approuver et prendre en charge la victime en réprouvant uniquement le bourreau, c'est contribuer à alimenter leur système destructeur et priver la victime du pouvoir qu'elle pourrait reprendre sur sa vie si elle découvrait sa responsabilité dans la relation. Je le répète, les deux ont quelque chose à changer pour se libérer du système qui les encage dans une relation toxique. Et c'est le rôle d'un bon thérapeute relationnel de faire prendre conscience à chacun d'eux de sa part de responsabilité dans leurs conflits. Je considère d'ailleurs que **si votre thérapeute prend parti pour vous ou pour la personne avec laquelle vous avez une relation non harmonieuse, lors de vos suivis avec lui, il est impératif de le remplacer par un aidant plus compétent, et ce, quelles que soient sa réputation et son approche**.

Cette approche systémique de la relation humaine s'applique aussi dans un cadre pédagogique. En effet, si un éducateur entretient le système dominateur-dominé ou juge-coupable ou encore bourreau-victime avec les éduqués, à l'école ou à la maison, il aura avantage à se remettre sérieusement en question.

Exemple pédagogique

Quand j'ai connu Mike, j'enseignais en troisième secondaire à l'école publique. Il avait dix-sept ans, soit deux ans de plus que la moyenne des élèves de son groupe. Il avait la réputation d'être un étudiant paresseux, indiscipliné, entêté, parfois insolent et irrécupérable. Sachant qu'au cours des années antérieures, il avait toujours été considéré comme un *mauvais* élève, il m'importait de l'aborder sans préjugés pour ne pas construire ma relation avec lui sur l'opinion des enseignants qui l'avaient eu dans leur classe avant moi.

Sur le plan familial, Mike était le deuxième d'une famille de trois enfants. Sa sœur aînée était une fille *brillante*. Ses résultats scolaires étaient si remarquables que ses professeurs la qualifiaient d'élève surdouée. Dans la famille, elle était très valorisée et comparée favorablement à Mike à cause de ses résultats spectaculaires aux examens. Le troisième et dernier enfant de la famille était une fille qu'un accident avait rendue paraplégique et à qui les parents prêtaient, vu les circonstances, une attention tout à fait particulière.

Ainsi, dans son milieu familial, Mike avait beaucoup de difficulté à trouver sa place. À l'école, il manifestait une attitude de rejet envers toutes les personnes en position d'autorité, surtout si elles se montraient autoritaires avec lui. Au cours des premières semaines de l'année, il a participé nonchalamment et avec indifférence aux activités que je proposais. Il n'était pas question que je lui oppose une certaine forme de résistance, sachant très bien que si je l'avais fait, il aurait probablement réagi avec hostilité, ce qui aurait eu pour conséquence de le fermer à toute forme d'apprentissage. **J'ai appris, avec l'expérience, que lorsqu'un étudiant a un comportement rebelle, c'est qu'il a quelque chose à exprimer, au-delà de sa carapace de *dur à cuire*, quelque chose qui n'a pas été entendu. Quelles émotions refoulait cet élève ? Quels besoins psychiques non satisfaits réprimait-il ? Son attitude n'était-elle pas une façon indirecte et défensive d'exprimer sa colère, son impuissance, sa honte et ses besoins d'amour et de reconnaissance ?** Mike ne se rendait pas compte que son comportement lui attirait le contraire de ce dont il avait le plus besoin. Il était d'ailleurs convaincu que, quoi qu'il fasse, il serait toujours condamné à être considéré comme un être insensible et exécrable. Pour un enseignant, apprivoiser un tel élève demande de la patience, de la compréhension, de la confiance et du respect de ce qu'il est et de son type d'intelligence, ce qui, je l'admets, est loin d'être toujours évident.

Malgré mes bonnes dispositions, quand je tentais d'entrer en communication avec lui, Mike affichait une fermeture impénétrable jusqu'au jour où il m'a dit d'un ton plutôt provocateur et insolent : *jamais un prof ne s'est foutu de savoir ce que j'ai dans les tripes ; les profs n'aiment pas ma gueule. J'ai toujours été pour eux un élève nul et con. Je n'arrive pas à croire que ça peut être différent avec toi. Je pense que tu joues un jeu et que tu vas me piéger un jour ou l'autre. De toute façon, l'école, ça ne m'intéresse pas. Ce n'est pas fait pour moi. Moi ce que j'aime, c'est* faire *des choses, c'est bouger, pas* m'effoirer *dans une classe à écouter tes conneries du matin au soir. Ce qu'on apprend ici, ça ne sert à rien dans la vie. Moi je veux être menuisier. L'algèbre pis les règles de grammaire, c'est pour les bollés. Moi, ça m'emmerde.*

J'ai sincèrement apprécié sa franchise et je l'ai valorisé de m'avoir dit la vérité à son sujet, ce qui l'a visiblement surpris. C'*est bien la première fois qu'un prof ne m'envoie pas dans le corridor ou au bureau du directeur quand je lui dis ce que je pense.* En fait, c'est mon écoute et mon ouverture à le connaître et à l'accepter tel qu'il était avec son type d'intelligence qui a ouvert progressivement et lentement la porte du cœur de Mike à mon égard. Je savais que je ne pouvais pas l'apprivoiser par des jugements, des travaux supplémentaires et d'autres punitions du genre.

> **Il est d'ailleurs fondamental que nous, éducateurs et aidants, n'oubliions pas que les plus grands besoins de nos enfants, des apprenants ou des autres personnes à qui nous apportons notre aide sont les besoins d'être aimés, compris, acceptés, écoutés, inclus et reconnus.**

Ces besoins sur lesquels je m'arrête fréquemment dans cet ouvrage doivent être satisfaits pour que ces personnes acceptent de nous accorder leur confiance et pour qu'elles puissent s'ouvrir à l'apprentissage de quelque notion théorique ou de quelque habileté que ce soit. En réalité, la motivation d'un enfant, d'un adolescent et même d'un adulte dépend du respect de son mode d'apprentissage. Elle dépend aussi et surtout de la relation affective qu'il crée avec son prof, son parent ou son aidant. **La qualité de la relation affective est à la base de toute forme d'apprentissage, d'évolution et de guérison émotionnelle.**

J'ai revu Mike 20 ans plus tard. Il était l'heureux père de deux fils dont il était très fier, et propriétaire d'une entreprise très prospère de fabrication de meubles modernes. Lors de cette rencontre, il m'a chaleureusement remercié de l'avoir compris, accepté et d'avoir cru en lui. Il va sans dire que j'en fus émue aux larmes.

Mon expérience avec cet étudiant rejoint celle que j'ai vécue avec mon amoureux.

Expérience avec un proche

Depuis 1962, mon existence est remplie par une histoire d'amour que je peux qualifier aujourd'hui de remarquable. J'ai connu l'homme qui partage ma vie lorsque j'étais encore très jeune. Alors que, en tant qu'esthète, j'attendais le prince charmant d'un pays éloigné ou d'une autre planète, cet homme habitait le même village que moi. Nous vivions à quelques kilomètres l'un de l'autre, au pied de la même montagne. Tous les deux nous avons grandi dans la nature sur une ferme. En fait, j'avais dix-neuf ans quand notre relation amoureuse a commencé. Il en avait dix-huit. J'étais, à l'époque, étudiante en troisième année du Brevet A à l'École normale de Valleyfield, ce qui correspond aujourd'hui à un niveau universitaire. De son côté, il avait redoublé sa septième année et fait trois fois sa neuvième année. La directrice de l'école que je fréquentais, de même que ma titulaire de classe, m'avaient mise en garde en ce qui concernait cette relation qui, d'après elles, ne me convenait pas vu le décalage entre nos niveaux d'études. Si elles m'ont d'abord offusquée par leurs commentaires, ces deux femmes ont, en revanche, été une source de propulsion extraordinaire. Mon copain n'était pas moins intelligent que moi ni inférieur parce qu'il réussissait moins bien à l'école, j'en étais convaincue.

À partir de cet avertissement, j'ai tout simplement écouté mon cœur. Au lieu de m'éloigner de lui, je m'en suis rapprochée davantage. Je savais qu'en dépit de ses difficultés scolaires, il avait de grandes forces que je n'avais pas. Je savais intuitivement que j'étais amoureuse d'un homme qui me convenait parfaitement. Il était de type principalement pragmatique alors que j'étais esthète-rationnelle. Nous ne pouvions former une meilleure équipe. La vie m'a d'ailleurs prouvé que je ne m'étais pas trompée. Par la suite, il n'a jamais eu à recommencer une année d'études. Il est devenu un excellent professeur, surtout avec les élèves en difficulté d'apprentissage.

Qu'est-ce qui a pu favoriser ce déblocage? Je crois que sa principale motivation était de nature affective. Se sentant aimé, reconnu et valorisé pour ce qu'il était dans sa relation avec moi, il a notablement développé son intérêt pour l'école. De plus, en tant que pragmatique, il n'aimait pas le travail solitaire. Il avait besoin de la relation. Nous avons donc beaucoup travaillé ensemble à ses études, du moins pendant quelque temps, ce qui lui a donné confiance en lui et permis d'exploiter progressivement son potentiel rationnel. C'est notamment cette foi en lui-même qui l'a propulsé et poussé vers des études supérieures qu'il a bien réussies sans mon aide.

Mon expérience amoureuse, de même que mes expériences relationnelles et professionnelles, m'ont appris l'importance de la confiance en l'intelligence des apprenants, l'importance indispensable de la relation affective avec eux et du respect des différences pour susciter leur motivation à se réaliser pleinement. C'est donc dire qu'**utiliser votre connaissance des types d'intelligence en négligeant l'aspect relationnel, affectif et humain, c'est risquer de connaître une profonde insatisfaction. L'homme, qu'il soit enfant, adolescent, adulte ou vieillard, a besoin d'être aimé et valorisé pour s'épanouir complètement. Il a aussi besoin d'être écouté et de s'affirmer dans une atmosphère de respect de ce qu'il est et de liberté d'être. Si, comme éducateurs et aidants, nous n'avons pas intégré ce prérequis, la mise en pratique des caractéristiques présentées dans ce livre donnera probablement de piètres résultats, et ce, qu'il s'agisse autant de notre approche des esthètes et des pragmatiques que je viens de décrire que de celle des rationnels.**

Chapitre 5

LES RATIONNELS

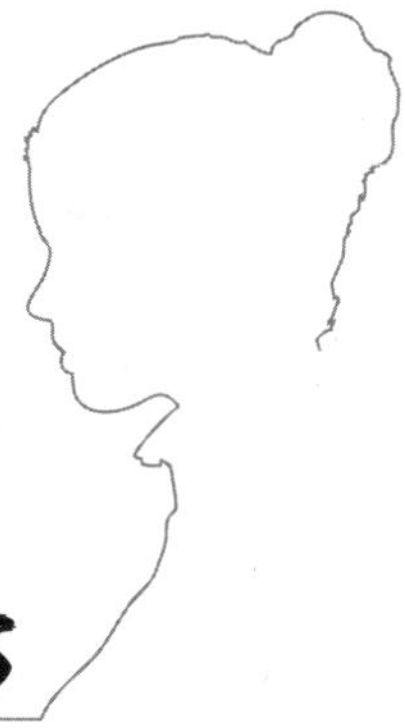

Caractéristiques de l'intelligence des rationnels

Le rationnel est un cérébral qui se caractérise par une intelligence spéculative et *logico-mathématique*[14]. Il a une capacité remarquable à comprendre les sciences cognitives parce qu'elles entrent dans le cadre de son type d'intelligence. Par contre, l'abstraction non évaluable de la vie émotionnelle et spirituelle n'entre pas d'emblée dans sa conception du monde. Attiré par ce qui est logique, réfléchi, intellectuellement prouvable ou réfutable, il est très sceptique et critique par rapport aux concepts de *perception intuitive*, *inspiration*, *éveil spirituel*, *guide intérieur* et par rapport à toutes les notions non démontrables rationnellement. Pour un rationnel pur, une chose n'est vraie que si elle est prouvée scientifiquement.

L'opposition entre les tenants de la connaissance rationnelle et ceux qui tirent leurs croyances de l'expérience vécue n'est pas récente. S'engager dans un débat pour savoir qui a raison, c'est se battre contre des moulins à vent. Cet affrontement ne fera que diviser les deux camps plutôt que de favoriser leur complémentarité. Autrement dit, **ce n'est pas en essayant de changer un rationnel que nous réussirons à l'éveiller au monde irrationnel de ses émotions, de ses intuitions et de la vie spirituelle. Inversement, nous ne pouvons demander aux esthètes et aux pragmatiques d'aborder la réalité à la manière cartésienne des rationnels. C'est plutôt en respectant et en profitant des apports de chacun des types d'intelligence que nous construi-**

14 Le terme logico-mathématique est de Howard Gardner.

rons ensemble un monde meilleur, à condition bien sûr que nous soyons ouverts à la différence de l'autre et à ce qu'elle peut nous apporter.

Grâce à sa curiosité intellectuelle, le rationnel est un chercheur à la fois méthodique, discipliné et bûcheur, capable d'une concentration pendant plusieurs heures quand il veut approfondir ses connaissances théoriques sur un sujet qui l'intéresse. Les objectifs à long terme ne le rebutent pas parce qu'il saisit parfaitement la notion abstraite du temps, ce qui est moins évident pour une personne à l'intelligence pratique pour les raisons que j'ai expliquées précédemment.

Généralement soucieux de sa réussite, il est, dans son domaine de prédilection, un perfectionniste persévérant et prévoyant. Motivé par le désir d'enrichir ses connaissances, il est à l'aise dans des cours théoriques, des discussions conceptuelles et des analyses de données, de textes ou de cas pédagogiques, psychologiques, judiciaires ou autres. Grâce à son esprit de nature cérébrale, il est capable de réaliser des travaux théoriques et livresques de longue haleine et de rendre ses objectifs à terme. À l'école, c'est l'élève présent, attentif, intéressé, l'élève qui réussit facilement et à qui on attribue la gratifiante étiquette d'intelligent, voire, dans certains cas, de surdoué. Par contre, si nous pouvions mesurer son rapport à la vie affective, il est fort possible que ses notes ne soient pas aussi impressionnantes que celles qu'il obtiendrait dans un contexte prioritairement rationnel, non par manque d'intelligence émotionnelle, mais par peur de ce qu'il ne maîtrise pas.

La vie affective et relationnelle du rationnel

Au niveau affectif et relationnel, le rationnel a une tendance spontanée à rationaliser ses émotions et aussi celles des autres. Quand il est ébranlé par un trouble intérieur, quel qu'il soit, il n'est pas rare qu'il le banalise, le réprime ou le juge sévèrement tout comme il le fait avec l'expression émotionnelle de personnes de son entourage lorsqu'elles le perturbent. Comme l'émotion est, par essence, illogique et irrationnelle, il cherche à la dompter et à la dissimuler pour garder le contrôle sur elle et pour ne pas en souffrir.

Il ne faut surtout par croire que votre enfant, votre conjoint ou votre ami rationnel n'a pas de sensibilité. C'est, au contraire, un être très vulnérable, doué d'une intelligence émotionnelle à laquelle il ne se donne pas suffisamment accès et qu'il ne développe pas parce qu'il a peur des sentiments qui l'habitent. En réalité, il vit une profonde insécurité devant tout ce qu'il ne peut pas maîtriser dans les domaines qui échappent à son contrôle rationnel. C'est ce qui explique sa peur de l'intimité autre que sexuelle.

> **Si l'esthète refoule ses émotions par peur d'être incompris et le pragmatique par peur de leur complexité, le rationnel, lui, contient son monde irrationnel par peur de se montrer vulnérable. Il a peur que les autres portent sur lui les jugements qu'il porte sur lui-même.**

Comme il n'assume pas sa vulnérabilité, il dépense une énergie considérable à la réduire à des concepts théoriques et à essayer de la dominer. Fervent défenseur de la liberté d'action et d'opinions, il n'est pas toujours conscient qu'en niant ses émotions, il perd sa liberté d'être, particulièrement dans l'ici et maintenant de ses relations affectives.

Sa réticence à apprivoiser son monde intérieur peut rendre la personne dotée de ce type d'intelligence distante et très peu diserte quand il s'agit d'exprimer son vécu. Sur ce plan, elle reste réservée et prudente. Elle se sent même agacée et parfois envahie par les réactions émotionnelles spontanées et par les démonstrations affectives débordantes des autres, la spontanéité en ce domaine n'étant pas sa principale caractéristique. Sa dimension émotionnelle est une partie d'elle qu'elle connaît peu par manque d'attention à elle. Aussi, est-elle mal à l'aise en compagnie de ceux qui ouvrent leur cœur aussi naturellement qu'elle ouvre le sien à la science et à la connaissance rationnelle. D'ailleurs, certains rationnels considèrent la vulnérabilité comme une faiblesse humaine, une fragilité à discipliner, à cacher, une fragilité qu'il leur faut vaincre et assujettir à la suprématie et à la noblesse de la raison. Selon les personnes de type rationnel pur, nous devons régenter le monde émotionnel parce qu'il n'est pas stable, pas fiable et qu'il est le principal obstacle à toute forme de réussite professionnelle, de bonheur et d'harmonie relationnelle.

Cependant, comme l'étude des neurosciences nous apprend que la vie affective est au cœur du psychisme humain, il est évident que le système défensif du rationnel, aussi résistant soit-il, ne parvient jamais, heureusement, à détruire sa sensibilité et la puissance du vécu éveillé par ses blessures, surtout quand elles sont déclenchées par ceux qu'il aime. Arrive presque toujours un moment dans sa vie où, malgré ses efforts pour les refouler, ses digues émotionnelles se fissurent. Sans cette libération, c'est sa santé physique ou mentale qui est en jeu. En effet, s'il n'accueille pas et ne s'occupe pas de son grand besoin d'affection et d'amour, il s'attire à long terme non seulement des problèmes d'ordre physiologique et psychologique, mais, à coup sûr, d'importantes difficultés relationnelles. Étant donné que dans ses relations affectives, il ne s'investit pas toujours suffisamment au plan émotionnel et qu'il tente inconsciemment de réprimer ses émotions et celles des autres, il est parfois malheureux en amour s'il ne fait pas confiance à l'être aimé et s'il n'est pas suffisamment sécurisé par son amour. Pour se protéger contre la souffrance, certains rationnels peuvent rester solitaires, sélectifs et même célibataires. Certains se placent même parfois en position de supériorité par rapport aux autres, ce qui ne répond pas à leurs besoins affectifs et ce qui les éloigne de ce qu'ils sont vraiment : des êtres fondamentalement vulnérables en dépit de toutes les apparences.

Au plan professionnel, le rationnel se réalise merveilleusement s'il choisit une profession qui correspond à son type d'intelligence. Il préfère de beaucoup le travail individuel au travail d'équipe à moins d'être le chef. Ainsi, s'il est amené à s'engager dans une démarche thérapeutique étant donné la souffrance que peuvent lui causer ses difficultés relationnelles, il sera plus à l'aise dans un parcours individuel que dans un travail de groupe, du moins au début de son processus d'évolution dans l'approche de son monde intérieur. Dans un groupe de croissance, il aura tendance à s'isoler, à tout rationaliser voire à juger l'animateur et certains membres du groupe s'il vit des malaises parce qu'il ne se fait pas confiance, et qu'il ne fait pas facilement confiance non plus en tout ce qui concerne le monde irrationnel.

Le rationnel a beaucoup de difficulté à communiquer quand il s'agit de parler de lui. Il a plutôt tendance à le faire rationnellement. En revanche, il peut être assez loquace lorsque les sujets de conversation sont d'ordre intellectuel et théorique.

La réussite est importante pour une personne de type rationnel, encore plus que pour les autres types d'intelligence. Je vais vous expliquer pourquoi. Comme il est à l'aise dans le travail intellectuel à long terme, il peut consacrer des mois, voire des années pour réaliser un projet et pour atteindre un but. À cause de son investissement colossal, l'échec est insupportable pour lui. Il peut être démoli s'il ne réussit pas à réaliser un objectif qu'il s'était fixé et pour l'atteinte duquel il a presque tout sacrifié, même sa vie affective. Contrairement aux pragmatiques et aux esthètes pour qui le processus est aussi important que le résultat, le rationnel accorde plus de valeur à la fin qu'aux moyens. Si la fin ne le satisfait pas, il est terrassé et dévalorisé. Par exemple, s'il lui arrive de ne pas se faire accorder la promotion qu'il souhaitait à cause d'un manque d'entregent, et ce, même s'il a énormément travaillé sur une longue période pour l'obtenir, il vivra alors un profond sentiment d'injustice et ne comprendra pas qu'une personne avec moins d'ancienneté et de compétence que lui puisse l'avoir supplanté. Ce sont d'ailleurs des situations de ce genre qui poussent un rationnel à se remettre en question personnellement, à réviser ses priorités et à les orienter dans le respect de ce qu'il est, de sa manière rationnelle d'aborder le monde et de ce qui l'intéresse et le fait vibrer.

Les intérêts du rationnel

Tout intervenant qui veut aider un rationnel se doit d'être attentif à ce qui le motive dans la vie et à ce qui lui sert de points de références. Il est fondamental qu'il sache que le rationnel pur ne fait confiance qu'à ceux qu'il juge compétents, qui ont de bonnes connaissances dans leur spécialité et qui sont en mesure de donner des explications solides et irréfutables à ses questions. Avec lui, mieux vaut dire *je ne sais pas* que de dire n'importe quoi qui ne soit pas juste et logique. Il a besoin de référents théoriques, scientifiquement reconnus ou de preuves factuelles pour faire confiance aux autres, sans quoi il est habité par des sentiments d'insécurité et de doute qui le rendent méfiant.

> **C'est d'ailleurs une préoccupation fondamentale d'un bon éducateur et d'un bon aidant que de satisfaire le besoin de sécurité des apprenants, des enfants et des aidés dans quelque domaine que ce soit. Le rationnel, tout comme le pragmatique et l'esthète, n'a pas besoin d'un intervenant qui sait tout pour lui accorder sa confiance, mais d'une personne authentique et intègre. L'authenticité et l'intégrité sécurisent toujours.**

Il a aussi besoin d'un intervenant qui respecte son type d'intelligence sans le juger. C'est seulement quand il se sent sécurisé et en confiance qu'un individu de type rationnel accepte de dépasser ses référents habituels pour aller plus loin dans la connaissance de lui-même et dans l'apprivoisement de sa vulnérabilité.

Dans la formation des intervenants, enseignants ou thérapeutes, à l'Approche non directive créatrice (ANDC^MD^) [15] au Centre de relation d'aide de Montréal (CRAM^MD^) [16] et à l'École internationale de formation à l'ANDC (EIF)[17], nous accordons d'ailleurs une

---

15 L'ANDC^MD^, c'est l'approche non directive créatrice que j'ai créée et qui est décrite dans *Relation d'aide et amour de soi*.

16 Le CRAM^MD^ est le Centre de Relation d'Aide de Montréal Inc., école de formation à l'ANDC^MD^ au Québec.

17 L'EIF est l'école internationale de formation à l'ANDC^MD^ Inc. Ses activités sont offertes surtout dans les pays francophones d'Europe.

importance capitale à la reconnaissance du mode d'appréhension du monde et à l'exploitation multidimensionnelle des futurs aidants. C'est seulement en exploitant tout leur potentiel dans le cadre de leur propre processus de formation qu'ils sauront comment favoriser l'épanouissement des aptitudes de tous les aidés et les accompagner respectueusement par la suite.

Les aptitudes du rationnel

Vous avez bien compris que le rationnel a développé surtout des aptitudes de nature intellectuelle. Il sait structurer ses idées, les analyser et les exprimer méthodiquement. Dans le domaine de l'esprit, quand il n'est pas mené inconsciemment par des émotions négatives, il fait preuve de discernement, de nuance et de rigueur. Il appréhende facilement le sens juste des concepts, ce qui lui permet sans difficulté de les comparer, de les définir et de les classifier. Il est capable de théorisation, d'abstraction et d'objectivation.

> **C'est un penseur doué pour la recherche intellectuelle et la conception de théories analytiques, de plans logiquement structurés et de projets intellectifs méthodiquement construits dont l'apport est considérable, voire indispensable, dans l'avancement de la science, de la technologie et de la connaissance.**

Ses découvertes sont évidemment plus utiles s'il sait s'adjoindre des personnes qui assurent la mise en action de ses idées. En effet, très doué pour la conception, il l'est en général moins pour l'actualisation de ses projets, à moins qu'il ait des caractéristiques de pragmatique. C'est pourquoi il a avantage à s'associer à une personne d'intelligence pratique pour appliquer ses conceptions dans le cadre de la réalité concrète. La capacité de concevoir et de structurer sa pensée est une énorme ressource pour un rationnel. Sans elle, je ne pourrais pas écrire ce livre. Et, sans les pragmatiques pour lui faire traverser toutes les étapes qui le mèneront en librairie, vous ne pourriez pas le lire en ce moment. Cependant, cette ressource cérébrale du rationnel est immensément plus utile pour celui qui accepte d'ajouter le *savoir-faire* et le *savoir-être* à sa perception du monde tout en restant un rationnel. C'est là que se trouve l'un de ses plus importants défis.

Les défis du rationnel

Étant principalement une intellectuelle sensitive, je sais qu'une personne dotée d'une intelligence rationnelle pure éprouve une certaine difficulté à accepter sa vulnérabilité et à développer son sens pratique, ce qui ne signifie pas du tout qu'elle ne peut y arriver. Comme elle réussit bien à l'école et que son type d'intelligence est valorisé dans la société, elle peut avoir tendance à se placer au-dessus des pragmatiques et des esthètes, à se croire supérieure à eux et à se placer en détentrice de vérité. Si elle ne prend pas conscience de ce danger qui la guette, bien involontairement, elle ne reconnaîtra pas à leur juste valeur ceux qui se caractérisent par un autre type d'intelligence que le sien ; elle adoptera à leur égard une attitude suffisante et condescendante.

> **Le principal défi du rationnel est d'accepter qu'il ne sait pas tout, et que, dans certains domaines, il aura toujours besoin des autres.**

Son deuxième défi se trouve dans son rapport à l'imprévu qui peut facilement le déstabiliser. Le manque de spontanéité et l'insécurité peuvent l'empêcher de profiter du moment présent, de s'ouvrir au changement et de s'abandonner à l'amour dans ses relations affectives. En fait, il est très mal à l'aise devant l'imprévisibilité, l'incohérence et l'illogisme des émotions, et perceptiblement perturbé par l'écoute ou l'expression du vécu. Il se défend contre ses craintes et sa honte de sa vulnérabilité en se retirant dans ce qu'il connaît le mieux et le sécurise infailliblement : son monde rationnel. Rassuré momentanément, il n'en reste pas moins qu'il se prive d'une communication satisfaisante au niveau du cœur, ce qui peut affecter ses relations intimes. Lorsque sa peur de perdre supplante sa peur des émotions, il risque un pas dans les couloirs de son labyrinthe intérieur. Cette démarche passe parfois par le corps qu'il a malheureusement tendance à négliger au profit des choses de l'esprit. Conséquemment, il n'est pas rare qu'il se crée à long terme des problèmes de santé physique, psychique ou relationnelle suffisamment importants pour qu'il s'en occupe.

C'est son expérience de vie, surtout son expérience affective, plus que ses connaissances qui outille le mieux un rationnel pour exploiter harmonieusement toutes les dimensions de sa personne. C'est par elle qu'il finit par atteindre l'équilibre qu'il recherche à condition qu'il écoute et satisfasse ses besoins autres qu'intellectuels dans le respect de ses modes privilégiés d'apprentissage, d'évolution et de perception du monde.

L'approche éducative du rationnel

Ce qu'il nous faut retenir comme intervenant auprès de toutes les personnes dotées d'une intelligence rationnelle, c'est qu'**elles ont besoin de leur tête pour écouter leur cœur. Si l'esthète perçoit le monde par ses sensations et ses émotions, que le pragmatique le perçoit par l'action concrète, le rationnel, lui, le perçoit par sa faculté mentale**. C'est donc dire que, comme animateur, enseignant, thérapeute ou traitant, nous devons impérativement respecter ce fonctionnement pour l'atteindre, l'intéresser, le motiver. Il a besoin de connaître et de comprendre. Il aime qu'on lui explique le pourquoi de nos affirmations et des sujets d'apprentissage. C'est par la porte de la tête qu'il faut passer pour l'ouvrir à ses autres dimensions et à d'autres modes d'apprentissage et de perception du monde que le sien.

La pédagogie traditionnelle étant, d'une façon générale, une pédagogie du triomphe du rationalisme et de l'intellectualisme, elle favorise les étudiants qui ont ce type d'intelligence. Ceux-là réussissent généralement bien à l'école parce qu'ils y sont valorisés et qu'elle est, dans un grand nombre de milieux, faite pour eux. Leur possibilité de persister et de terminer des études supérieures est prometteuse et illimitée, et leur perspective d'avenir professionnel réjouissante, ce qui ne veut pas dire qu'ils ne rencontrent pas d'obstacles dans leur vie et qu'ils réussissent toujours, et ce qui ne veut pas dire non plus qu'ils sont plus heureux que les autres dans la vie. À chaque type d'intelligence, ses forces, ses limites, ses défis. Quoi qu'il en soit, notre société a besoin de leur esprit analytique, de leur souci de précision, de leurs talents pour la recherche intellectuelle, la conception théorique, la structuration des idées et des programmes, pour leur contribution à l'avancement de la science et de la connaissance spéculative.

Comme les autres types d'intelligence, le rationnel a tout un potentiel à exploiter. Il s'accomplira pleinement si nous le reconnaissons et si nous l'aimons pour ce qu'il est vraiment sans le juger et sans vouloir le changer. Je vous propose maintenant de vous arrêter pour découvrir quelles caractéristiques rationnelles vous possédez.

Quelles sont vos caractéristiques de rationnel ?

CARACTÉRISTIQUES GÉNÉRALES DU RATIONNEL

- esprit analytique et cérébral ;
- intelligence spéculative *logico-mathématique*[18]
- grande capacité de compréhension du monde cartésien ;
- concentration remarquable pour les choses de l'esprit ;
- aptitude naturelle à saisir les concepts et les lois mathématiques et scientifiques vérifiables rationnellement ;
- recherche de liens entre causes et effets ;
- curiosité intellectuelle aiguisée, désir constant d'enrichir ses connaissances théoriques ;
- énorme capacité de travail au plan rationnel ;
- attirance pour tout ce qui est intellectuellement prouvable ou réfutable ;
- scepticisme devant les notions d'intuition, d'éveil spirituel et devant les phénomènes non reconnus par la science ;
- ordre et méthode sur le plan de ses conceptions théoriques ;

18 Terme employé par Howard Gardner.

- perfectionnisme et très grande persévérance dans les domaines de l'intellectualisme ;
- motivation pour les objectifs à long terme qu'il mène à terme la plupart du temps dans ses domaines d'intérêt ;
- fervent défenseur de la liberté d'opinion et surtout de la sienne ;
- talent pour les essais, c'est-à-dire pour les ouvrages à réflexion sur un sujet de ses intérêts ;
- esprit de recherche d'ordre rationnel et théorique ;
- respect des échéances à court ou à long terme dans l'exécution d'un travail intellectuel ;
- ambition dans l'atteinte de ses objectifs de vie ;
- très grande difficulté à accepter l'échec à cause de son investissement colossal dans ce qu'il entreprend ;
- recherche de performance dans sa spécialité ;
- rigueur scientifique ;
- élève généralement attentif à l'école où il réussit plutôt bien et où il est valorisé pour ses résultats aux examens ;
- possibilité d'indiscipline et d'arrogance s'il est surdoué parce qu'il s'ennuie.

CARACTÉRISTIQUES AU PLAN AFFECTIF ET RELATIONNEL

- tendance spontanée à rationaliser ses émotions et celle des autres ;
- banalisation et refoulement de sa souffrance et possibilité de répression des émotions des autres ;
- peur de l'intensité émotionnelle, la sienne et celle des autres personnes de son entourage affectif ;
- tendance à se contrôler au plan affectif et à contrôler ceux qui l'entourent ;
- très belle sensibilité qu'il manifeste difficilement ;

- potentiel d'intelligence émotionnelle étonnant, bien qu'insuffisamment accepté et développé ;
- insécurité chronique devant l'irrationnel et tout ce qu'il ne peut maîtriser intellectuellement ;
- recherche de sécurité intérieure dans ses relations affectives qu'il n'exprime pas facilement parce qu'il se juge ;
- peur de l'intimité émotionnelle dans la relation affective et amoureuse ;
- difficulté à exprimer son vécu ; tendance à le normaliser selon ses propres critères de normalité ;
- manque de spontanéité dans ses relations en ce qui concerne les élans du cœur ;
- embarras devant les démonstrations affectives débordantes ;
- perception de son émotivité et de sa vulnérabilité comme un obstacle à sa réalisation ;
- besoin viscéral de comprendre et de se comprendre qui doit être respecté par ses éducateurs ;
- besoin de connaître rationnellement le fonctionnement de son monde intérieur pour l'apprivoiser ;
- besoin d'utiliser sa tête pour écouter, accueillir et saisir le langage du cœur ;
- confusion et manque de discernement quand il est émotivement touché et qu'il refoule et rationalise ses émotions ;
- vision négative de la vulnérabilité qu'il voit comme une faiblesse à vaincre et à assujettir à la suprématie et à la noblesse de la raison ;
- besoin d'être reconnu surtout pour son savoir et à prendre sa valeur dans l'étalement de ses connaissances ; difficulté à dire : *Je ne sais pas.*
- peur d'être jugé, rejeté ou critiqué s'il se montre vulnérable parce qu'il juge lui-même sa sensibilité ;

- difficulté à s'investir émotivement dans ses relations affectives et à exprimer ses sentiments ;
- réticence à reconnaître et à accepter son grand besoin d'affection et d'amour ;
- individualisme non par rejet des autres, mais par besoin de solitude ;
- difficulté à vivre à l'aise dans de grands groupes ; il préfère le *deux à deux* et les groupes restreints ;
- tendance à se croire supérieur aux pragmatiques et aux esthètes à cause de ses aptitudes rationnelles très valorisées à l'école et dans la société ;
- propension à s'imposer tout le travail d'équipe à l'école ou dans son milieu professionnel pour obtenir de bonnes notes ou de bons résultats s'il ne fait pas confiance à ses coéquipiers ;
- difficulté à accepter le fait que ses idées ne soient pas reconnues ;
- loquacité lors de sujets de conversation d'ordre intellectuel ;
- taciturnité lors d'échanges à caractère émotionnel ;
- gagne à être découvert affectivement parce qu'à cause de sa vulnérabilité, il cache des trésors qu'il ignore lui-même ;
- besoin d'un éducateur ou d'un thérapeute qui l'accepte tel qu'il est, qui respecte son besoin incontournable de compréhension rationnelle et en qui il a confiance pour s'ouvrir au monde irrationnel de ses émotions.

LES INTÉRÊTS DU RATIONNEL

- attrait prononcé pour la recherche intellectuelle ;
- intérêt pour la théorie et la théorisation ;
- attirance pour l'analyse de données et de cas ;
- curiosité pour la science et la connaissance ;

- importance notable accordée à la compétence dans quelque domaine que ce soit ;
- curiosité intellectuelle qui l'amène à poser beaucoup de questions ;
- association, dans son esprit, entre la compétence et les connaissances ;
- intérêt marqué pour le *savoir* plus que pour le *savoir-faire* et le *savoir-être* ;
- besoin constant de référents théoriques, cognitifs et intellectuels pour accorder sa crédibilité et pour se réaliser ;
- préférence pour le travail individuel plutôt que pour le travail d'équipe ;
- intérêt et compétence dans le domaine qui touche l'intelligence rationnelle.

APTITUDES DU RATIONNEL

- chercheur intellectuel, méthodique, discipliné ;
- bourreau de travail presque sans limites lorsqu'il s'adonne à ce qui l'intéresse intellectuellement ;
- aptitude remarquable pour la conception théorique ;
- aptitude dans les domaines scientifique, mathématique, et les conceptions technologiques ;
- potentiel de discernement entre l'objectif et le subjectif, l'émotionnel et le rationnel lorsqu'il n'est pas affecté intérieurement ;
- capacité à définir, comparer et classifier des concepts ;
- rigueur intellectuelle ;
- apport considérable et très appréciable dans l'avancement de la connaissance, de la science ;
- participation remarquable à l'évolution de la conscience rationnelle, de la science et de l'humanité.

DÉFIS DU RATIONNEL

- difficulté à accepter ses limites ;
- difficulté à accepter son besoin d'aide et son besoin des autres, particulièrement au plan affectif ;
- tendance possible à se croire supérieur aux pragmatiques et aux esthètes ;
- danger d'utiliser ses connaissances rationnelles pour se placer en détenteur de la vérité ;
- difficulté pour certains rationnels à reconnaître la valeur, l'apport et l'importance des autres types d'intelligence ;
- pensée généralement structurée qui peut se désorganiser devant l'imprévu, le changement et l'émotion intense ;
- très grande importance accordée à la connaissance par rapport à l'expérience vécue ;
- sens du devoir développé et tendance à s'accrocher à des principes qui peuvent le rendre rigide et incapable de fantaisie et de plaisir ;
- belle ambition qui peut devenir contraignante, le rendre performant et l'empêcher de profiter du moment présent ;
- difficulté à communiquer ses sentiments à cause de son malaise devant l'incohérence et l'illogisme du monde émotionnel ;
- primauté de la dimension intellectuelle qui peut bloquer l'exploitation de ses dimensions corporelle, affective et spirituelle.

Après les avoir lues, vous avez une bonne idée de ce que sont vos caractéristiques de rationnel. Vous pouvez même savoir quel est votre type d'intelligence prédominant. Que ressentez-vous devant ces constatations ? Quelles que soient les caractéristiques de votre intelligence, je souhaite que la lecture de ces chapitres vous ait aidé à vous accepter tel que vous êtes, et à reconnaître la beauté, la grandeur et la valeur de ceux que vous aimez et qui sont différents de vous sur le plan de leur type d'intelligence. Cela dit, lisez bien maintenant les deux exemples suivants qui vous présentent le rationnel en thérapie et le rationnel à l'école.

Exemple thérapeutique

En thérapie, j'ai eu le bonheur de recevoir certains rationnels dont Martine qui avait décidé, sur les conseils de son médecin, d'entreprendre une démarche thérapeutique parce qu'elle n'arrivait pas à émerger du deuil de son conjoint, mort dans un accident de voiture quelques mois plus tôt. À la suite de cet événement tragique, elle s'était retirée du monde pour vivre seule sa souffrance. Impassible et refermée sur elle-même, elle ne communiquait à personne ce qu'elle vivait d'insupportable par peur d'éclater en sanglots, ce qu'elle ne se permettait surtout pas. En relation, elle cherchait à éviter le sujet et, quand on lui en parlait par souci d'empathie, elle répondait laconiquement et amenait la conversation sur un autre sujet. De nature rationnelle et réservée, Martine n'aimait pas parler d'elle-même, encore moins de son vécu. Seul Marc-André, son mari, réussissait à lui soutirer quelques bribes de son monde intérieur. Mais il n'était plus là.

Ce sont d'ailleurs des malaises physiques lancinants qui l'ont conduite chez son médecin. Après examen, ce dernier ne voyant pas de cause physiologique à son problème de santé, lui affirma que seule une thérapie pouvait lui être utile dans les circonstances. Martine avait peur de tout travail d'introspection et, de surcroît, elle ne croyait pas aux bienfaits d'une telle démarche. N'eussent été ses douleurs gastriques persistantes sur lesquelles les médicaments n'avaient plus d'effet de soulagement et sa confiance en son médecin, elle ne se serait pas prêtée à ce cheminement qui l'effrayait horriblement. Elle avait choisi un thérapeute formé à l'Approche non directive créatrice^MD parce qu'un ami lui avait dit qu'elle serait fidèlement et rigoureusement respectée tout au long du parcours.

Dès la première séance, j'ai observé la nature rationnelle de Martine. Elle racontait son histoire d'une manière détachée comme si cela avait été celle d'une autre personne. J'ai tout de suite aimé cette femme et admiré son courage. Même si elle paraissait insaisissable émotionnellement, j'éprouvais une véritable empathie pour ce qu'elle vivait et qu'elle n'exprimait pas. Je suis convaincue que le respect que j'avais de ce qu'elle était et mon affection sincère ont fait en sorte qu'elle s'est sentie suffisamment en confiance pour aller plus loin dans le dévoilement d'elle-même.

Pour rassurer son mental, je lui ai d'ailleurs expliqué mon approche et le style d'intervention que je comptais adopter avec elle. Au début, j'ai axé mes interventions sur l'élucidation de son fonctionnement interne. Je savais qu'elle avait besoin de comprendre, de se comprendre et de se connaître. C'était sa porte d'entrée, et je tenais à la respecter.

> **C'est par la prise de conscience et la compréhension rationnelle qu'une personne dotée d'une intelligence spéculative aborde son monde intérieur. Avoir le projet de l'orienter sans respect de son rythme sur la voie de l'expression émotionnelle peut créer une fermeture en elle et retarder l'évolution naturelle de sa démarche. Le thérapeute doit faire preuve de discernement et d'une écoute qui reflète fidèlement ce qu'il voit et entend sans bousculer et sans ménager ce type de personne. S'il bouscule, il mobilise ses mécanismes de défense et provoque sa fermeture, et s'il ménage, il la fait tourner en rond.**

Aider une personne au plan psychologique est un art qui demande, de la part de l'aidant, une très grande compétence née de connaissances de la psychologie affective et relationnelle de l'être humain, et surtout une importante connaissance et une considérable acceptation de lui-même pour qu'il évite les projections, les interprétations et les incitations qui nuisent considérablement au processus thérapeutique et l'empêchent d'évoluer dans un sens favorable à l'épanouissement de la personne qu'il veut aider. L'un des moyens de saisir la réticence de l'aidé à s'ouvrir à son monde intérieur est de savoir qu'il en a peur. L'important quand on travaille avec un rationnel, c'est de garder en tête le fait qu'il a un énorme besoin d'être sécurisé et que la satisfaction de ce besoin passe par des interventions qui lui permettront de garder la maîtrise sur lui-même. C'est donc dire que toute approche qui suscite l'épanchement émotionnel n'est pas appropriée. Si un tel épanchement se produit, c'est qu'il se fait naturellement sans qu'il ait été provoqué d'aucune façon par un aidant inconscient ou maladroit.

Ce qui importe avec une personne rationnelle, c'est qu'elle apprenne progressivement à ressentir ce qui se passe en elle pour qu'elle puisse éviter d'être menée par ses émotions sans s'en rendre compte, et qu'elle puisse avoir du pouvoir sur sa vie. Elle doit savoir que ce n'est pas en refoulant ses émotions qu'elle peut les gérer, mais en les accueillant sans jugement. Le thérapeute, de son côté, ne doit pas oublier que l'expression émotionnelle d'un rationnel est généralement subtile et peu manifeste, et qu'il ne doit surtout pas s'attendre à une effusion de sa part. Cela dit, il n'en reste pas moins que

> **l'émotion contenue et non conscientisée agit toujours par la voie des mécanismes de défense ou par celle du corps. Elle mène la personne qui la vit par le bout du nez. Alors qu'elle se croit maîtresse d'elle-même, en réalité cette personne est assujettie à son monde intérieur parce qu'elle ne le connaît pas.**

Cette prise de conscience facilite, chez l'aidé de type rationnel, l'ouverture mentale qui le dispose à apprivoiser sa vie émotionnelle intérieure. Comme l'idée d'être esclave de ses émotions s'il n'en prend pas conscience le rebute infiniment, il accepte de les ressentir et d'ouvrir sur elles un regard d'observateur.

Martine, qui avait nié sa vulnérabilité et s'était défendue contre elle par la rationalisation une grande partie de sa vie, s'est ouverte à l'auto-observation, au ressenti et à la prise de conscience de ses émotions parce qu'elle a compris rationnellement le tort qu'elle se faisait en les réprimant. Elle y dépensait une énergie telle qu'elle s'était rendue malade, son corps ne pouvant plus porter tant de souffrance. Lorsque, comme thérapeutes, nous sommes conscients que le rationnel a besoin de sa tête pour écouter son cœur, nous pouvons l'accompagner en douceur sur le chemin de l'acceptation et de l'amour de tout ce qu'il est. La même chose doit se produire dans le monde de l'éducation.

Exemple pédagogique

Élisabeth était, depuis sa première année d'école, la meilleure élève de sa classe. Elle réussissait parfaitement dans toutes ses matières sauf en arts, ce qui ne la perturbait pas trop étant donné que son père qualifiait ce cours d'inutile et d'inacceptable dans un programme d'études sérieux. Quand elle arriva dans ma classe de français en troisième secondaire, je remarquai qu'elle n'avait pas d'ami et qu'elle avait en horreur le travail d'équipe. De plus, elle détestait toute activité qui la faisait sortir des cadres rassurants de son intellect. Comme je ne limitais pas mes cours à des activités de nature intellectuelle et analytique, elle était très mal à l'aise chaque fois qu'elle devait faire face à ce qui touche la créativité et la spontanéité.

Dès le début de l'année scolaire, je rencontrai Élisabeth pour lui faire part de mes observations concernant son retrait du groupe. Je lui ai dit que j'avais remarqué son intérêt et ses aptitudes dans le domaine du travail intellectuel, que j'étais impressionnée par ses capacités remarquables sur ce plan, mais que, pour favoriser le développement global de chacun de mes élèves et par souci de les motiver, j'intégrais à mes cours, dans le respect du programme imposé, quelques activités qui permettaient à ceux qui avaient un type d'intelligence différent du sien de manifester un certain intérêt à la matière que j'enseignais. J'ajoutai que j'étais consciente de ses forces et que je comptais bien respecter son rythme dans son approche de tout ce qui ne lui convenait pas, et qu'elle n'aimait pas parce qu'elle n'y excellait pas. Elle apprécia ma démarche auprès d'elle et spécialement mon attitude d'acceptation de ce qu'elle était, ce qui me valut beaucoup de respect de sa part et provoqua la naissance d'une relation de confiance entre elle et moi.

En fait, en tant que personne douée d'une très forte intelligence rationnelle, Élisabeth avait besoin de comprendre et de savoir pour apprivoiser un monde qu'elle avait tendance à fuir parce qu'il lui faisait peur et auquel elle n'accordait pas de valeur : son monde intérieur. Mon acceptation inconditionnelle sans jugement de son type d'intelligence de même que le temps que j'ai consacré pour satisfaire ses besoins d'ordre spéculatif ont porté des fruits. J'ai pu observer son cheminement lors d'un échange en classe sur le thème de la relation *parents/ados* où, pour la première fois, elle a parlé d'elle à ses camarades de classe.

Elle avait grandi dans une famille où elle vivait seule avec ses parents, n'ayant ni frère ni sœur. Très tôt, son père l'avait mise en garde contre les garçons et contre certaines filles qu'il qualifiait de dévergondées. À cause de sa nature rationnelle, de son éducation, de sa formation dans l'armée et de ses expériences professionnelles, son père lui avait communiqué sa droiture, son sens de la rigueur, de la discipline et du travail bien fait, mais aussi sa maîtrise absolue de ses émotions qu'il niait avec conviction. Il rejetait toute manifestation de la sensibilité, la sienne et celle des autres. Chez Élisabeth, la peur du monde émotif était donc liée à la peur du rejet. Autrement dit, se montrer vulnérable signifiait pour elle perdre l'amour de son père et, par extension, des autres. Par son témoignage, elle se rendit compte du contraire. Le fait de raconter son histoire eut pour effet de la rapprocher de ses camarades. J'avoue avoir été sincèrement touchée, au cours des mois qui ont suivi, par le processus de changement de cette adolescente. Je l'ai vue s'ouvrir aux autres, je l'ai vue se faire des amis. Je l'ai vue se transformer sans nier ses aptitudes intellectuelles qu'elle a continué à exploiter non seulement pour elle-même, mais aussi pour aider ses camarades.

Par cet exemple, nous pouvons constater une fois de plus l'importance du facteur humain dans l'approche des types d'intelligence, une approche qui se doit de respecter le fonctionnement privilégié de l'apprenant et de l'aidé et le rythme de son évolution. Nous pouvons aussi nous demander d'où viennent les caractéristiques de chacun des types. Sont-elles innées ou acquises ?

Comme je l'ai écrit au chapitre premier, l'enfant naît avec un bagage que l'éducation et lui-même peuvent faire fleurir ou faner au cours de sa vie. Certains profitent d'un environnement riche et fertilisant, d'autres ont moins d'avantages au départ. Quoi qu'il en soit, j'ai vu des jeunes défavorisés prendre leur vie en main et se réaliser pleinement, et d'autres, très favorisés, ne pas exploiter leurs ressources personnelles et celles que leur offrait leur entourage. **C'est donc qu'il n'y a pas d'âge pour développer votre intelligence dans les domaines qui vous intéressent, et que votre passé n'est pas un obstacle**.

N'oubliez pas que notre société a besoin de tous les types d'intelligence. Le plus grand de tous les apprentissages en ce sens est l'apprentissage du respect de chaque type. Pour maîtriser le monde matériel, nous avons besoin des pragmatiques. Sans être supérieurs aux autres comme personnes humaines, dans le domaine pratique, ils sont sans contredit les experts. Par ailleurs, pour apprivoiser son intériorité, l'humanité a besoin des esthètes. Ce sont eux qui tracent la voie vers les valeurs du troisième millénaire, eux qui assurent le passage qui mène des valeurs matérielles et intellectuelles dont on ne peut se passer vers les valeurs spirituelles. Quant aux rationnels, par leur capacité à concevoir les notions abstraites et leur intérêt pour la recherche intellectuelle, ils sont les garants de l'évolution de la science et de la connaissance rationnelle. Tous, nous arriverons à nous diriger vers le bon port si nous acceptons et reconnaissons l'apport de chacun d'entre nous à l'évolution du monde dans lequel nous vivons.

C'est donc l'un des rôles de l'éducateur que de participer au cheminement de l'enfant, de le conduire vers sa maturité et son autonomie. C'est à lui de susciter sa motivation et de contribuer au développement de son intelligence. Il y arrivera s'il sait être en relation avec lui-même et avec ceux qui n'ont pas le même type d'intelligence que le sien.

Chapitre 6

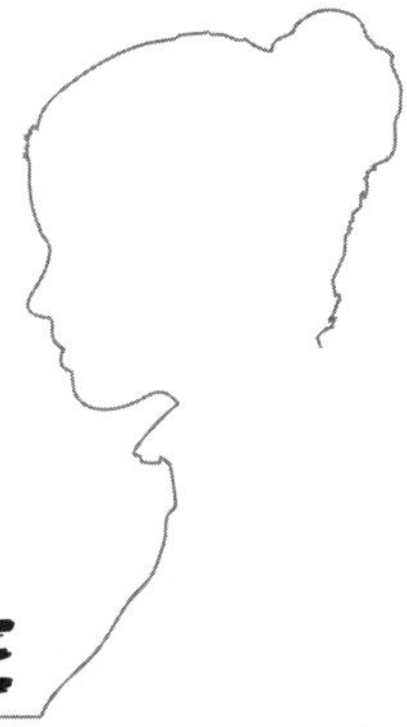

LA RELATION ENTRE DIFFÉRENTS TYPES D'INTELLIGENCE

En tant qu'êtres humains, nous sommes faits pour créer des liens avec les autres. Nous avons besoin d'eux pour nous connaître, pour nous réaliser et pour évoluer. C'est dans et par la relation que nous apprenons à aimer, à recevoir et à donner. C'est pourquoi la théorie des types d'intelligence est fondée sur la relation éducative, affective et la relation d'aide. Elle est fondée sur ce qui nous unit et sur le respect de ce qui nous distingue. Elle est fondée sur l'authenticité. Personne ne peut exploiter les potentialités de son intelligence sans être en relation avec les autres. Pour mieux expliquer ce que j'avance ici, je vous encourage à constater pour vous-même l'importance du lien humain dans la relation entre :

- un éducateur pragmatique et un éduqué esthète ;
- un éducateur rationnel et un éduqué pragmatique ;
- un éducateur esthète et un éduqué rationnel.

L'éducateur pragmatique et l'éduqué esthète

En tant que pragmatique, si vous l'êtes, vous êtes tourné vers le monde extérieur. Votre enfant, au contraire, a plutôt tendance à s'intéresser aux mystères du monde intérieur. Vous avez besoin de nombreuses relations sociales et vous recherchez le contact, pas forcément la profondeur, ce qui n'est pas le cas de l'esthète qui veut rencontrer ce qu'il y a de plus intime en vous et qui aime la solitude. Vous êtes extraverti. Il est introverti. Vous vous intéressez surtout à la transformation du monde matériel et à la réalité concrète. Il s'intéresse à sa transformation intérieure et à la réalité artistique, psychologique et spirituelle.

Votre premier pas pour vous rapprocher de lui est de vous accepter tel que vous êtes, ce qui vous permettra d'accepter votre enfant tel qu'il est et lui donnera le sentiment d'être normal même s'il est différent de vous. De plus, il est essentiel qu'en tant que parent, vous preniez la responsabilité de créer un climat de confiance favorable à la construction d'un pont d'harmonie entre vos différences pour que vous puissiez vous nourrir de vos ressources respectives.

Votre enfant a besoin de vous et vous avez besoin de lui. Il est votre plus importante source de remise en question et d'évolution. Pour le rejoindre et lui apporter ce dont il a besoin pour se réaliser, comme personne, vous devez ouvrir votre cœur à son intériorité. Je ne vous demande pas de devenir comme lui, mais de rester vous-même tout en cherchant des moyens de le rejoindre sur son propre terrain. Par exemple, intéressez-vous à ses créations artistiques. Prenez le temps de vous arrêter, vous si actif, pour écouter ses musiques préférées en silence avec lui. Manifestez-lui votre attachement par un geste de tendresse et surtout prenez au sérieux ses préoccupations et ses intérêts, même s'ils semblent inutiles à vos yeux. Vous découvrirez ainsi le monde sensible qui vous habite et que vous n'avez pas apprivoisé. Si vous faites cela, votre enfant se sentira compris et important pour vous. Trop d'esthètes décrochent de la réalité ou se suicident parce qu'ils ont le sentiment d'être inadaptés, sans valeur et non aimés par leurs parents.

Cette approche respectueuse de votre fils ou de votre fille sèmera la confiance dans son cœur. Si vous êtes honnête avec lui et reconnaissez vos forces et vos faiblesses, vous pourrez lui faire comprendre qu'il peut vous apporter beaucoup dans le domaine de l'intériorité et que vous pouvez l'aider à apprivoiser la réalité concrète qu'il cherche à fuir. Il a, en effet, besoin d'apprendre à vivre davantage les deux pieds sur terre et à utiliser son imaginaire, ses talents artistiques et son intérêt pour la psychologie humaine pour créer plutôt que de se soustraire du monde réel pour ne pas souffrir. Vous aurez ainsi établi avec lui une relation constructive et bénéfique, parce que fondée sur le respect.

Et que faire si vous êtes du type rationnel et que votre enfant est plutôt pragmatique ?

L'éducateur rationnel et l'éduqué pragmatique

Si vous êtes un parent ou un enseignant qui a surtout développé une intelligence de nature spéculative, vous êtes intéressé par la connaissance d'ordre théorique et livresque. Votre curiosité intellectuelle vous porte vers la recherche, l'analyse, le savoir. Vous trouvez beaucoup de plaisir à lire, à enrichir vos connaissances, à les comparer les unes aux autres, à en tirer de nouvelles déductions, à mettre en mots vos découvertes. Le monde de l'abstraction et de la pensée vous est familier, ce qui n'est pas le cas de votre enfant pragmatique. Il préfère apprendre par l'expérience pratique et concrète plutôt que par l'étude et la lecture des livres qui vous passionnent. Il aura donc beaucoup plus de plaisir à démonter le moteur d'un appareil ménager et à le remonter qu'à lire des livres de philosophie.

L'enfant pragmatique ne s'ouvrira à votre monde abstrait que si, d'abord, vous vous intéressez vraiment à ses talents manuels et si vous les valorisez avec sincérité et non pour l'amener sur votre chemin. N'essayez pas d'en faire un chercheur. Ne rêvez pas de l'inscrire à l'option *sciences pures* à l'université. Par contre, vous pourrez peut-être, si vous l'acceptez tel qu'il est et si vous respectez ses modes d'apprentissage et ses intérêts, le voir s'orienter en sciences appliquées ou vers une spécialité pratique et utile où il pourra travailler avec ses mains.

Quoi qu'il en soit, cet enfant a tout simplement besoin d'être reconnu avec le type d'intelligence qui est le sien, de sentir qu'il n'est pas inférieur à vous parce qu'il aborde le monde différemment et qu'il n'a pas les mêmes sources de motivation que les vôtres. Peut-être choisira-t-il des voies plus pratiques, telles celles de la mécanique ou de la menuiserie ou encore de la haute couture plutôt que des études universitaires. L'essentiel est qu'il soit heureux et que vous puissiez reconnaître qu'il a des talents que vous n'avez peut-être pas et des potentialités qui méritent d'être exploitées et valorisées.

Qu'arrive-t-il, du reste, si vous avez une intelligence sensitive et que votre enfant est doué d'une intelligence rationnelle ?

L'éducateur esthète et l'éduqué rationnel

La relation entre ces deux types de personnes est souvent difficile parce que l'enfant à l'esprit cartésien, structuré dans ses pensées, fidèle aux lois de la logique et de la cohérence aura du mal à s'accommoder d'un parent plus désordonné, aux idées en apparence étranges, aux goûts excentriques, aux comportements qui lui paraissent bizarres. Ce genre d'enfant souffre de ne pas avoir un parent comme les autres. Il est parfois gêné d'avoir un père ou une mère non conforme à la norme.

À l'époque de la puberté et de l'adolescence, surtout, cet enfant risque d'avoir honte de ce parent fantaisiste et même de le rejeter si ce dernier n'est pas un éducateur averti, conscient du choc provoqué par la rencontre de deux types d'intelligence d'apparence opposés. J'ai connu cette expérience avec l'un de mes enfants qui, vers quatorze ou quinze ans, marchait derrière moi sur le trottoir parce qu'il n'approuvait pas ma façon un peu trop farfelue à ses yeux de me vêtir. Fort heureusement, nous en avons parlé. C'est d'ailleurs le moyen le plus efficace et le plus à la portée de l'éducateur pour comprendre l'éduqué et être compris par lui.

Il est important, pour favoriser sa démarche éducative et créer un climat de confiance et de respect nécessaires à la relation, qu'il communique avec son enfant, qu'il écoute ses malaises et respecte sa différence dans le respect de lui-même. Autrement dit, il est fondamental qu'il se fasse respecter comme esthète et qu'il n'essaie pas d'agir comme un rationnel, sans quoi il n'apprendra pas à son enfant à rester lui-même quand les autres sont gênés par ce qu'il est. En s'assumant, ce parent transmettra à son fils ou à sa fille une ouverture sur un type d'intelligence distinct du sien et lui fera comprendre qu'ils ont tous les deux des qualités particulières desquelles ils pourront s'enrichir mutuellement. Ils arriveront ainsi à se compléter et à profiter de ressources qui les rendront plus proches l'un de l'autre parce que plus humains, plus souples et plus créateurs.

Cela dit, en lisant les caractéristiques de chacun des types d'intelligence et en constatant le type de relation qui peut s'établir entre des types différents, vous ouvrez votre esprit et votre cœur à la dissemblance et vous élargissez votre zone de confort. Évidemment, compte tenu de mon parcours académique et empirique, je les ai présentés sous les angles pédagogique et psychologique. Le travail que j'ai accompli sur le terrain s'est échelonné sur plus de cinquante ans, et il m'a beaucoup appris. Après toutes ces années de recherche et d'expérience, c'est ma découverte des neurosciences qui m'a confirmé que j'étais sur la voie de l'avenir. J'ai trouvé dans ces nouvelles sciences la preuve qu'en respectant ma voie intérieure, je ne m'étais pas trompée de chemin. La découverte des nouveaux paradigmes concernant le cerveau m'a convaincue que j'œuvrais dans le sens de sa nature même et, par conséquent, de la nature de l'être humain. Elle m'a convaincue qu'en suivant mon intuition et mon ressenti en tant que pédagogue, j'avais emprunté le chemin qui mène au cœur de l'intelligence, là où se trouve la source de l'exploitation de tous les potentiels.

Chapitre 7

L'INTELLIGENCE ET LE CERVEAU

Si j'intègre un chapitre sur le cerveau dans cet ouvrage consacré aux types d'intelligence, c'est que cet organe est sans contredit le siège de l'intelligence et que les récentes découvertes à son sujet illustrent et corroborent mes allégations la concernant. C'est aussi que je veux rectifier les fausses croyances à son propos parce qu'elles influencent défavorablement le développement de l'intelligence en général et de chacun des types d'intelligence en particulier. C'est enfin parce que le sujet de ce chapitre est au centre de ma recherche et qu'il explique une conception de l'intelligence, et des types décrits, fondée sur les plus récentes recherches.

Bien que mon intérêt pour le cerveau et l'intelligence se situe principalement dans le cadre de mon expertise et de mon expérience en pédagogie, en éducation et en relation d'aide, et que je reconnaisse mes limites dans le domaine des sciences qui étudient spécifiquement ce siège des facultés mentales, intellectuelles et affectives, je ne peux traiter le sujet de ce livre sans souligner l'apport incontestable de la physique quantique et des neurosciences dans l'évolution de la recherche concernant cet organe majeur dont le rôle est central dans le fonctionnement global de l'être humain et dont l'influence est déterminante sur ma conception des types d'intelligence.

N'étant pas une spécialiste en ces nouveaux domaines encore si peu connus, je me suis principalement inspirée, pour écrire ce chapitre, des ouvrages du psychopraticien français, passionné de physique quantique et de neurosciences, Stéphane Drouet, afin de soutenir mes affirmations. Je me permettrai, à l'occasion, d'emprunter ses mots et ceux de certains autres experts pour m'assurer d'être à la fois juste dans mes énoncés et bien comprise dans mes allégations. Drouet a su, à mon avis, rendre ses connaissances accessibles à ses lecteurs en conservant ce souci de rigueur qui caractérise toute recherche crédible. Ces ouvrages que je vous encourage à lire ont pour titres : *La révolution quantique de la pensée*[19] et *La révolution quantique du cœur*[20].

Si le titre et le sujet de ce chapitre vous paraissent plutôt rationnels, ils ne font pas moins appel à des connaissances surprenantes et exceptionnelles qui vous toucheront au niveau du cœur. En le lisant, vous ferez probablement des découvertes qui remettront en question vos savoirs et changeront votre conception du cerveau et de l'intelligence. Ces nouvelles compétences, je l'espère, stimuleront votre motivation à exploiter au maximum tous vos potentiels. Si vous êtes un aidant (pédagogue, thérapeute ou soignant), ces connaissances vous serviront indéniablement de ressource précieuse dans votre approche professionnelle auprès de vos aidés.

Mon but en écrivant ce chapitre n'est pas d'étaler des notions théoriques pour vous épater, encore moins d'utiliser un vocabulaire ésotérique qui s'adresserait uniquement à des experts en la matière. Ayant eu moi-même besoin d'une vulgarisation du sujet pour le comprendre et l'intégrer à ma recherche, c'est en toute simplicité et en toute humilité qu'au cours des pages suivantes, je répondrai aux questions suivantes :

- **Que sont les neurosciences et la physique quantique ?**
- **Quelles découvertes étonnantes et prometteuses ont-elles apportées à propos de la localisation, de la structure et du fonctionnement du cerveau humain ?**

---

19 Stéphane Drouet, *La révolution quantique de la pensée : libérez le génie qui est en vous*, Éditions Dangles, 2016, p. 216.

20 Stéphane Drouet, *L'intelligence quantique du cœur : un potentiel illimité à notre portée*, Éditions Dangles, 2017, p. 287.

- **Quel est l'impact de ces découvertes sur nos conceptions de l'intelligence, de l'apprentissage et surtout des relations affectives ?**
- **Quelles fausses croyances concernant le cerveau limitent notre évolution globale et celle de notre intelligence ?**
- **Comment activer notre cerveau pour exploiter au maximum notre potentiel d'intelligence rationnelle, pratique, émotionnelle, artistique et spirituelle ?**

Il va sans dire que ces questions méritent toutes une attention spéciale. Je tenterai donc d'y répondre le plus clairement possible en m'arrêtant d'abord à ce qui caractérise la physique quantique.

La physique quantique

Parce qu'elle est **la science des interactions invisibles** entre les atomes, entre les particules des champs énergétiques et électromagnétiques et entre les humains et tout ce qui existe dans l'univers, la physique quantique repose sur des phénomènes déconcertants au premier abord pour l'esprit rationnel, mais non moins véridiques pour autant.

Selon le physicien Julien Bobroff, auteur de *Mon grand mécano quantique*[21], elle n'est pas née de brillantes théories jaillies de la tête d'un célèbre physicien, mais d'expériences dont les résultats ont été inattendus et surprenants. Ce sont ces résultats, parfois difficilement explicables intellectuellement, qui ont amené les théoriciens à créer de nouveaux concepts et à s'ouvrir à des réalités encore officiellement non reconnues par certains tenants de la science contemporaine. En dépit du fait que ces nouvelles théories soient réfutées par les sceptiques sous prétexte qu'elles manqueraient d'exactitude, Bobroff affirme que la physique quantique est actuellement et probablement la discipline scientifique la plus précise que le monde ait connue, et ce, même si elle est difficile à illustrer.

---

21 Julien Bobroff, *Mon grand mécano quantique*, Paris : Flammarion, 2019, p. 176.

Le moins que nous puissions dire est qu'elle nous déstabilise et qu'elle déstructure certains scientifiques un peu comme l'ont été ceux qui ont condamné Galilée au XVIIe siècle pour avoir défendu la théorie copernicienne de l'héliocentrisme. **Les nouvelles découvertes de la science n'ont jamais échappé à travers les âges à cette confrontation entre la certitude rassurante du connu et le caractère insécurisant de l'inconnu et de la nouveauté qui remettent en question des croyances bien établies.** Que des preuves scientifiques soient contestées ébranle notre soif de ces vérités que nous croyions irréfutables et immuables, et auxquelles nous nous référons en cas de doute, d'impuissance ou d'insécurité. C'est tout à fait normal de résister au changement parce qu'il nous force à nous remettre en question et à sortir de notre zone de confort. Toutefois, cela n'empêche pas la recherche d'évoluer, fort heureusement, et ce, dans quelque domaine que ce soit, dont celui des neurosciences.

Les neurosciences

Les neurosciences réunissent dans une vision globale toutes les approches qui cherchent à étudier et à comprendre le fonctionnement du cerveau et du système nerveux, notamment : la neurologie, la génétique, la biologie, la biochimie, les sciences cognitives linguistiques, la psychiatrie, l'immunologie, la neurobiologie moléculaire et cellulaire, la psychologie, la philosophie, la pédagogie, la spiritualité, l'intelligence artificielle et bien sûr la physique quantique. Le terme *neurosciences* apparaît vers la fin des années 1960 grâce aux travaux des futurs prix Nobel David Hubel et Torsten Wiesel[22]. L'objectif principal de ces nouvelles sciences est de nous faire comprendre le lien entre le fonctionnement du cerveau et ce que nous vivons, pensons et la façon dont nous agissons. Grâce à cet objectif, elles ont largement contribué à redonner sa place à l'émotion et à reconnaître que cette dernière a une influence déterminante sur l'image de soi, sur le fonctionnement du cerveau et de l'intelligence de même que sur nos relations, nos choix, nos décisions, nos intérêts et nos besoins.

22 Wikipédia.

Nous leur devons une approche de cet organe vital beaucoup plus globale et proche de notre réalité intérieure et relationnelle que celle que nous connaissons déjà.

Les neurosciences et le cerveau

Depuis la publication en 1990 de mon premier ouvrage, *Relation d'aide et amour de soi*, qui comporte un chapitre sur le fonctionnement du cerveau, de nombreuses recherches, particulièrement dans les domaines cités des neurosciences et de la physique quantique, ont contribué à faire évoluer nos connaissances à propos de ce siège de nos facultés mentales et affectives. Ces recherches ont changé certaines de nos croyances et questionné certaines de nos convictions comme je viens de le mentionner. Les conséquences de ces récentes découvertes sur notre conception du fonctionnement global de l'homme et de son intelligence et les conséquences sur les approches pédagogiques et thérapeutiques sont loin d'être négligeables. Elles corroborent ce que plusieurs d'entre nous pressentent sans avoir les savoirs suffisants pour mettre des mots sur nos ressentis.

Amorçons donc le sujet du cerveau en décrivant ce qu'il est. Nous savons que cet organe comprend approximativement cent milliards de cellules nerveuses qu'on appelle neurones et que chaque neurone entretient des connexions avec environ dix mille autres. « *La communication entre les neurones*, écrit le Dr John Arden, *s'opère à travers un espace appelé synapse. Des substances chimiques cérébrales spécialisées, les neurotransmetteurs, sont sécrétées par un neurone et passent à travers la synapse pour atteindre un récepteur situé sur le neurone adjacent pour le « déclencher.* » Il existe dans le cerveau une centaine de neurotransmetteurs différents.[23]

neurone transmetteur -> neurotransmetteur -> neurone récepteur

« *Le cerveau*, affirme Drouet, *n'est* (donc)[24] *pas un organe de stockage, mais un centre de transfert d'informations.* » « *On sait en neuro-*

---

23 Dr John Arden, *Les 5 clés du cerveau : pour l'entretenir et le dynamiser*, Éd. Dangles 2014, p. 38-39.

24 Le mot « donc » est ajouté par moi.

logie, écrit-il dans « L'intelligence quantique du cœur »[25], *que ce qui fait l'intelligence ce n'est pas le nombre de neurones, mais le nombre de connexions entre les neurones.*[26] » Autrement dit, notre potentiel d'intelligence dépend des échanges entre nos neurones. Plus il y a de connexions entre eux, plus notre cerveau fonctionne efficacement et plus il est en santé. Nous verrons plus loin comment activer ces échanges pour un rendement optimal de cet organe majeur dans nos vies. Mais, auparavant, arrêtons-nous au nouveau paradigme que Drouet décrit dans ses livres et qu'il appelle le paradigme des trois cerveaux. Vous verrez en poursuivant votre lecture que les trois cerveaux dont il parle ne sont pas les cerveaux primaire, limbique et supérieur que nous connaissons déjà. Aussi, il est possible que ces nouvelles découvertes des neurosciences à propos des trois cerveaux vous surprennent et bousculent vos savoirs concernant les anciens paradigmes.

Le paradigme des trois cerveaux

Selon ce que nous affirme Drouet, nous aurions trois cerveaux : celui du ventre, celui de la tête et celui du cœur. C'est dire que **le siège physiologique du cerveau ne serait pas uniquement localisé dans notre tête. Les récentes recherches ont démontré qu'il y a des neurones dans notre ventre et dans notre cœur, et que ces neurones ont une influence primordiale sur notre fonctionnement psychique, affectif, relationnel et sur le fonctionnement de notre intelligence.** Pour le démontrer, je vais décrire ces trois cerveaux en commençant par celui du ventre.

LE CERVEAU DU VENTRE

Selon Michel Newnlist, cité par Drouet, les premiers neurones seraient nés dans le tube digestif qui en comprendrait environ deux cents millions. Appelé cerveau entérique, il serait le plus ancien des trois.[27] Il est le siège des émotions désagréables à vivre telles la colère, la peine, la peur, la tristesse, l'anxiété, la

25 Stéphane Drouet, *L'intelligence quantique du cœur*, p. 24.

26 Stéphane Drouet, *op. cit.*, p. 35.

27 Michel Newnlist, cité par Stéphane Drouet dans *L'intelligence quantique du cœur*, p. 56.

rancune, et des émotions agréables que nous ressentons comme la satisfaction, la gaieté, l'euphorie, la passion, la jouissance, la fierté. Par le mot *émotion*, j'entends la réaction interne immédiate et passagère à un déclencheur extérieur (une personne ou un événement) ou à un déclencheur intérieur (nos pensées). Elle va et vient comme le soleil et la pluie, et elle influence nos choix, nos décisions, nos paroles et nos comportements.

La puissance de l'énergie émotionnelle est telle que *le cerveau du ventre envoie neuf fois plus d'informations au cerveau de la tête qu'il n'en reçoit.*[28] Nous vivons donc sous l'influence de nos émotions, et ce, que nous le voulions ou non, que nous en soyons conscients ou non. À ce sujet, Drouet affirme que

> ***notre cerveau de la tête serait au service de nos émotions, ce qui voudrait dire que nous serions avant tout des êtres profondément émotionnels avant d'être intellectuels, d'autant plus que nos émotions circulent à une vitesse qui dépasse largement celle de nos pensées* [...] *Refuser ses émotions équivaudrait à mourir, à refuser de vivre.***[29]

Ces affirmations portent à réfléchir. Elles nous font réaliser l'importance capitale et la puissance incontestable de l'influence émotionnelle sur nos vies, nos relations et nos réalisations. Elles nous expliquent pourquoi l'émotion peut causer des dommages plus ou moins graves au niveau de la psyché individuelle et collective et de la santé mentale lorsqu'elle est niée, réprimée, et lorsque ceux qui l'expriment s'attirent le jugement, le contrôle, voire la moquerie des personnes de leur entourage. La reconnaissance de l'importance prioritaire du phénomène émotionnel dans nos vies peut avoir pour conséquence bénéfique de libérer, sinon de guérir physiquement et psychiquement ceux qui l'ont trop longtemps refoulée par peur d'être jugés ou de ne pas être aimés, et qui acceptent de l'exprimer dans le contexte relationnel sécurisant de la relation thérapeutique, pédagogique ou de la relation patient/soignant ou encore d'une relation affective avec une personne de confiance.

---

28 Stéphane Drouet, *op. cit.*, p. 49.

29 Stéphane Drouet, *op. cit.*, p. 55.

Cette influence de l'émotion sur le corps, le psychisme et nos relations nous prouve que tout est interrelié dans l'être humain. Traiter un organe ou aborder une de ses dimensions sans tenir compte de cette interrelation le fractionne et peut le rendre malade et fondamentalement malheureux. *Le langage qui détruit la vie est celui de la décohérence où toutes nos fonctions sont désynchronisées et ne fonctionnent plus ensemble.* […] Résultat : *tout votre être est bloqué et vos fonctions biologiques le sont tout autant.*[30]

Corolairement, comme nos trois cerveaux sont en interaction constante à travers le système nerveux, ils n'agissent pas indépendamment les uns des autres, mais bien *synergiquement* dans le cadre de leurs fonctions. Ce devrait être le cas du deuxième cerveau que je vais vous décrire, celui de la tête.

LE CERVEAU DE LA TÊTE

Le cerveau de la tête comprend environ cent milliards de neurones, ce qui est nettement plus que les deux cents millions du cerveau entérique et du quarante mille du cerveau du cœur. Cependant, malgré sa localisation supérieure au plan physiologique et son nombre beaucoup plus élevé de neurones par rapport aux deux autres, il peut être source de problèmes de santé mentale et de problèmes relationnels et sociaux s'il ne travaille pas en collaboration avec les cerveaux du ventre et du cœur. En effet, *ceux qui développent le plus l'intelligence de la tête montrent régulièrement plus de rigidité face au changement tellement sont-ils structurés par leurs certitudes*, affirme Drouet. *Le temps est venu pour nous*, ajoute-t-il, *de redevenir des êtres complets, avec nos trois intelligences qui dialoguent entre elles de manière optimale.*[31]

Nous voyons ici que l'approche cérébrale des neurosciences est holistique et synergique. Elle ne fractionne pas l'être humain en octroyant au cerveau de la tête tout le pouvoir sur nos vies. Dans l'ancien paradigme, le cerveau était présenté de manière plus fragmentée. Le gauche était considéré analytique et le droit créatif. Au reptilien, on attribuait la survie, au limbique les émo-

30 Stéphane Drouet. *op. cit.*, p. 137.

31 Stéphane Drouet. *La révolution quantique du cœur*, p. 36.

tions et au cortex les pensées analytiques. Sans rejeter ce modèle, Jean-François Dortier, cité par Drouet, considère que tout est imbriqué dans l'homme et *qu'il n'y a qu'un seul cerveau dont les différentes zones sont en perpétuelles interactions.*[32] Joseph B. Hellige, lui aussi cité par Drouet, auteur de *Hemispheric Asymétries*, affirme qu'***aucun hémisphère n'est incapable de traiter l'information qu'un autre hémisphère serait spécialisé à traiter.* [...] *Quand il y a traitement d'une information, ce sont les deux hémisphères qui interagissent.***[33] Cette dernière citation mérite d'être relue puisqu'elle contredit nos croyances à propos des deux hémisphères. J'y reviendrai.

Quoi qu'il en soit, nous constatons, par les recherches de ces spécialistes, que ce qui intéresse les neurosciences, ce ne sont pas les fonctions spécialisées de chacune des parties du cerveau, mais l'interaction entre elles comme l'interaction entre les neurones. Ces spécialistes considèrent les cerveaux de la tête, du cœur et du ventre comme un tout et non comme *des entités distinctes assemblées, qui correspond à l'ancien paradigme mécaniste newtonien et cartésien.*[34] À ce sujet, Drouet fait un lien entre cette perspective d'interaction et le sens étymologique du mot *intelligence*. Ce lien est particulièrement intéressant pour moi puisqu'il touche le sujet de ce livre et, par conséquent, de ma recherche.

> **Étymologiquement, le mot *intelligence* signifie *rassembler*, ce qui voudrait dire qu'être intelligent, c'est tenter de trouver des liens entre les êtres et les choses *pour créer quelque chose de plus grand que la somme de ces choses.*[35] Autrement dit, si vous êtes un rassembleur, si vous cherchez à *unir* plutôt qu'à *diviser*, vous êtes intelligent.**

Intelligence -> 1 + 1 = 3

Abordé seul, sans interrelation avec le ventre et le cœur, le cerveau de la tête ne crée pas de liens puisqu'il est binaire.

---

32 Jean-François Dortier, cité par Stéphane Drouet dans *La révolution quantique de cœur*, p. 37.

33 Joseph B. Hellige, *Hemispheric Asymmetry : What's Left*, 2001, p. 412.

34 Stéphane Drouet, *op. cit.*, p. 37.

35 Stéphane Drouet, *op. cit.*, p. 38.

Pour lui, c'est soit blanc, soit noir. Ce ne peut être les deux en même temps. Si l'un a raison, l'autre a forcément tort, selon lui. Déconnecté des deux autres cerveaux, il est donc source de séparation et de division. Ses analyses ne sont alors pas justes et ses conclusions risquent d'être fausses. Il est le diable, rappelant que ce terme signifie étymologiquement *diviser*. Cela veut dire que ce qui divise vient de la tête lorsqu'elle est séparée du ventre et du cœur.

En effet, quand le cerveau du cœur est sollicité, nous percevons le monde comme un tout, ce qui rend notre approche plus *intelligente* au sens étymologique du terme. L'affirmation suivante du docteur Childre est vraiment révélatrice en ce sens : *Lorsque l'intelligence du cœur est déclenchée, notre conscience s'étend au-delà de la pensée linéaire, binaire et logique. Notre vision de la situation s'élargit et notre attitude devient plus souple et plus créatrice.*[36] Cette assertion confirme le sens que j'attribue à l'intelligence dans ce livre et sur lequel je m'appuie pour vous permettre de mieux comprendre ce qu'est l'intelligence, ce que veut dire *être intelligent* et pour vous encourager à accepter et à exploiter vos potentiels quels qu'ils soient.

> **Rappelez-vous que, quel que soit votre type d'intelligence (rationnel, pragmatique ou esthète) et quels que soient vos intérêts, vos aptitudes et vos talents, vous êtes intelligent si vous êtes avant tout un être relié au monde par le cœur.**

LE CERVEAU DU CŒUR

Le cœur n'est pas que sentimental, il est intelligent et puissant, et nous croyons qu'il détient la promesse du prochain stade de développement humain de notre monde.[37]

Dr Childre

Situé entre le cerveau du ventre et celui de la tête, le cerveau du cœur est celui qui relie. Le cœur rassemble. La tête coupée du cœur divise. Elle fait de nous des êtres sans cœur, c'est-à-dire sans empathie, sans compassion, sans gratitude, sans capacité

36 Dr Childre, *L'intelligence intuitive du cœur*, Éditions Ariane, 2005, p. 420.

37 Dr Childre, *op. cit.*, p. 41.

d'aimer vraiment. En réalité, le cœur attendrit et réchauffe la tête et la rend plus humaine. Lorsqu'il est en lien avec elle, l'efficacité et la justesse de nos facultés rationnelles sont décuplées. De plus, le cerveau du cœur nous aide à vivre harmonieusement avec nos émotions parce qu'il les accueille plutôt que les juger et qu'il aborde avec discernement les amplificateurs des pensées et des perceptions qui déforment notre vision des situations, des autres, et de la vie.

> **En activant l'intelligence du cœur, nous pouvons voir le monde avec un regard multiple qui s'étend bien au-delà de la pensée linéaire, binaire et logique du cerveau de la tête. Nous n'avons plus besoin d'avoir raison à tout prix puisque, pour le cœur, tout est vrai et faux en même temps. Pour lui, tout est question de perceptions, d'expériences et de choix.**

Nous pouvons choisir de nourrir notre souffrance ou de nous en libérer. Nous pouvons choisir de la prendre en charge et de nous responsabiliser par rapport à elle ou de mettre les autres responsables de nos malaises et d'attendre qu'ils les prennent en charge et qu'ils changent pour que nous soyons enfin libres. Autrement dit, nous avons le choix : nous pouvons prendre le pouvoir sur notre propre vie en essayant de la prendre en main, ou bien donner aux autres le pouvoir de nous rendre heureux ou malheureux. Si nous nourrissons des perceptions qui suscitent des pensées, des paroles et des actes de séparation, nous perdons la paix intérieure que procure le cœur. Cette paix, nous l'éprouvons lorsque nous cultivons en nous des sentiments, telles l'empathie, la compassion pour autrui et la gratitude.[38] Et nous ne pourrons ressentir ces sentiments que si nous prenons définitivement l'entière responsabilité de nos souffrances.

Choisir d'activer les réseaux neurologiques du cœur en entretenant ces sentiments demande un travail qui nous offre le précieux cadeau de la liberté intérieure et de la sérénité. Rappelons-nous sans cesse que l'intelligence du cœur *ne peut se*

---

38 Stéphane Drouet, *La révolution quantique du cœur*, p.41.

développer que si elle est répétée, et intégrée durablement dans notre système nerveux, comme un muscle qui est sollicité durablement. Nous verrons que le cerveau de la tête est plastique et peut évoluer en musclant ses neurones, mais que le cœur et le ventre vont en faire autant à travers notre capacité à les solliciter via leurs réseaux neurologiques. Si nous nous habituons à inverser nos perceptions chaque instant que nous avons une émotion inconfortable, nous automatisons en nous, dans notre système nerveux, un potentiel de développement sans limites.[39]

Ces affirmations que fait Drouet à propos de la plasticité de l'intelligence du cœur sont porteuses d'espoir. Elles nous prouvent qu'il ne tient qu'à nous de la développer. Il est toujours possible en effet de trouver la paix que nous recherchons dans notre vie personnelle et relationnelle et possible aussi de développer chacun de nos cerveaux en entraînant nos conduits neurologiques.

> **C'est en donnant au cœur la place qui lui revient en nous et en choisissant d'y mettre les efforts nécessaires que nous arriverons à exploiter nos potentiels d'intelligence pratique, sensitive et spéculative.**

Comme nos sentiments de gratitude, de compassion, d'empathie lient nos trois cerveaux, ils ont le pouvoir de nous mettre en relation harmonieuse avec les autres. *Nos cellules sont organisées de telle sorte*, affirme Bruno D. Cot, *qu'elles sont capables de se mettre en phase avec celles de notre interlocuteur. Et si l'empathie nous est consubstantielle, elle est également indispensable au développement de notre matière grise. Le moindre sourire, le moindre regard, le moindre émoi provoquent un bouillonnement insoupçonnable de nos neurones qui cherchent, en moins de vingt millièmes de seconde, à se connecter avec ceux de notre partenaire*[40], et ce, parce que le cerveau du cœur perçoit les informations verbales et surtout non verbales avant le cerveau de la tête. Ce potentiel relationnel du cerveau du cœur met en évidence le fait qu'il est la source de l'intelligence relationnelle. C'est donc juste d'affirmer, comme l'ajoute Cot, *que pour s'entretenir, s'épanouir, vivre, notre cerveau*

---

39 Stéphane Drouet, *op. cit.*, p. 41.

40 Bruno D. Cot, « Les prodiges de notre cerveau », dans L'*Express* le 5 juin 2015.

a besoin d'altruisme. Il a besoin de relations humaines harmonieuses fondées sur les principes de responsabilité et d'interdépendance.

L'INTERDÉPENDANCE

Nous avons trop longtemps cru qu'être libre, c'était ne plus dépendre de personne et que la dépendance affective était causée par l'attachement. Les plus récentes recherches en psychologie prouvent le contraire.

En réalité, c'est le manque d'affection, d'amour, d'attachement et de proximité relationnelle qui cause la dépendance affective. **Rebecca Shankland et Christophe André, dans *Ces liens qui nous font vivre,* affirment clairement, avec recherches à l'appui, que *la quête moderne et éperdue de la liberté individuelle (surtout ne dépendre de personne) conduit de plus en plus de personnes à un sentiment de solitude, de fragilité, de vulnérabilité. Et ainsi, par peur de la fragilité liée à la dépendance, on se jette dans les bras d'une fragilité plus grande, celle de la solitude. Mais il y a une solution : accepter joyeusement l'interdépendance ! S'en réjouir en comprenant qu'elle nous épanouit et nous enrichit, qu'elle nous fait plus forts et plus intelligents.*[41]**

C'est l'intelligence du cœur qui crée ce type de relations basées sur l'interdépendance nécessaire à l'atteinte de l'équilibre intérieur et de l'harmonie relationnelle. Son rôle consiste à relier toutes nos dimensions et à nous relier aux autres. Elle a le potentiel de nous faire accéder à un niveau de cohérence qui nous donne accès à toutes nos ressources tant physiques et intellectuelles, qu'affectives et spirituelles. Une fois atteinte, cette cohérence du cœur a une incidence directe sur notre santé globale. Sans elle, c'est-à-dire sans communication entre nos neurones, nos cellules, nos cerveaux et surtout sans relations interdépendantes et responsables avec les autres, nous manquons d'empathie, de compassion, de gratitude et une pathologie s'installe progressivement, insidieusement et inévitablement.

---

41 Rebecca Stankland et Christophe André, *Ces liens qui nous font vivre : l'éloge de l'interdépendance*, p. 10.

À ce sujet, Denis Bédat écrivait en 2016 dans *Les nouvelles sciences de la santé*[42] que l'Organisation mondiale de la santé prédisait que la maladie mentale serait la deuxième cause majeure de mortalité en 2020. Cette prédiction s'avère en voie d'être actualisée aujourd'hui. Bédat attribue la cause de ce phénomène au fait que nous nous soyons coupés de notre humanité et coupés de la nature au profit d'une quête de confort qui nous rend malheureux.[43]

En fait, se couper de notre humanité, c'est se couper du cœur et se couper de la nature, c'est briser les liens qui nous unissent à cette nature à laquelle nous sommes inextricablement liés parce que nous en faisons partie. **Ce n'est que par le rétablissement du lien entre la tête, le ventre et le cœur, et par un attachement conscient et responsable à d'autres humains que nous retrouverons notre équilibre intérieur, l'harmonie relationnelle et la paix dans le monde. Nous savons aujourd'hui, grâce aux neurosciences, que c'est le rôle du cœur de restaurer ce lien. Reconnaissons-lui cette mission si nous voulons qu'il l'accomplisse. Pour ce faire, aidons-le à accéder à la cohérence nécessaire pour qu'il actualise sa fonction et qu'il nous rende plus intelligents.**

LA COHÉRENCE DU CŒUR

Si, psychiquement, la cohérence du cœur s'atteint en cultivant l'empathie, la compassion et la gratitude, nous pouvons affirmer qu'au plan physiologique, il est possible d'y accéder grâce à un type spécifique de respiration qui assure une circulation d'énergie entre nos cerveaux et toutes les parties du tout que nous sommes comme êtres humains. Popularisée par David Servan-Schreiber en 2003 dans son livre *Guérir le stress, l'anxiété et la dépression sans médicaments ni psychanalyse*[44], la cohérence cardiaque s'obtient par la pratique régulière d'une respiration rythmée de

---

42 Denis Bédat, *Les nouvelles sciences de la santé : les avancées scientifiques qui vont tout changer*, p. 228.

43 *Op. cit.*, p. 14.

44 David Servan-Schreiber, *Guérir le stress, l'anxiété et la dépression sans médicaments ni psychanalyse*.

cinq minutes à réaliser idéalement trois fois par jour. Pour celui qui l'exerce régulièrement, elle procure des bienfaits scientifiquement observés au niveau de la gestion du stress et des émotions, et elle a une influence remarquable sur la santé physique, mentale et émotionnelle.[45]

La cohérence du cœur obtenue par ce type de respiration *crée une cohérence quantique globale en nous*, écrit Drouet, *crée de la cohérence dans nos cellules qui fonctionnent selon leur programme et surtout, toutes ensemble. [...] Lorsque vous respirez en vous concentrant sur votre cœur pendant plusieurs minutes et tous les jours, votre cerveau de la tête se met alors au diapason de cette cohérence et c'est tout votre être qui devient cohérent.*[46] Une fois atteinte par une pratique régulière, la cohérence du cœur crée une harmonie entre les neurones de nos trois cerveaux et est facteur de paix.

Cette paix intérieure et relationnelle est réellement ce dont nous profitons le plus lorsque nous concédons à l'intelligence du cœur son rôle de rassembleuse et que nous choisissons de la développer en cultivant l'empathie, la compassion et la gratitude, et en pratiquant ladite respiration. *Nos grandes pensées viennent du cœur*, affirmait Pascal.[47] En réalité, les pensées, les idées, les découvertes qui viennent du cœur sont celles qui font le plus avancer l'humanité, et ce, parce que le cœur cherche constamment à réunir et à unir tout ce qui nous constitue et à nous mettre en lien perpétuel avec les autres et avec le reste du monde.

> **Croyez-moi, c'est le cœur, en relation avec la tête et le ventre, qui contribuera le mieux à créer ce monde d'harmonie, de liberté et d'amour dans lequel nous souhaitons vivre. C'est lui qui fera de nous des personnes vraiment *intelligentes*, et**

---

45 Pour pratiquer la cohérence cardiaque, utilisez le moteur de recherche Google et inscrivez : 5 minutes de cohérence cardiaque YouTube.

46 Stéphane Drouet, p. 45.

47 Blaise Pascal était un mathématicien, physicien, inventeur, philosophe et théologien français du XVIIe siècle. Son œuvre la plus connue est l'une des pièces maîtresse de la littérature française. Cet ouvrage posthume a pour titre : *Les pensées*.

ce, que nous soyons un esthète, un pragmatique ou un rationnel.

Cependant, pour un fonctionnement optimal de notre cerveau et de notre intelligence, il faudra, en plus de développer l'intelligence du cœur, nous libérer des croyances limitatives véhiculées à leur propos.

Les fausses croyances à propos du cerveau

Les idées erronées qui circulent dans la société au sujet du cerveau entraînent regrettablement de sérieuses conséquences délétères dans le monde de l'éducation et empêchent le développement optimal de notre intelligence. Elles ont de plus une influence négative sur notre manière trop souvent irrespectueuse et inhumaine de traiter les personnes âgées. Voyons ce que ces fausses croyances, appelées *neuromythes* par Stephen Jay Gould, renferment de contrevérités.

LES DEUX HÉMISPHÈRES DU CERVEAU ONT DES FONCTIONS DIFFÉRENTES

Ce mythe est bien ancré en psychologie et dans nos esprits. On trouve même des tests sur Internet pour nous permettre de découvrir si nous sommes *cerveau gauche* ou *cerveau droit*. Un article publié le 4 septembre 2020 par la rédaction de *Futura Santé* réfute cette croyance et relate ceci : *on présente souvent le cerveau gauche comme associé au raisonnement logique et rationnel, le cerveau droit étant plutôt intuitif et émotionnel. Il y aurait ainsi des personnalités plutôt* cerveau gauche *ou* cerveau droit *qui utiliseraient plus un côté du cerveau que l'autre. Cette conception attribue même plus souvent le cerveau gauche aux hommes et le droit aux femmes, connues pour être plus intuitives…* De *même, les artistes, plus portés sur la création, utiliseraient davantage leur cerveau droit* !

Mais il s'agit bien là d'un mythe qui ne s'appuie pas sur des connaissances scientifiques avérées : il n'est pas possible de définir des personnalités par une spécialisation d'un hémisphère cérébral qui prendrait l'ascendant sur l'autre. Nous utilisons bien nos deux hémisphères cérébraux, quelle que soit notre personnalité.

Cette assertion infirme ce que j'ai écrit en 1990 dans *Relation d'aide et amour de soi* et qui reflétait ce que nous savions à cette époque à propos du cerveau. Aujourd'hui, plus de trente ans plus tard, je constate une fois de plus et avec admiration, à quel point les recherches évoluent, et je salue le fabuleux travail de ceux qui, par leur investissement constant, contribuent à l'avancement de l'humanité. Je constate aussi que, quand la science a prouvé quelque chose, elle est déjà très en retard par rapport à tout ce qu'elle a à découvrir que des visionnaires intuitifs ont vu bien avant elle.

C'est donc devenu un mythe que d'affirmer que les deux hémisphères du cerveau ont des fonctions différentes. Agnès Rioux rapportait dans la même revue, le 22 août 2013, le résultat suivant d'une étude menée par des neurologues pendant deux ans auprès de 1 000 personnes. *Pour chaque candidat*, affirme-t-elle, *ils ont analysé en détail l'activation d'environ 7 000 régions de la matière grise, afin de déterminer s'il existe une latéralisation fonctionnelle du cerveau. En d'autres termes, ils voulaient savoir si certains réseaux neuronaux situés à gauche fonctionnaient plus souvent que ceux de droite et inversement. Leur résultat montre sans équivoque que l'hémisphère droit est autant activé que le gauche.* [...] *Il existe bien des individus plus logiques ou plus artistiques que d'autres, mais cela ne signifie pas qu'ils soient plutôt cerveau droit ou cerveau gauche.*

Les auteurs en question ne peuvent être plus clairs. Ils nous forcent à questionner cette croyance dépassée tout comme d'autres de nos convictions qui ne sont plus vraies. En effet, à ce mythe, malheureusement encore bien entretenu, s'ajoute la croyance trop répandue que le cerveau s'atrophie en vieillissant.

LE CERVEAU S'ATROPHIE EN VIEILLISSANT

Pour réfuter cette affirmation, je solliciterai l'opinion de spécialistes en la matière dont Stéphane Drouet et John Arden. Voici ce qu'ils soutiennent :

Le cerveau n'est pas immuable ni programmé à vie ou uniquement voué à s'atrophier. Il est doté au contraire d'une grande plasticité et évolue constamment en fonction des expériences que l'on vit. Dans certaines condi-

tions, de nouvelles cellules peuvent même apparaître à n'importe quel âge. Ainsi, la neuroplasticité fondée sur l'usage stoppe l'atrophie liée à l'âge et la fait régresser.[48]

Rappelons-nous que ce qui permet au cerveau de fonctionner de façon optimale, ce n'est pas seulement le nombre de neurones, mais surtout la connexion entre ces neurones. Plus nous activons ces connexions, plus le rendement du cerveau est maximal, et ce, quel que soit notre âge. Nous verrons plus loin comment activer notre matière grise pour optimiser notre potentiel à toutes les périodes de notre vie, même après quatre-vingts ans. En attendant, lisez bien ce qu'affirme Drouet à propos de cette croyance.

Vous avez peut-être cru comme moi pendant près de 50 ans, voire plus suivant votre âge, que nous perdions des neurones à partir de l'âge de 25 ans. [...] *C'est le meilleur moyen d'exclure nos aînés de la société très tôt dans des maisons de retraite alors qu'ils détiennent la sagesse de notre monde, la mémoire de notre histoire et qu'ils pourraient être valorisés en ayant le rôle de transmetteurs, de passeurs auprès de nos plus jeunes.*

Mais voilà que la science nous apprend qu'elle s'est trompée, et que nous nous renouvelons à chaque instant, que nos neurones peuvent se recréer toute notre vie durant, mais à certaines conditions[49] que je développerai à la fin de ce chapitre.

Il est fondamental que vous changiez immédiatement la croyance en ce qui a trait à l'idée que le cerveau s'atrophie en vieillissant, et que vous la remplaciez par une autre plus stimulante et plus sécurisante. Si vous ne la remplacez pas, vous continuerez à penser, surtout si vous avez plus de soixante ans, qu'à chaque fois que vous oubliez un nom, un numéro de téléphone ou que vous cherchez vos lunettes, c'est dû à votre vieillissement. C'est faux. S'il est une chose dont vous avez perdu le souvenir, c'est qu'à 30 ans, il vous arrivait aussi d'oublier des mots. Cherchez plutôt la cause de vos trous de mémoire dans la fatigue, le stress, les perturbations émotionnelles, et surtout dans la passivité, le manque d'effort pour activer votre cerveau. Même les jeunes

48 John Arden, *Les 5 clés du cerveau*, p. 37 et 42.

49 Stéphane Drouet, *La révolution quantique du cœur*, p. 88-89.

oublient quand ils ne font rien pour stimuler leurs connexions neuronales.

Affirmer que le cerveau s'atrophie en vieillissant est donc aussi faux que de répandre l'idée que tout se joue avant trois ans.

TOUT SE JOUE AVANT TROIS ANS

Un projet collectif de recherches scientifiques inspiré des neurosciences, publié d'abord en 2002 et repris, retravaillé et republié en 2007 par l'OCDE et ayant initialement pour titre *Comprendre le cerveau : naissance d'une science de l'apprentissage* me servira de ressource principale pour infirmer le neuromythe qui nous laisse croire que tout se jouerait avant trois ou six ans. Il semblerait, selon les auteurs du projet, que ce mythe aurait été surexploité et qu'à la lumière des nouvelles études, il mériterait d'être ajusté.

En réalité, l'apprentissage et l'expérience vécue créent en permanence de nouveaux neurones dans notre cerveau et de nouvelles connexions entre eux. La science, dans son ancien paradigme, a longtemps répandu la croyance que le nombre de neurones était fixé à la naissance et qu'ils ne se régénéraient pas. Elle affirmait même que nous perdions régulièrement des neurones en vieillissant. D'où la raison pour laquelle il fallait stimuler le cerveau de l'enfant quand il était petit avant qu'une partie de ses neurones disparaisse.

Ces dernières années, avec l'avènement de la physique quantique et des neurosciences, des études ont démontré deux phénomènes inattendus : non seulement de nouveaux neurones et de nouvelles connexions apparaissent à tout âge, mais le nombre de neurones ne change à peu près pas au cours de notre vie parce que, si certains meurent, d'autres apparaissent incessamment chez ceux qui activent leur cerveau. Ce n'est donc pas que durant les premières années de la vie qu'il faut activer nos neurones, mais toute notre vie, afin d'optimiser notre potentiel d'intelligence pratique, sensitive et rationnelle. Cette découverte peut nous remplir d'espoir.

Tout ne se joue pas seulement avant trois ou six ans, mais tout au long de notre vie. Nous pouvons donc exploiter nos potentiels à n'importe quel âge, même à soixante, soixante-dix, quatre-vingts ans et plus. Pourquoi ne pas nous y mettre maintenant et réaliser des rêves que nous avons cru inatteignables à cause des idées fausses que nous avons entretenues à propos de notre âge? J'écoutais récemment à la télévision un reportage sur le sociologue québécois de réputation internationale Guy Rocher. Au moment de l'émission de ce reportage, il avait quatre-vingt-quinze ans (il est né en 1924). Il poursuivait toujours ses recherches et donnait encore des conférences. J'ai été impressionnée par sa lucidité, la richesse de ses connaissances et par sa vivacité d'esprit. Cet homme est un modèle pour ceux qui pensent qu'en vieillissant, on devient sénile. Ce neuromythe, comme ceux que je viens de décrire et le suivant, nous limitent si nous décidons de leur accorder foi.

NOUS N'UTILISONS QUE 10 % DE NOTRE CERVEAU

Toujours selon le rapport de l'OCDE[50]:

Toutes les données en neurosciences aujourd'hui nous montrent que notre cerveau est actif à 100 % [...] *des stimulations électriques n'ont montré aucune zone inactive* [...] *même pendant le sommeil – et en trouver signale un sérieux trouble fonctionnel.*

Le cerveau *ne représente que* 2 % *du poids total du corps humain, mais consomme* 20 % *de l'énergie disponible. Considérant ce haut coût énergétique, il semble bien improbable que l'évolution ait permis le développement d'un organe dont* 90 % *de la structure ne servirait à rien.*[51]

Inutile de commenter ces affirmations qui résultent d'observations par IRM (imagerie par résonnance magnétique) de toutes les zones cérébrales. Passons plutôt au dernier neuromythe que je développerai dans ce chapitre: il y a des différences entre les capacités cérébrales des hommes et celles des femmes.

---

50 OCDE: Organisation de coopération et de développement économiques.

51 Rapport collectif de l'OCDE: *Comprendre le cerveau: naissance d'une science de l'apprentissage*, 2007, p. 122.

IL Y A DES DIFFÉRENCES CÉRÉBRALES ENTRE LES SEXES

Bien que des différences aient été observées à la naissance, cela ne signifie pas qu'elles y resteront gravées, affirme la neurologue Catherine Vidal, directrice de recherche à l'Institut Pasteur de Paris. *En effet, le cerveau fabrique sans cesse de nouveaux circuits de neurones en fonction de l'apprentissage et de l'expérience vécue. Ces propriétés de plasticité cérébrale, découvertes il y a une vingtaine d'années, ont révolutionné nos conceptions du fonctionnement du cerveau. Rien n'y est à jamais figé ni programmé à la naissance.*[52]

En réalité, l'interaction entre les cerveaux de la tête, du ventre et du cœur, de même qu'entre une personne et son environnement favorise la création de connexions entre nos neurones. Plus l'environnement est riche de stimuli de toutes sortes, plus les connexions se multiplient. *Dans la dynamique, la structuration de la matière cérébrale et la formation des réseaux neuronaux sont le reflet intime de l'expérience vécue.*[53]

C'est l'expérience qui modifie les circuits neuronaux. C'est pourquoi **nous ne pouvons plus affirmer, par exemple, que les hommes sont plus forts en mathématiques que les femmes de par la constitution de leur cerveau. L'observation médicale des zones magnétiques du cerveau (IRM) prouve la fausseté de ce mythe. La performance en mathématiques, en sciences ou en d'autres domaines n'est pas innée, mais acquise par l'apprentissage et par l'expérience.** À preuve, une étude a démontré que les zones du cerveau qui contrôlent la représentation de l'espace sont plus développées chez les chauffeurs de taxi et ce développement est proportionnel à leurs années d'expérience. Vidal apporte aussi l'exemple des jongleurs. Selon une étude réalisée en 2004, l'IRM de leur cerveau *montre un épaississement des régions spécialisées dans la vision et la coordination des bras et des mains. Et si l'entraînement cesse, les zones précédemment épaissies rétrécissent.*[54]

---

52 Catherine Vidal, « Le genre à l'épreuve des neurosciences », dans *Recherches féminines*, Volume 26, Issue 2, 2013, p. 183 à 191, revue fondée en 1988, publiée par la Faculté des sciences sociales de l'Université Laval à Québec.

53 Catherine Vidal, *op. cit.*

54 Catherine Vidal, *op. cit.*

Ce que ces exemples ont d'impressionnant, c'est qu'ils nous confirment que **nous pouvons, par l'apprentissage de nouveaux champs d'intérêt et par l'expérience vécue, développer nos potentiels à volonté, quel que soit notre âge, et ce, grâce à la neuroplasticité du cerveau et à la neurogenèse. À toutes les périodes de la vie, nous pouvons changer nos habitudes, briser la routine, acquérir de nouvelles habiletés, de nouvelles connaissances, sortir de nos zones de confort et changer de cap.** Avec les neurosciences, il n'est plus question de cerveau masculin et de cerveau féminin, mais d'un nombre aussi différent de cerveaux qu'il y a d'êtres humains sur la planète.

Revenons à la croyance suivant laquelle le cerveau des garçons serait plus disposé à réussir en mathématiques que celui des filles. À ce sujet, Vidal écrit : *Le réalité scientifique montre que la prétendue infériorité des filles pour le raisonnement mathématique n'a aucun fondement neurobiologique.*

Chez les adultes, l'étude des cerveaux de femmes et d'hommes mathématiciens professionnels conduit aux mêmes conclusions. [Aydin 2007]. L'IRM *montre un épaississement du cortex cérébral dans les régions pariétales et frontales qui sont mises en jeu dans la manipulation des nombres et la représentation visuelle et spatiale. De plus, cet épaississement est d'autant plus marqué que l'expérience professionnelle en mathématiques est longue, tant chez les hommes que chez les femmes. C'est bien l'expérience qui forge les cerveaux pour faire des maths.*[55]

Évidemment, les conclusions tirées de ces nouvelles découvertes en neurosciences bousculent nos croyances et questionnent l'ancien paradigme. Cependant, leur diffusion peut influencer favorablement les éducateurs scolaires et parentaux dans leur approche pédagogique ou éducative. La vérité est que la science évolue comme tout le reste et que son champ d'exploration n'a pas de limites. Une phrase que j'ai lue un jour, attribuée à Jean Chevalier, montre bien l'infini potentiel de la recherche scientifique. *La science, c'est comme la ligne d'horizon : plus on avance vers elle, plus elle s'éloigne.* Autrement dit, chaque découverte en entraîne une autre plus avancée. Même si nous marchions toute notre vie

55 Catherine Vidal, *op. cit.*, p. 183-191.

pour atteindre l'horizon, nous n'y arriverions jamais. Ce constat est stimulant au sens où nous aurons toujours quelque chose à apprendre, de nouvelles expériences à vivre et des changements à effectuer dans nos vies pour exploiter sans cesse le potentiel créateur de notre intelligence. Cette exploitation est infinie grâce à la neuroplasticité et à la neurogenèse.

Il ne tient donc qu'à vous de ne jamais cesser d'activer votre cerveau pour créer les nouveaux neurones et les nouvelles synapses qui vous rendront plus intelligents au sens étymologique du terme et qui feront en sorte que 1 + 1 n'égale plus jamais 2, mais 3 parce que vous aurez actualisé, par l'activation, vos potentialités créatrices.

Comment activer le cerveau ?

Parce que nous sommes des êtres évolutifs, parce que notre cerveau est, par exemple, en mesure de se reconfigurer [neuroplasticité] et de fabriquer de nouveaux neurones [neurogenèse], nous sommes en mesure de prendre en main notre devenir. Nous disposons tous du pouvoir de choisir et de faire, de pratiquer et de transmettre. Même quand cela peut nous paraître impossible.[56]

Ce qu'exprime Drouet dans la précédente citation est que nous sommes responsables de notre vie. Nous avons le pouvoir d'arrêter les choix et d'accomplir les actions qui nous permettront d'atteindre des objectifs que nous pensions trop souvent inaccessibles à cause de nos croyances limitatives et à cause des peurs que nous nourrissons eu égard à notre adhésion à ces croyances. Nous avons le pouvoir de changer, de nous améliorer, d'actualiser nos potentiels physiques, intellectuels, affectifs, relationnels et spirituels, d'exploiter notre type principal d'intelligence et d'explorer l'univers illimité des autres types.

Le monde extérieur et votre monde intérieur sont à votre portée maintenant. À vous d'agrandir votre zone de confort et de partir à l'aventure vers les mers inconnues de vos potentiels

56 Stéphane Drouet, *L'intelligence quantique du cœur*, p. 14.

endormis. Prenez donc la décision aujourd'hui d'utiliser les moyens présentés dans la fin de ce chapitre pour activer votre cerveau, stimuler votre créativité et aviver votre intelligence, et ce, quels que soient votre histoire de vie, votre âge et votre type d'intelligence.

Pour avancer vers de nouveaux horizons illimités, voyons ensemble les moyens qui rendent possible une évolution personnelle, relationnelle et professionnelle à la grandeur des ressources incommensurables de votre cerveau, et ce, sans verser dans l'utopisme, dans un idéalisme naïf ou dans la pensée magique. Je souhaite développer chacun de ces moyens de manière à en faciliter la compréhension, et surtout, je l'espère, à susciter votre motivation à les mettre en pratique dès que vous en aurez terminé la lecture. La démarche la plus importante et la plus efficace pour activer votre cerveau et votre intelligence, celle de laquelle dépendent tous les chemins que je vous proposerai d'emprunter par la suite, est la reprogrammation de vos circuits neurologiques.

LA REPROGRAMMATION

Nos expériences de vie, particulièrement celles qui résultent des puissants déclencheurs émotionnels répétitifs ou traumatisants de l'éducation ont créé dans notre cerveau et dans notre système nerveux des circuits neurologiques que nous empruntons automatiquement aujourd'hui lorsque les événements de la vie et les personnes significatives de notre entourage rappellent à notre mémoire inconsciente notre histoire douloureuse du passé. D'un déclencheur à l'autre, nous nous laissons entraîner dans le même genre de perceptions, d'interprétations de la réalité et dans les mêmes défensives. Cette vision figée des choses et des autres nuit à nos relations et à notre évolution parce que nous les voyons toujours de la même manière et leur attribuons toujours les mêmes caractéristiques. Nous les enfermons ainsi dans nos projections. Il faut savoir que ce fonctionnement, bien que normal sur le coup, nuit considérablement à la longue, à notre santé psychique et à la santé de nos relations.

En fait, le monde est notre miroir. Nous le voyons toujours avec ce que nous sommes. Si nous plaçons les autres dans les mêmes moules de nos interprétations et de nos généralisations pour les définir, c'est probablement que nous sommes nous-mêmes, dans ces moments-là, intérieurement pétrifiés, incapables de nous remettre en question et d'évoluer parce que nous sommes blessés. Nous ne voyons de cette façon qu'une partie d'eux, celle qui parle le plus de ce que nous sommes, celle que nous projetons sur eux. En agissant ainsi d'une manière répétitive, nos circuits deviennent comme des autoroutes sur lesquelles nous nous engageons spontanément et inconsciemment dans la plupart des situations relationnelles de notre vie quand nos blessures sont réveillées.

Le rôle crucial des émotions dans ce parcours est déterminant parce qu'elles ***apparaissent comme une espèce de*** **colle forte** ***entre nos circuits neurologiques qui permet à nos souvenirs émotionnels de rester actifs. Les autres expériences non associées à des émotions ne constituant aucun circuit neurologique stable.***[57] Ce sont donc nos émotions qui sont les vecteurs de l'information qui crée la programmation de nos circuits. Pour sortir de ces autoroutes programmées inconsciemment et pour emprunter d'autres voies neurologiques, il est nécessaire de reprogrammer l'inconscient en tenant compte de notre vie émotionnelle parce que son influence sur notre intelligence est *un million de fois plus puissante que le conscient.*[58]

La reprogrammation de notre inconscient devient absolument indispensable si nous voulons nous libérer des perceptions répétitives issues de nos programmes d'origine et sortir de notre prison mentale et émotionnelle créée par les empreintes émotionnelles de l'enfance.[59] Cette imprégnation d'émotions du passé dans le plus profond de notre psychisme et de nos cellules que nous reportons sur le présent nous explique pourquoi une énergie considérable, une vigilance soutenue et un travail assidu sont nécessaires pour changer nos fausses croyances, nos opi-

---

57 Stéphane Drouet, *op. cit.*, p. 134.

58 *Op. cit.*, p. 105.

59 *Op. cit.*, p. 149.

nions figées, nos valeurs périmées, nos perceptions erronées, nos interprétations déformées, nos pensées destructrices et notre manière insatisfaisante et souffrante de vivre.

L'objectif du travail que je vous encourage à entreprendre est de créer, par la répétition et l'ouverture au changement, de nouveaux circuits pour stimuler le plus de connexions possibles entre vos neurones parce qu'ils disparaissent si ces connexions ne sont jamais stimulées. N*e croyez-vous pas,* demande Drouet, *qu'il est plus agréable de se reprogrammer à manifester notre génie, qu'à subir notre vie sans avoir à y penser?*[60]

Les conséquences de la programmation passée sur nos vies actuelles sont profondes et préoccupantes. N*ous avons débranché la plupart des réseaux neurologiques de notre cœur qui nous reliaient à la compassion, à l'empathie, à la foi en la vie, à cette gratitude, à cette innocence béate de la vie,* affirme Drouet. N*ous avons été tentés de préférer l'intensité émotionnelle associée à une tristesse intense, à la foi que nous avons en la vie.* N*ous nous sommes comme laissés corrompre.* [...] E*n une dizaine d'années de notre première vie, nous avons perdu pour la plupart l'essentiel de ce qui faisait de nous des êtres illimités.*[61]

La bonne nouvelle est que, devant cette déplorable réalité, grâce à la neuroplasticité du cerveau, rien n'est perdu. Nous avons le pouvoir de reprogrammer nos circuits, de créer de nouvelles autoroutes pour activer au maximum tous nos neurones. Cependant, cela ne s'accomplira pas sans effort. Passer du mode *automatique* au mode *manuel* afin de reprendre le pouvoir sur notre vie intérieure et de libérer le génie en nous demande un travail constant de notre part, un travail parfois exigeant, mais tellement stimulant, valorisant et efficace qu'il est motivant de l'amorcer dès maintenant et de le poursuivre jusqu'au bout.

Devant ces nouvelles réalités, la grande question qu'il serait légitime de nous poser est la suivante: **comment programmer nos circuits neurologiques pour créer ces autoroutes encore inexplorées?**

---

60 *Op. cit.*, p. 106.

61 *Op. cit.*, p. 151.

Le premier moyen et le plus efficace est la répétition. Répéter, répéter, répéter. *Répéter, c'est intégrer. Nous avons construit nos programmes neurologiques en répétant. Marcher, écrire, parler. Nous avons répété.*[62] *Cependant, penser et ressentir différemment, juste une fois, ne crée pas le changement neurologique* [...]. *La nouvelle pensée a besoin d'être répétée plusieurs fois pour être intégrée définitivement.* [...] *Répéter une façon de penser, associée à un fort ressenti, à des émotions intenses, créatrices de joie à l'intérieur, d'évolution et de croissance personnelle, crée neurologiquement de nouveaux automatismes intégrés dans notre système nerveux.*[63]

Nous touchons ici un principe fondamental des neurosciences, à savoir que c'est la répétition d'expériences à caractère émotionnel intense et de sensations corporelles fortes liées à des pensées consciemment choisies qui assurent la reprogrammation des circuits. À ce sujet, Drouet affirme : *Toute approche de développement personnel qui n'intègre pas les émotions et les sensations corporelles et la répétitivité est, pour moi, un travail de surface qui ne dépasse pas la barrière de la membrane cellulaire, et reste extérieure à notre noyau, donc extérieure à nos gênes, donc extérieure au renouveau et à la transformation durable.* Il ajoute, à juste titre, *que comprendre ne suffit plus à nous transformer profondément.*[64]

Deux éléments fondamentaux ressortent des affirmations de ce spécialiste des neurosciences et de la physique quantique, l'une concernant le savoir et l'autre l'efficacité de la répétition, notamment dans les domaines de la croissance personnelle, de la pédagogie et de la thérapie.

Le savoir, la compréhension rationnelle et la prise de conscience ne suffisent pas à produire un changement durable en nous.

Le processus de changement que je décris dans mon ouvrage *Relation d'aide et amour de soi*[65], publié la première fois en 1990, montre clairement que savoir, comprendre et prendre conscience forment la première étape de la démarche vers une transforma-

62 *Op. cit.*, p. 228.

63 *Op. cit.*, p. 219.

64 *Op. cit.*, p. 52.

65 Colette Portelance. *Relation d'aide et amour de soi*, p. 351 à 429.

tion en profondeur. Cette étape doit être impérativement suivie de plusieurs autres pour assurer une véritable mutation. Savoir, uniquement pour attirer la valorisation et pour se supérioriser par rapport aux autres ou parce que nous survalorisons le rationnel, est le travail du cerveau de la tête lorsqu'il est déconnecté du ventre et du cœur. Nous avons vu précédemment que ce cerveau, lorsqu'il est séparé des deux autres, peut, dans le meilleur des cas, réduire considérablement l'exploitation de nos potentiels d'intelligence et, dans le pire des cas, produire des effets néfastes en nous et dans nos relations avec les autres et avec le monde. Rappelons-nous que la tête divise quand elle est coupée du cœur, des sensations et des émotions.

Se limiter au savoir, c'est rester sur le palier d'un monde de potentialités illimitées sans le franchir. Ce n'est pas seulement par vos connaissances rationnelles que vous manifestez votre intelligence, mais aussi, et surtout, par votre ouverture de cœur, votre sensibilité aux autres, votre expérience relationnelle.

Donc, si vous voulez reprogrammer votre cerveau et créer de nouveaux circuits neurologiques et de nouvelles connexions entre vos neurones, vous devez suivre le processus suivant :

1. passer à d'autres étapes que la seule compréhension rationnelle ;
2. vous ouvrir à l'accueil et à l'acceptation sincère de vos sensations, de vos émotions et de tout votre potentiel ;
3. observer les pensées négatives que vous nourrissez et les émotions souffrantes qu'elles déclenchent en vous ;
4. prendre la responsabilité de votre vie et vous rappeler que c'est vous qui nourrissez vos malaises par vos pensées et vos comportements défensifs, et que vous êtes le seul à pouvoir vous en libérer ;
5. passer à l'action en prenant en charge vos besoins corporels, affectifs, relationnels, intellectuels et spirituels ;

6. répéter des exercices, des activités, des actions différentes de celles que vous faites habituellement et des comportements différents pour nourrir des pensées positives, maximiser vos potentiels et rendre vos relations plus harmonieuses.

Peut-on se créer des émotions et des pensées positives à volonté ?

Je répondrai à cette question par un exemple. Dans sa relation amoureuse avec Karine, Gilbert était le seul à travailler pour améliorer leur rapport, le seul à suivre le processus que je viens de décrire. Il le faisait avec assiduité et honnêteté. Il voulait qu'ils soient heureux ensemble. Malgré ses efforts, il n'arrivait pas à satisfaire son besoin d'harmonie. Karine lui reprochait constamment ses insatisfactions et lui attribuait toute la responsabilité de leurs difficultés relationnelles communes. Ses tentatives avortées et les nombreux rejets subis le faisaient souffrir énormément. Il entretenait alors des pensées et des émotions négatives qui le rendaient encore plus impuissant et plus malheureux. Submergé par elles, il se sentait prisonnier de ses ruminations et de son chagrin. Sa douleur était devenue si profonde que, malgré sa volonté de changer ses pensées et de les remplacer par des affirmations positives, il ne réussissait pas. Il n'émergeait pas de son impuissance et de sa souffrance.

Qu'est-ce qui empêchait Gilbert de se créer des émotions et des pensées positives ? Comment expliquer que son vécu et ses ruminations supplantaient sa volonté ?

La vraie raison est que cet homme bien intentionné et attentionné avait tellement peur de perdre son amoureuse qu'il en avait perdu le pouvoir sur sa vie. Pour le retrouver et changer ses anciennes programmations neurologiques, il devait changer son fonctionnement destructeur avec Karine, et ne plus se laisser responsabiliser injustement par elle. Il était important qu'il apprenne à discerner la part de responsabilité qui lui revenait et qu'il remette la sienne à cette femme au risque de la perdre. Ce nouveau comportement ne devait pas être adopté une seule fois. Pour se libérer de son impuissance, il était fondamental que Gilbert le répète jusqu'à ce qu'il soit bien intégré, quitte à se faire aider par un ami de confiance ou par un thérapeute compétent pour y arriver.

Croyez-moi, rien n'est pire que le refoulement, les non-dits et la répétition de comportements insatisfaisants pour perdre la maîtrise sur vos souffrances émotionnelles et sur les pensées négatives qu'elles suscitent en vous. Pour vous créer des émotions et des pensées positives à volonté, vous devez reprendre votre pouvoir en remplaçant vos fonctionnements habituels par des nouveaux et les répéter jusqu'à ce qu'ils deviennent naturels. La répétition, bien que nécessitant un effort, est un bon moyen d'atteindre vos objectifs relationnels et vos objectifs d'exploitation des potentialités du cerveau à condition que vous agissiez toujours dans le respect et l'amour de vous-même et des autres. Pour modifier vos pensées et, par conséquent, vos émotions, vous devez changer vos comportements. Si vous versez dans la projection, le reproche et la culpabilisation chaque fois que vos blessures sont réveillées, vous obtiendrez toujours les mêmes résultats parce que vous empruntez toujours les mêmes types de circuits neurologiques. Pour créer de nouveaux circuits, vous devez changer quelque chose : vos pensées ? Vos mécanismes de défense ? Vos comportements ? Dans les circonstances les plus souffrantes, l'avenue spirituelle est souvent la plus libératrice. J'y reviendrai. Pour le moment, arrêtons-nous à l'importance de la reprogrammation pour activer notre cerveau et favoriser l'exploitation de notre intelligence.

L'exemple des milieux pédagogiques témoigne de l'importance de la répétition. À l'école, pour favoriser l'intégration d'une nouvelle notion, il est fondamental que l'enseignant ne se limite pas à transmettre une connaissance théorique de cette notion. S'il s'y limite, les élèves de type rationnel l'intègreront plus vite de par leur type d'intelligence, mais les autres seront défavorisés. En réalité, les apprenants ont besoin d'exercices répétitifs, de révisions, d'applications pratiques dans la vie réelle de cette notion pour l'intégrer durablement, et ce, dans un contexte affectif sécurisant et dans le respect inconditionnel de leur vécu, de leurs besoins et de leur type d'intelligence. Les exercices doivent être conçus pour favoriser l'intégration des apprentissages, la confiance en soi et l'estime de soi. Ils doivent être conçus pour assurer une approche synergique des trois cerveaux avec celui du cœur pour les rassembler.

> **Pour intégrer durablement ses apprentissages, l'apprenant doit se sentir aimé, valorisé et accepté par son professeur et par son groupe, il doit se sentir intelligent, et ce, peu importe son type d'intelligence et ses différences physiques, émotionnelles et culturelles.**

C'est une grave erreur de croire non intelligents ceux dont le mode d'apprentissage passe par *le faire* ou par *le ressentir* et de penser inintelligents ceux qui n'aiment pas l'école ou qui ne se réalisent pas au travail parce que les relations ne sont pas satisfaisantes ou parce que ce qu'ils font n'a rien à voir avec ce qu'ils sont, ni avec leurs aspirations et leurs talents. Pour intégrer plus facilement et plus rapidement les connaissances enseignées, les pragmatiques, les rationnels et les esthètes ont besoin que leurs éducateurs respectent ce qu'ils sont et passent par leur porte. Ils ont aussi besoin d'une relation affective authentique avec eux.

Le même phénomène se produit dans le domaine de la croissance personnelle et de la thérapie en ce qui concerne l'intégration des aptitudes de relation et de communication. Le principe fondamental sur lequel repose mon approche, *l'Approche non directive créatrice*MD (ANDCMD) est le suivant : nos programmations relationnelles naissent d'expériences passées souffrantes. Le rôle d'un bon thérapeute relationnel n'est pas de revenir sur ce passé mais de faire vivre ici et maintenant à ses aidés une expérience positive de la relation qui diffère des expériences négatives et souffrantes qui l'amènent en thérapie ; de lui faire vivre une expérience bénéfique et authentique qui favorisera le changement intérieur et la création de nouveaux circuits neurologiques. Cette transformation intérieure, pour qu'elle soit enracinée, ne peut se réaliser en une seule séance.

Les premières rencontres thérapeutiques peuvent donner lieu à certaines prises de conscience et servir à établir le lien de confiance si l'aidant est compétent et qu'il sait créer un contexte affectif sécurisant sans verser dans la familiarité. Elles peuvent permettre à l'aidé de comprendre le pourquoi de ses programmations limitatives sans pour autant les transformer. C'est l'expérience vécue prolongée d'une relation saine et authentique avec un thérapeute formé à ce type de relation qui, avec le temps, favorise la reprogrammation et la création de nouvelles autoroutes. C'est elle qui peut sortir un aidé d'un fonctionnement qu'il répète par inconscience, et le remplacer pas un nouveau fonctionnement qui stimule ses neurones et le rend plus équilibré physiquement et émotionnellement. Évidemment, ce processus centré sur le présent demande du temps, de la patience et de la volonté, mais il est, à mon avis, le plus important dans lequel un être humain puisse s'engager dans sa vie.

Nous sommes responsables de notre présent et de notre devenir. Une autre façon de modifier nos circuits est de changer la vision que nous avons de notre passé en cessant de nourrir des scénarios imaginaires et une histoire de vie tirée uniquement des souvenirs négatifs que nous avons entretenus dans nos pensées pendant des années. Nos expériences souffrantes du passé nous permettent de comprendre nos fonctionnements inconscients dans l'ici et maintenant de nos relations. Elles nous empêchent de nous condamner et de condamner les autres. Cependant, il nous appartient d'arrêter de ressasser des mémoires ou des pensées qui font de nous de pauvres victimes de notre enfance ou de notre adolescence, impuissantes et sans ressource. La vérité est que nous avons vécu aussi dans le passé des moments agréables, des expériences extraordinaires que nous semblons avoir oubliées parce qu'elles sont anéanties sous la réminiscence des événements négatifs que nous avons retenus et auxquels nous avons donné trop d'importance par rapport aux autres. Souvenez-vous ce qu'exprimait Drouet à ce sujet : *Nous avons débranché la plupart des réseaux neurologiques de notre cœur qui nous reliaient* [...] *à la foi en la vie.*

Nous avons des ressources illimitées grâce auxquelles nous avons pu, dans le passé, traverser des épreuves et rester debout. Pourquoi ne pas nous féliciter de ces victoires successives et ne pas les intégrer aussi dans l'histoire de notre vie ? Nous avons le choix de nourrir tout le négatif de notre passé ou d'y puiser toutes les expériences positives qui font aussi de nous ce que nous sommes aujourd'hui. Nous avons le choix de construire notre avenir sur toutes les expériences négatives de notre existence et de nous en plaindre indéfiniment pour justifier notre inaction, ou de reconnaître qu'elles peuvent nous rendre beaucoup plus grand, beaucoup plus fort intérieurement et beaucoup plus intelligent que nous le croyons, si nous changeons notre regard sur nous-mêmes et sur notre histoire. Nous sommes le témoignage vivant du miracle de la vie en nous. Quand choisirons-nous de nous en convaincre pour aller de l'avant ?

En résumé, pour vous créer de nouveaux circuits neurologiques qui vous rendent la vie plus motivante, stimulez vos connexions neuronales et changez vos autoroutes par la répétition de nouvelles expériences et l'élargissement de votre zone de confort. Faites des choix qui vous propulsent. Prenez des décisions qui vous poussent à passer à l'action. Faites le deuil de tout ce qui brime votre cheminement, votre épanouissement et votre évolution intérieure. Agissez maintenant. **Rappelez-vous qu'il vaut mille fois mieux faire des erreurs que ne rien faire pour reprogrammer vos circuits, activer votre cerveau et pour apprendre.** Vous découvrirez ainsi, par vos nouvelles expériences, qu'il existe des perceptions différentes de la réalité qui vous ouvriront la porte sur de nouveaux apprentissages au plan intellectuel, pratique ou artistique. Par un réseau relationnel plus développé et plus varié ; par la création d'un environnement favorable à l'exploitation de tous vos potentiels d'intelligence ; par un accueil sans jugement et sans complaisance de vos émotions, de vos sensations, de vos défensives et de vos besoins ; par un plus grand respect de vous-même ; par une ouverture au changement ; par un passage à l'action constant et différent pour réaliser vos rêves et améliorer vos relations ; par la répétition de nouveaux comportements, vous reprogrammerez vos circuits neurologiques et stimulerez votre cerveau. Vous y arriverez encore mieux si vous donnez à votre corps sa véritable place en vous : celle de porte d'entrée sur le cœur et sur l'âme.

L'INFLUENCE DU CORPS SUR LE CERVEAU

Comme nos émotions ont une influence indéniable sur le fonctionnement de notre cerveau et de notre intelligence, il s'avère que, lorsqu'elles sont très intenses, elles peuvent perturber nos processus mentaux, fragiliser notre corps et affecter nos performances dans quelque domaine que ce soit. Ce phénomène est inévitable et tout à fait normal. Par exemple, quand nous sommes possédés par une peur omniprésente, une violente colère ou une culpabilité incontrôlable, il nous est difficile d'avoir assez de discernement pour arrêter les bons choix et pour répondre à nos déclencheurs par des réactions réfléchies et appropriées. Il en est ainsi de l'enfant qui n'arrive pas à se concentrer à l'école parce qu'il a des carences alimentaires ou parce que ses parents sont en instance de séparation et qu'ils se disputent du matin au soir. Les manques, les peurs, l'insécurité et l'impuissance de cet enfant créent dans son corps et dans son psychisme un stress qui perturbe ses facultés rationnelles et les empêchent de fonctionner normalement.

Nous ne pouvons nous reprocher, lorsque nous sommes envahis par de telles émotions et un tel stress, de ne pas être en mesure de démontrer une vigilance soutenue et un comportement éclairé. Nous en sommes incapables considérant notre vécu du moment. C'est notamment par la prise de conscience et l'expression de ce vécu dans un contexte relationnel affectif d'écoute bienveillante et sécurisante que nous pouvons nous libérer progressivement du stress corporel et émotionnel et, *ipso facto*, ouvrir grande la voie aux cerveaux de la tête, du cœur et du ventre pour qu'ils puissent agir ensemble, s'adonner à l'apprentissage et accueillir le changement.

À cette intensité émotionnelle qui cause un stress perturbateur chez chacun de nous quand elle nous possède, s'ajoute une autre forme de stress engendré par l'énorme quantité d'informations qui nous assaillent quotidiennement et qui passent par les réseaux sociaux, les journaux, la télévision, la radio, l'environnement, l'entourage affectif et professionnel. Devant cette surcharge d'informations, nous sommes parfois habités

par un sentiment de saturation. Notre cerveau ne peut plus en prendre. Il ne nous donne donc plus accès à son potentiel, quelque moyen que nous prenions pour l'activer. Sa porte est fermée. Il nous faudra trouver la clé pour l'ouvrir.

Nos anciennes programmations nous poussent à chercher cette clé dans le monde extérieur et à le rendre responsable des conséquences du stress physique et émotionnel sur nos vies. Pour masquer les inconforts que ce stress nous cause quand il nous pourchasse, nous réagissons machinalement en empruntant nos autoroutes habituelles. Celles-ci nous incitent à nous activer, à nous défendre par la soumission, le pouvoir ou l'agression, à vouloir changer les autres, à nous adonner à des dépendances pernicieuses qui nous stressent davantage, ou à chercher désespérément des solutions qui, en réalité, nous éloignent des objectifs que nous aimerions atteindre.

Le stress émotionnel se vit substantiellement dans le corps, et c'est le corps qui en subit le plus visiblement les conséquences lorsque nous sommes assiégés par lui. Vu son influence sur notre organisme, c'est donc par le corps qu'il nous faut d'abord passer pour trouver les solutions justes à nos dysfonctionnements relationnels, au manque d'harmonie dans nos vies et aux barrières qui nous empêchent de créer de nouveaux circuits neurologiques et d'exploiter notre potentiel créateur et notre potentiel d'intelligence globale. Drouet est catégorique à ce sujet. Il soutient que *nous sommes sous l'influence, émotionnellement et intellectuellement, de nos sensations corporelles* et que *le travail sur les sensations corporelles est quasiment incontournable en complément du travail sur nos trois cerveaux.*[66] Le corps *est la porte d'entrée vers l'ouverture du cœur*. Et j'ajouterais qu'il est la porte d'entrée sur l'âme. Quand le corps est bien déposé, l'esprit se calme et cela nous ouvre sur l'infini, le sentiment de *faire un* avec l'univers.

Le leitmotiv *écoute ton corps* a perdu son sens profond à force d'être énoncé à tort et à travers. Écouter son corps, c'est d'abord nous reconnecter à lui. Cette écoute s'avère un travail d'incarnation nécessaire pour évoluer et changer irréversiblement. Nous

66 *Op. cit.*, p. 231-232-233.

sommes des êtres incarnés et non de purs esprits qui flottent quelque part dans l'atmosphère. Nier le corps et le cœur, c'est oublier que nous sommes des êtres humains. Un travail qui consisterait à négliger ces deux composantes fondamentales de notre nature est toujours nuisible parce qu'il résulte d'une hypertrophie des fonctions rationnelles au détriment des fonctions émotionnelles, spirituelles et corporelles. **Une démarche d'évolution qui n'est pas enracinée dans le corps produit toujours une certaine forme de régression parce qu'elle est contre nature.** Le respect de la *neuroplasticité sensorielle est la première marche à remobiliser pour redonner un élan majeur à notre vie.*[67] **Être présent à ses sensations est plus utile et plus important que réfléchir. Chaque fois que vous avez un problème ou un malaise, arrêtez-vous pour ressentir votre corps. C'est un premier pas à faire pour changer vos circuits neurologiques et libérer vos potentiels d'intelligence.**

Généralement, quand ça ne va pas dans notre vie, nous cherchons rationnellement des solutions où nous ressassons le passé dans notre imaginaire et nous le déformons par des interprétations, des généralisations, des jugements et des projections, ou encore nous luttons contre nos émotions désagréables pour les faire disparaître, ce qui a pour résultat de les exacerber. Elles ressemblent alors à un enfant qui recherche constamment notre attention parce qu'il manque de présence et d'amour de notre part. Nier l'émotion et le corps n'est jamais bénéfique et ne procure que du désordre dans nos vies, jamais de la paix.

Quelque chose d'important doit changer dans notre relation avec nous-mêmes. Un premier changement pour créer de nouvelles connexions entre nos neurones et trouver un équilibre intérieur est d'être présent à notre corps et à nos sensations dans le silence et l'immobilité de l'ici et maintenant. Cette présence, ce ressenti du corps a pour effet presque magique de nous calmer. Et si nous maintenons cette présence pendant plusieurs minutes, il n'est pas rare que la solution juste se pointe d'elle-même en nous parce que **c'est dans le silence et l'immobilité du corps que l'intuition se manifeste.** L'*esprit intuitif est un don sacré*, affirme Eins-

67 *Op. cit.*, p. 242.

tein, *et l'esprit rationnel est son fidèle serviteur. Nous avons créé une société qui honore le serviteur, mais a oublié le don.*[68] Il ajoute : *je pense 99 fois et ne trouve rien. Je m'arrête de penser, je nage dans le silence, et la vérité me vient.*[69]

> **Croyez-moi, le corps est la porte d'entrée sur l'intuition et sur tout ce qui favorise l'exploitation de nos potentiels illimités. C'est pourquoi il faut le traiter comme un maître et non comme un esclave. Il est le chef. Nous sommes son serviteur.**

Si nous nourrissons la croyance que le corps est un outil, nous nous trompons et nous agissons contre notre nature même. Son importance est telle dans notre processus d'évolution qu'il est prioritaire de le traiter comme un seigneur à respecter sans condition. Si le cœur est le rassembleur des trois cerveaux, le corps est le modérateur, celui qui atténue sans combat l'intensité émotionnelle et le stress et qui ouvre la voie à tous les possibles quand nous prenons le temps de nous arrêter pour le détendre et pour écouter nos sensations et les émotions qui les accompagnent.

Traiter le corps comme un maître, c'est lui fournir les conditions idéales à son épanouissement par les moyens bien connus que sont surtout l'exercice physique, la respiration, l'alimentation, la relaxation et la méditation. Mon intention n'est pas de vous dire ce que vous devez manger ni ce que vous devez accomplir comme exercices de détente et de respiration et comme exercices physiques, mais de vous montrer l'influence de ces activités sur le fonctionnement de votre cerveau et de votre intelligence.

La manière dont nous nous nourrissons dispose favorablement ou défavorablement notre cerveau à l'apprentissage et a une influence directe sur nos émotions. *Une alimentation équilibrée contribue à la constitution de nos neurotransmetteurs qui sont nécessaires pour être de bonne humeur, garder son calme et développer sa concentration*, affirme le Dr John Arden.[70] Pour sa part, Stéphane Drouet déclare que *manger*

---

68 Anthony Duncan, *Les perles d'Einstein*, p. 24.

69 *Op. cit.*, p. 180.

70 John Arden, *Les 5 clés du cerveau*, p. 30-31-32.

moins facilite le processus de neurogenèse et que *le sucre industriel*, selon les dernières études, *inhibe ce processus et tue nos neurones lentement mais sûrement.*[71] En fait, la dépendance au sucre pourrait peut-être expliquer, du moins en bonne partie, pourquoi nous rencontrons tant de problèmes d'apprentissage et de problèmes de comportement chez certains jeunes et tant de problèmes de santé chez de multiples adultes et de nombreuses personnes âgées. Cette réalité nous porte à réfléchir et à questionner nos modes de vie et ceux que nous léguons à nos enfants.

En réalité, le respect du corps est sans contredit un des éléments à surveiller si nous voulons optimiser les rouages de notre cerveau et développer notre intuition et notre intelligence. Un autre point à surveiller est notre rapport au mouvement dont l'influence sur le fonctionnement de l'intelligence est incontestable. En général, les enfants privés de mouvement pour une raison ou pour une autre ont un système nerveux plus fragile et ont plus de problèmes d'apprentissage. Selon le Dr Arden, le sport *modifie la neurochimie du cerveau et augmente sa longévité* [...]. *Il est prouvé que* 10 *minutes de marche rapide augmentent la sécrétion de neurotransmetteurs.*[72] **Une pratique régulière d'activité physique contribue à la stimulation de nos connexions neuronales, voire à la création de nouveaux neurones dans nos cerveaux; elle augmente la capacité de concentration et rend définitivement plus intelligent.** Wendy Suzuki, auteure du livre[73] *Bouge ton cerveau*, a expérimenté dans la classe, auprès de ses étudiants, l'effet bénéfique du mouvement sur l'apprentissage. Au début de ses cours, elle les faisait bouger énergiquement au moyen d'exercices aérobiques. Elle affirme qu'après l'entraînement, quand elle abordait la partie théorique du cours, ses élèves étaient détendus, stimulés, concentrés et intéressés.

Tout travail sur le corps, quel qu'il soit, est favorable à l'activation des zones cérébrales et à l'exploitation de nos potentiels dans tous les domaines de nos vies parce que, je le répète, rien

71 Stéphane Drouet, *L'intelligence quantique du cœur*, p. 91.

72 John Arden, *op. cit.*, p. 31.

73 Wendy Suzuki. *Bouge ton cerveau : comment bouger nous rend plus intelligent et plus heureux*, p. 193.

en l'être humain n'est isolé. Tout est interrelié et ne fonctionne bien que synergiquement. Toutefois, reprogrammer nos circuits, respecter notre corps ne suffit pas sans l'intervention du cœur dans les relations affectives.

L'INFLUENCE DES RELATIONS HUMAINES SUR LE CERVEAU

Dans le grand livre du bonheur intitulé *Happiness*, écrit par plus d'une centaine de spécialistes de la psychologie de tous les continents, la plupart des auteurs s'entendent pour affirmer que l'isolement ne rend pas une personne heureuse. L'un de ces auteurs, l'Étatsunien Christopher Peterson, fondateur de la psychologie positive, y écrit que *la meilleure manière d'être heureux, c'est en compagnie des autres. Les facteurs clés d'une vie satisfaisante sont en effet sociaux. De bonnes relations avec autrui forment la base d'une vie heureuse.* [...] *Vos performances ne dépendent pas seulement de votre talent ou de votre persévérance*, ajoute-t-il, *mais aussi des enseignements et des soins attentifs prodigués par les personnes de votre entourage.* [...] *Avoir un bon ami au travail est plus important qu'un bon salaire ou qu'un statut plus enviable.*[74]

Nous avons été biologiquement conçus par une relation entre notre père et notre mère ; nous sommes nés en relation avec notre mère et nous grandissons aussi en relation avec les autres. L'homme existe grâce, par et pour la relation avec lui-même et avec son entourage. D'ailleurs les recherches des auteurs du livre *Happiness* ont montré que l'apprentissage est nettement plus facile quand il repose sur une relation affective sécurisante. Elles démontrent aussi que les personnes isolées, coupées de relations et d'interdépendance affective sont plus malades, déprimées et plus enclines aux maladies mentales que celles qui jouissent d'un réseau social développé. Autrement dit,

> **la qualité des rapports humains est indispensable à l'épanouissement des facultés intellectuelles et cognitives et du développement de tous les types d'intelligence.**

74 Christopher Peterson, article tiré du livre *Happiness : Le grand livre du bonheur*, publié aux Éditions de l'Homme en 2011 et qui a pour titre : *Découvrir l'autre en soi*, p. 19.

Des relations harmonieuses avec notre entourage affectif, social et professionnel favorisent la reprogrammation des circuits créés dans le passé et activent la connexion entre nos neurones si ce type de relations suscite les sentiments d'empathie, de compassion, de gratitude et d'amour qui procurent la cohérence du cœur.

Il vaut donc la peine que nous consacrions du temps aux relations importantes de notre vie, que nous travaillions nos rapports avec elles pour profiter des avantages que cet investissement peut nous apporter. **Inutile de nous convaincre du contraire : nous avons viscéralement besoin d'aimer et d'être aimés pour vivre heureux et pour activer de manière optimale notre cerveau et notre intelligence.** Nous avons besoin de nous sentir importants et reconnus. Mais pour satisfaire ces besoins fondamentaux et libérer le génie en nous, une condition est absolument indispensable : l'effort.

L'EFFORT

> ***Quel est le pire ennemi de nos connexions neurologiques et de leur développement? [...] la passivité.* En *réalité, le cerveau fonctionne en mode* soit on s'en sert, soit on le perd [...] *Le seul moyen de l'aiguiser est de le mettre au défi [...] la non-utilisation du cerveau entraîne une perte de ses capacités.*[75]**
>
> Stéphane DROUET

La neuroplasticité du cerveau et la neurogenèse ont pour avantages de nous donner du pouvoir. Le développement de notre cerveau et de notre intelligence dépend de nous. Si nous nous laissons glisser à vau-l'eau, le bateau de notre vie se fracassera sur des récifs, ou pourrira au pied d'un obstacle que nous n'aurons pas eu le courage de surmonter. N'oublions pas que nos anciens circuits neurologiques nous amènent à prendre les chemins les plus connus parce que nous les avons toujours empruntés sans trop nous poser de questions, et ce, même si ces chemins nous conduisent souvent vers la souffrance.

---

75 Stéphane DROUET, *op. cit.*, p. 16, 63-64.

Les routes déjà défrichées sont les plus faciles d'accès, mais pas nécessairement les plus stimulantes, les plus saines et les plus appropriées à notre évolution. Pour activer notre cerveau et le garder jeune et en santé, il nous faut impérativement risquer le changement coûte que coûte et nous mettre au défi de défricher de nouvelles routes pour créer de nouveaux circuits neurologiques : adopter de nouveaux comportements dans nos relations ; nous créer de nouveaux cercles d'amis ; apprendre quelque chose de nouveau tous les jours comme, par exemple, une langue étrangère, ou apprendre à skier, à patiner, à méditer, à faire du yoga, à cuisiner de nouveaux mets, à danser, à jouer un instrument de musique ; nous investir dans la rédaction d'un journal personnel, d'un article, d'un roman ou d'une lettre d'amour ; nous engager dans une nouvelle relation affective ; visiter des contrées inconnues ; nous inscrire à une nouvelle formation ; accepter ou demander une promotion ; partir à l'aventure.

> **Vous avez le choix maintenant. Faites de ce jour une journée mémorable de votre vie, une journée où vous vous souviendrez avoir pris un engagement envers vous-même et l'avoir tenu jusqu'au bout en dépit des obstacles ; une journée où vous aurez décidé fermement d'être le chef d'orchestre de vos connexions neuronales, le responsable de votre évolution et du développement illimité de votre intelligence.**

Faites-le par amour pour vous d'abord et pour être l'incarnation de ce que vous dites à vos élèves, à vos enfants, à vos clients et à vos patients si vous êtes enseignant, parent, thérapeute ou soignant. Faites l'effort de bien vous alimenter, de faire du sport, de vous créer des relations affectives harmonieuses, de changer vos programmations. Imposez-vous de petits défis chaque jour et relevez-les. Imposez-vous aussi des défis à long terme et surmontez-les. Pour vous soutenir dans vos efforts et surtout pour *transformer le possible en certitude*, lisez le livre d'Hal Elrod, L'*équation du miracle*[76] ; trouvez-vous un accompagnateur stimulant qui vous

---

76 Hal Elrod, L'*équation du miracle : transformer le possible en certitude*, p. 314.

aidera à soutenir votre motivation et qui croit en vous. N'attendez pas. Allez-y tout de suite.

Pour conclure ce chapitre : mon processus d'écriture

Quand je me suis engagée dans le processus de recherche pour écrire ce chapitre et que j'en ai entrepris la rédaction, j'ai failli abandonner. Je me sentais seule et toute petite devant l'Everest que représentaient mes lectures et les nombreuses pages de notes que j'en avais retirées. Comme je ne suis pas une experte en neurosciences et en physique quantique, il me semblait téméraire de ma part de m'investir dans le développement du titre de ce chapitre : *l'intelligence et le cerveau*, sans trahir le sujet et les auteurs desquels je me suis inspirée. Maintenant qu'il est terminé, j'avoue que je suis fière d'avoir relevé ce défi, fière du résultat de mon travail, fière d'être allée jusqu'au bout.

Bien que j'aie conçu une structure théorique au départ à partir des résultats de ma recherche, je me suis laissée guider au cours du processus d'écriture par chacun des thèmes et des sous-thèmes que j'ai développés. J'ai donné au cœur et à l'intuition la place qu'ils voulaient prendre en cours de route. Plusieurs fois, ils m'ont fait sortir du cadre initial parce que des idées nouvelles non planifiées s'imposaient à mon esprit. Je les ai saisies au vol parce qu'elles humanisaient et enrichissaient mes propos.

Mon processus d'écriture résulte vraiment d'une collaboration de mes trois cerveaux et d'une ouverture à la magie des inspirations de l'ici et maintenant. Avec les informations éparses de départ accumulées dans mon cahier de notes, j'ai pu élaborer un plan de travail. Cependant, sans cette souplesse qui consiste à accepter de modifier le cadre et à écouter les informations qui surgissent de l'intérieur à chaque instant, ce chapitre ne serait qu'un squelette sans chair et sans âme. Je rends grâce à mon intelligence rationnelle qui m'a servi de support avant et pendant la rédaction et à mes intelligences du cœur et du ventre qui se sont imposées sur mon chemin de rédaction et que j'ai constamment écoutées parce que je sentais que leurs messages étaient justes.

Cette expérience m'amène à vous encourager à relever vos défis et à faire confiance aux ressources qui se manifestent en vous le long de la route quand la montagne vous paraît trop haute ou trop escarpée et que vous doutez de vos capacités à atteindre le sommet. Allez-y. Partez même si vous ne maîtrisez pas tout. Faites confiance au processus. Chaque pas est une victoire sur vous-même et si vous n'abandonnez pas, votre plus grande récompense ne sera pas le résultat obtenu, mais la satisfaction d'être allé jusqu'au bout. Que vous soyez esthète, pragmatique ou rationnel, l'un des secrets pour y arriver est de faire confiance à votre intelligence irrationnelle. Elle est une ressource aussi importante que votre intelligence rationnelle. D'ailleurs, vous avez pu constater à la lecture de ce chapitre que la tête sans le cœur n'est pas intelligente et que seul leur mariage peut contribuer au développement de tous vos potentiels d'intelligence et à l'évolution de l'humanité.

DEUXIÈME PARTIE

L'INTELLIGENCE IRRATIONNELLE

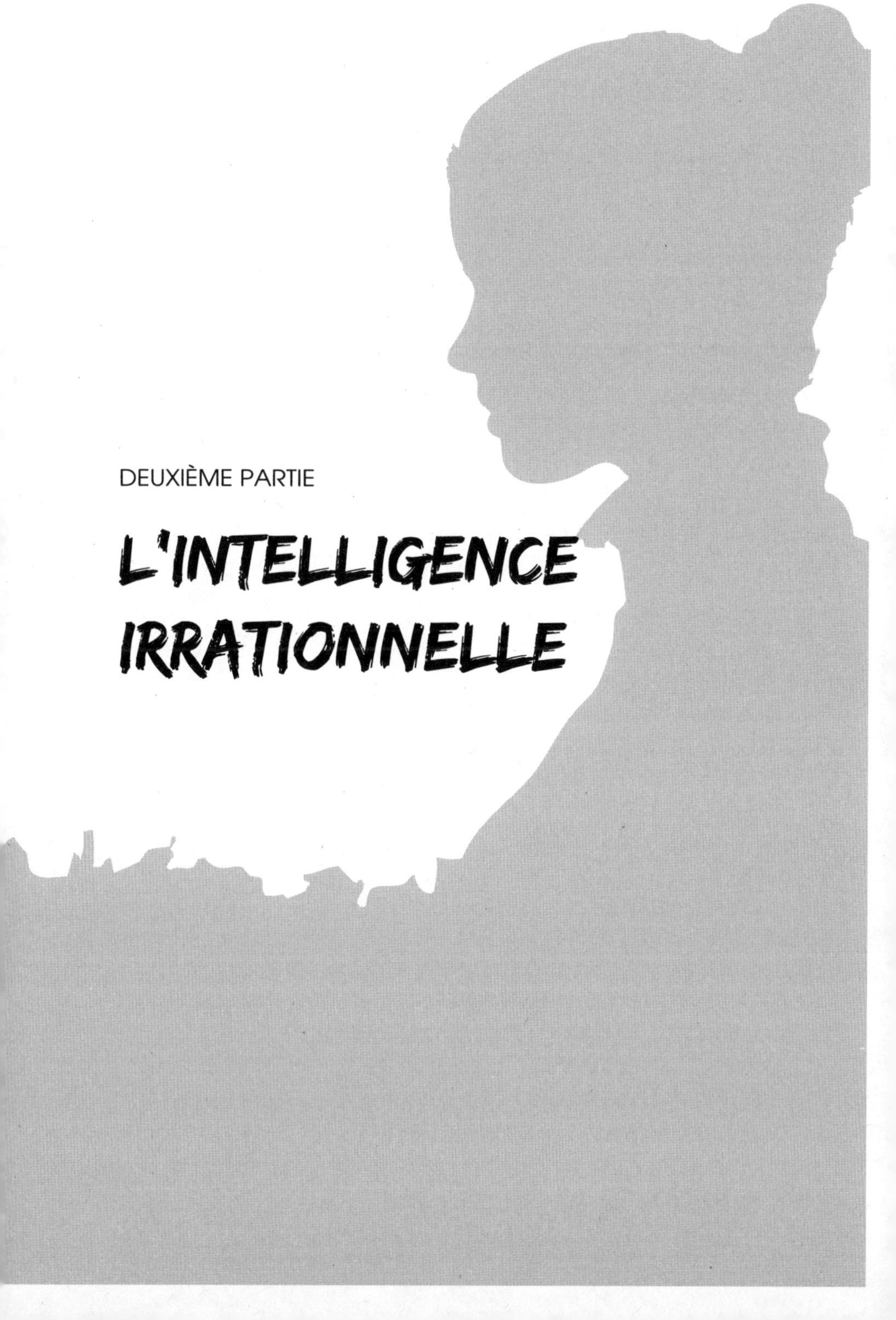

Les intelligences rationnelle et irrationnelle sont-elles compatibles ?

Consacrer la deuxième partie de cet ouvrage à l'intelligence irrationnelle ne serait-il pas téméraire de ma part? Peut-on vraiment concilier ces deux mots d'apparence et de réputation incompatibles? Peut-on réellement être intelligent et irrationnel en même temps? L'intelligence ne tient-elle pas exclusivement du domaine de la raison? D'ailleurs, les définitions qu'on donne au mot *irrationnel* ne prouvent-elles pas qu'elle n'a rien à voir avec l'intelligence? On dit de l'irrationnel qu'il s'oppose à la raison et qu'il n'est pas conforme à la logique. Ses synonymes sont loin d'être flatteurs : anormal, illogique, absurde, irréfléchi, incohérent, insensé, sot. Ces qualificatifs ne donnent à personne l'envie d'affirmer qu'il a une intelligence irrationnelle développée.

Incontestablement, la raison a tenu une place incontournable dans notre civilisation occidentale au cours des derniers siècles. La croyance que tout doit pouvoir s'expliquer rationnellement pour être crédible est très répandue. Une personne est considérée comme intelligente si ses besoins, ses choix, ses décisions, ses actions sont exclusivement guidés par sa raison. De plus, une chose est reconnue comme vraie si elle a été prouvée scientifiquement par des chercheurs rationnels. Les intuitions des esthètes et le gros bon sens des pragmatiques n'ont pas tellement de poids dans ce qui est admis comme étant LA vérité dans ce monde qui n'a pas encore découvert ou qui conteste le résultat des plus récentes recherches en physique quantique et en neurosciences.

Malgré cet état de fait, je m'engage, dans les pages qui suivent, sur le terrain de l'intelligence irrationnelle parce que c'est la voie de l'avenir et parce qu'un jour ou l'autre, les sceptiques devront eux aussi tourner leur regard dans cette direction. C'est nager à contrecourant et dépenser une énergie inutile que de revenir en arrière pour défendre des connaissances et des valeurs dépassées.

Donc, sans nier l'apport indispensable de la raison dans le développement de l'intelligence, je consacrerai les prochains chapitres à décrire les intelligences émotionnelle, motivationnelle, spirituelle et intrapersonnelle, toutes fondamentales dans l'exploitation de tous nos potentiels à la condition qu'une constante collaboration et une parfaite connivence s'établissent entre la tête et le cœur.

Chapitre 8

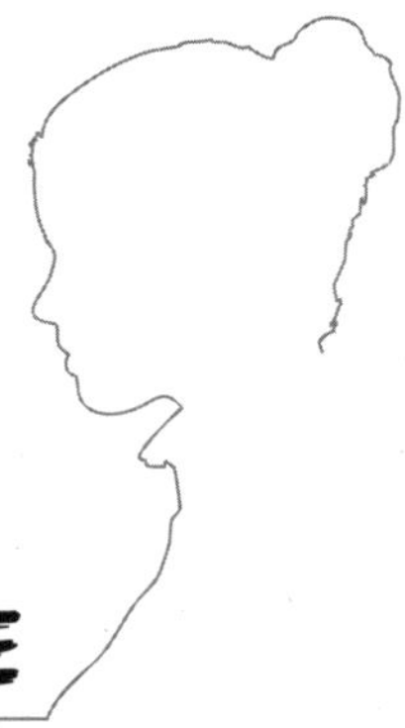

L'INTELLIGENCE ÉMOTIONNELLE

Pendant longtemps les mots *intelligence* et *émotion* étaient considérés comme incompatibles et contradictoires dans l'esprit de plusieurs personnes. D'ailleurs, l'étymologie latine de *intellegentia* signifie: discerner et comprendre. Elle touche exclusivement les facultés cognitives de l'être humain et non sa nature émotionnelle, très souvent disqualifiée pour son côté inconsistant, évanescent et sans validité scientifique. Peut-on, dans la réalité, concilier ces deux composantes de notre nature? Si oui, comment?

Pour répondre à ces questions,

- j'aborderai le phénomène émotionnel à la lumière de l'opinion de quatre penseurs connus qui s'y sont particulièrement intéressés;
- je poursuivrai en répondant à la question suivante: pourquoi l'émotion est-elle si importante dans le fonctionnement de l'intelligence humaine?
- je soulignerai le rôle de l'aidant (parent, enseignant, soignant) dans l'approche de l'émotion de l'aidé pour favoriser l'exploitation de son intelligence;
- j'expliquerai les avantages à apprivoiser ses émotions;
- j'exposerai le travail collaborateur de la raison et du cœur dans le fonctionnement de l'intelligence;

- j'enchaînerai par une description de l'intelligence émotionnelle et de ses caractéristiques ;
- je répondrai à la question suivante : quel cerveau est le siège de l'intelligence émotionnelle ? Celui du ventre ou celui du cœur ?
- je terminerai en proposant une approche globale de l'intelligence et en établissant le lien entre l'intelligence émotionnelle et l'intelligence relationnelle.

L'opinion des penseurs

Définie par Antidote comme un *trouble momentané, souvent impulsif* [...] *qui peut occasionner de l'agitation, certains malaises et certains phénomènes physiques*, l'émotion n'a pas toujours eu la bonne réputation de la raison, définie par le même dictionnaire comme la *faculté propre à l'être humain de penser, de connaître et de juger*. Charles Darwin (1809-1882), qui s'intéressa au phénomène émotionnel dans ses recherches sur l'évolution de l'espèce, voyait une similitude vraisemblablement justifiée entre les émotions humaines et celles de l'animal.

Affirmer que nous partageons l'émotivité avec les animaux n'a pu contribuer qu'à maintenir cette dimension de notre être dans une position d'infériorité par rapport à l'activité cérébrale cognitive considérée comme le siège de fonctions *supérieures*, réservées uniquement à l'homme. Le fait que, de surcroît, l'émotion a toujours échappé à la connaissance pure et à l'analyse, et qu'elle ne s'est jamais laissé enfermer dans des cadres conceptuels ne concourt pas à promouvoir sa valeur auprès de ceux qui abordent le monde avec une optique exclusivement rationnelle.

Que nous soyons du type rationnel, pragmatique ou esthète, nous sommes tous des êtres émotifs, et ce, de par la constitution même de notre cerveau, le système limbique, dit cerveau émotionnel, y occupant la place centrale. Au demeurant, les plus récentes recherches en neurosciences nous amènent à questionner sérieusement le triomphalisme de l'aphorisme largement dépassé de Descartes, et à y annexer un précepte plus approprié aux conclusions des recherches actuelles. Autrement dit, **ne**

serait-il pas plus pertinent de joindre au *Je pense donc je suis* l'apophtegme *Je ressens donc je suis*, puisque ces deux formules sont inséparables dans la réalité physiologique et psychologique de la nature humaine ? Ne serait-ce pas en favorisant la relation entre la tête et le cœur que l'intelligence humaine s'épanouira le mieux dans tout son potentiel ? N'aurions-nous pas avantage à accorder à l'émotion au moins autant d'importance qu'à la raison dans le fonctionnement physique, psychique et relationnel de l'être humain ?

L'intérêt pour le phénomène émotionnel ne date pas d'hier. Le premier penseur dont les écrits à ce sujet sont arrivés jusqu'à nous est le philosophe grec Platon qui nous a offert son analyse personnelle des processus émotionnels au Ve siècle avant Jésus-Christ. Sa vision de l'émotion était cependant très négative. Il considérait qu'elle ne faisait que pervertir la raison et qu'elle l'empêchait de se développer d'une manière fructueuse. Par contre, quelques années plus tard, son disciple Aristote (385 à 323 av. J.-C.) nous présente, dans son *Éthique à Nicomaque*, une perspective beaucoup plus optimiste de l'univers émotionnel. Il a observé que nous accordons plus d'intérêt et de crédibilité à une personne dont le discours nous touche personnellement qu'à une autre dont les paroles sont uniquement rationnelles.

Environ vingt siècles après ces deux philosophes arrive René Descartes (1596-1650) qui, malgré son *Je pense donc je suis*, reconnaît la présence de l'émotion dans le psychisme. Bien qu'il en ait une approche prioritairement cognitive, il est conscient qu'elle a un pouvoir informatif fondamental dans nos vies. Elle nous renseigne, affirme-t-il, sur les éléments de notre existence auxquels nous accordons de l'importance[77]. Je ne m'attarderai pas ici à développer toute la théorie de ce célèbre philosophe, n'étant pas une spécialiste de ses écrits. Toutefois, nous ne pouvons nier l'influence profonde de son célèbre *Je pense, donc je suis* partout dans la société.

À ces quatre chercheurs s'ajoute évidemment Daniel Goleman, l'auteur de *L'intelligence émotionnelle* dont la pensée sera

77 Olivier Ouimet, *Psychologie des émotions : confrontation et évitement.*

plus largement développée, plus loin dans ce chapitre. Quoi qu'il en soit, l'intérêt des philosophes et des penseurs de maintes spécialités pour élucider le phénomène émotionnel montre la portée de son empreinte sur la vie de l'être humain. À quoi peut-on attribuer l'importance qui lui est accordée ?

Le pourquoi de l'importance de l'émotion

Malgré le fait que le phénomène émotionnel ait intéressé et intéresse encore de nombreux chercheurs dans le monde, personne à ce jour n'a réussi à le cerner d'une manière définitive. Cet intérêt, partagé depuis l'Antiquité par des spécialistes de multiples disciplines, nous confirme qu'il occupe une place significative dans ce qui compose la nature de l'être humain. Serait-ce que son influence sur le comportement de l'homme et sur le développement de son intelligence est incontestable ? L'émotion est, sans contredit, au cœur de tous les phénomènes physiques, psychiques, spirituels et cérébraux parmi lesquels se trouvent les problèmes de dépendance. À ce sujet, Stéphane Drouet affirme, dans L'*intelligence quantique du cœur*, que nous ne sommes pas dépendants à l'alcool, au sexe, à la nourriture, mais à l'émotion agréable qu'ils nous font vivre. L*orsque nous ne pouvons plus nous passer de notre amoureux, ce n'est pas notre amoureux qui nous manque, mais les émotions associées à cette relation amoureuse.*

L'exemple le plus révélateur apporté par Drouet concerne la dépendance au sucre. Il explique pourquoi nous sommes accros à l'émotion agréable que nous ressentons quand nous mangeons un aliment sucré. C'*est votre lien à votre mère que vous recherchez à travers cette émotion*, écrit-il, *car lorsque l'œuf original, la première cellule du futur être humain, décide de s'implanter dans la paroi utérine au bout de sept jours de vie, c'est parce qu'elle a été au préalable appelée par une substance sucrée sécrétée par la paroi utérine. Notre contrat avec la vie et avec maman passe par le sucre.*[78] Drouet ajoute que se libérer de la dépendance au sucre, c'est possiblement se libérer de la dépendance à la mère.

L'importance indéniable de l'émotion chez l'être humain se manifeste aussi à travers nos souvenirs d'enfance. Avez-vous

78 Stéphane Drouet, L'*intelligence quantique du cœur*, p. 32.

remarqué que nous ne nous souvenons que de ceux qui sont rattachés à des expériences qui nous ont affectés agréablement ou désagréablement au niveau émotionnel ? En fait, ce qui nous lie aux autres et au monde, ce sont les émotions d'amour ou de peur, de joie ou de peine que nous ressentons en leur présence, ou quand nous pensons à eux.

Si j'insiste sur la place de l'émotion dans nos vies, ce n'est pas pour évincer l'apport de la raison, mais pour faire ressortir son rôle capital dans une approche globale de la personne que nous sommes, et pour faire ressortir aussi son influence sur notre santé physique et mentale, sur nos relations et sur le développement de notre intelligence globale. *La froide logique est incapable d'apporter des solutions humainement satisfaisantes*, écrit Goleman dans L'intelligence émotionnelle, *et c'est de nos sentiments que notre humanité est le plus manifeste* [...]. *Les émotions nous enrichissent ; tout modèle de l'esprit qui les ignore est déficient.*[79] C'est donc dire que soustraire l'univers émotionnel de notre conception de l'intelligence humaine, c'est la dénaturer, c'est altérer son essence même. Cela nous explique pourquoi elle occupe une place incontournable dans mon approche des types d'intelligence, et pourquoi ce doit être une préoccupation pour les aidants d'en tenir compte dans leur attitude avec leurs aidés.

L'aidant et l'approche de l'émotion

Quand j'utilise le mot *aidant* dans ce livre, j'inclus toutes les personnes en position d'autorité qui interviennent auprès des jeunes et des moins jeunes dans les domaines de la pédagogie, de la psychologie, de la santé physique et mentale, des activités sportives et culturelles : enseignants, thérapeutes, soignants, entraîneurs, coachs, moniteurs, consultants, etc. Ces personnes doivent être conscientes qu'elles ne sont pas seulement détentrices d'un savoir ou d'une habileté à transmettre leurs connaissances de manière impersonnelle et insensible à des automates dépourvus d'émotions, mais qu'elles s'adressent à des êtres humains vulnérables.

79 Daniel Goleman, L'*intelligence émotionnelle*, p. 68-69.

Nous sommes essentiellement des êtres émotionnels. Même les personnes les plus cartésiennes et les plus hermétiques aux émotions qui soient, sont mues par leurs émotions, et ce, qu'elles le veuillent ou non, qu'elles en soient conscientes ou non.

Si des aidants ou des personnes de notre entourage nous paraissent parfois froids, impassibles et insensibles, ce n'est pas qu'ils le sont en réalité, mais qu'ils adoptent inconsciemment une attitude défensive de rationalisation de leur monde intérieur parce qu'ils n'ont pas appris à l'écouter, qu'ils en ont honte, qu'ils en ont peur, ou encore qu'ils ne veulent pas souffrir. Impuissantes à composer avec leur vulnérabilité, ces personnes tentent de s'amputer de cette partie d'elles-mêmes par un contrôle sur elle. Les conséquences sur leur santé et sur leurs relations affectives, de même que sur celles de leurs aidés, sont, à la longue, inévitables.

J'en sais quelque chose. Ce que j'avance ici résulte d'abord et avant tout de mon expérience. J'ai trop longtemps cherché à réprimer mes émotions négatives parce que j'en avais honte. J'ai dû en assumer les répercussions sur mon corps et sur ma vie affective. Encore aujourd'hui, je dois être vigilante pour ne pas me laisser emporter par des défensives qui me coupent de mon vécu et de mon corps. Le corps est comme la nature, il ne supporte pas que nous ne le respections pas. C'est pourquoi, **travailler avec les êtres humains, que ce soit comme médecin, naturopathe, ostéopathe, psychiatre, psychologue ou thérapeute en relation d'aide sans manifester de compassion envers leur souffrance, c'est faire preuve de méconnaissance de la psychologie humaine. Ceux qui consultent un spécialiste de la santé physique ou psychique ont autant besoin d'écoute, de compréhension, de considération et d'affection que du traitement dont ils veulent profiter.**

Très souvent, l'écoute, le lien affectif, l'authenticité et la reconnaissance de leur valeur sont les meilleures façons de soutenir ceux qui ont besoin d'aide, quel que soit le type d'aide qu'ils recherchent et quel que soit leur âge.

Le monde est mené par des individus qui ont des comportements réactionnels inconscients de défense et d'attaque issus d'émotions désagréables non écoutées, non identifiées, non accueillies, mais refoulées, jugées, rationalisées. Nous en faisons partie lorsque nous sommes trompés, trahis, abandonnés, humiliés, blessés si nous endurons notre mal et que nous refoulons nos sentiments de peine, de colère, d'insécurité, de jalousie, d'impuissance parce que nous en avons honte, parce que nous nous considérons anormaux de les ressentir ou parce nous avons une peur terrible d'être jugés, méprisés, voire ostracisés si nous les exprimons.

Souvent, des symptômes physiques et psychologiques apparaissent dans ces circonstances : anxiété, humeur dépressive, désir de mourir ou maladies carcinoïdes, respiratoires, neurologiques, cardiaques, auto-immunes. Cela se produit quand nous manquons tellement d'écoute de nos émotions que notre corps réagit fortement pour se faire entendre et pour nous signifier clairement que nous avons besoin d'aide. Derrière nos symptômes apparents, il y a un besoin d'être écouté et compris par un aidant compétent, quelle que soit sa spécialité. Celui-ci doit être conscient que la raison qui nous amène à le consulter dépasse nos symptômes, et que si nous n'énonçons pas cette raison verbalement, c'est parce que nous l'ignorons ou que nous avons trop honte de ce qui nous habite pour l'exprimer. C'est par des symptômes physiques ou psychologiques que nous la traduisons.

Cette honte de l'émotion prend sa source au cours de l'enfance. À ce sujet, le professeur de psychologie suisse, Daniel Stern, affirme : *Lorsqu'un parent ne manifeste pas la moindre empathie envers telle ou telle manifestation d'émotion chez l'enfant – joie, chagrin, besoin de câlins, – celui-ci commence à éviter d'exprimer cette émotion et finit même par ne plus la ressentir.*[80] Il ajoute qu'une étude poursuivie auprès des criminels a démontré que les plus cruels partageaient des expériences passées d'émotions réprimées et de relations affectives très dysfonctionnelles.

80 Daniel Stern, cité par Daniel Goleman, dans *L'intelligence émotionnelle*, p. 158.

C'est souvent l'intensité émotionnelle qui fait le plus peur, tant la nôtre que celle des autres, surtout si elle a été trop longtemps refoulée. Non exprimée, elle peut perturber le fonctionnement normal de la raison. C'est pourquoi il est important d'accueillir nos émotions, même quand elles sont intenses. En tant qu'aidant, prôner l'importance de l'expression des émotions d'une part, et, d'autre part, se placer en juges de leur intensité et des défensives qu'elles suscitent inconsciemment dans le psychisme, c'est manquer de cohérence.

> **Nous ne savons pas ce qui se passe dans le cœur d'un être humain. Nous ne connaissons pas l'ampleur de ses blessures. C'est donc dire que s'arroger le droit de décider quel degré d'intensité émotionnelle et quel comportement devraient être appropriés ou non dans telle situation ou telle autre, c'est prendre du pouvoir sur lui. C'est aussi croire que les autres, pour être conformes, devraient réagir comme nous.**

La vérité est que derrière la manifestation d'une émotion se cachent toujours une histoire et une souffrance. Cette histoire et cette souffrance sont inscrites ici et maintenant dans le corps et le cœur de nos enfants, de nos élèves, de nos patients, de nos personnes âgées, et elles peuvent ressurgir instantanément et malgré leur volonté lorsqu'un déclencheur relationnel présent réveille les zones sensibles créées dans le passé. Le rôle d'un bon aidant est ici fondamental. Sa capacité d'accueillir leur vécu et de les écouter avec son cœur a un effet grandement bénéfique sur leur apprentissage, leur guérison et leurs relations à condition qu'il ne les laisse pas se victimiser par rapport à leur passé. La victimisation leur enlève tout pouvoir sur leur vie. Elle suscite la pitié mais pas l'amour. L'important est qu'ils apprennent à utiliser leur souffrance présente pour créer leur vie aujourd'hui.

Avantages à l'accueil de l'émotion

Accueillir nos émotions et celles des autres résulte toutefois d'un apprentissage. Nous avons tous appris, inconsciemment, à refouler nos troubles intérieurs pour être aimés, même si nous avons eu les meilleurs parents du monde. Involontairement, nous avons légué cette habitude à nos enfants ou à nos élèves. Cet héritage se transmet de génération en génération. Cependant, nous pouvons le transformer si nous ouvrons notre esprit à notre monde intérieur. Pour ce faire, j'encourage fortement une personne dont la charge émotionnelle contenue est très forte, à accepter d'être aidée sans quoi elle peut devenir chroniquement défensive et perturber ainsi sa santé et celle de ses relations. Dans le cadre de mon travail de thérapeute et de formatrice de spécialistes des relations humaines au CRAM^MD [81], j'ai vu des personnes s'épanouir et se donner la liberté d'être totalement elles-mêmes grâce à cet apprentissage qui leur a permis d'accueillir sans peur et sans jugement leurs propres émotions et d'écouter sans appréhension et avec une sincère compassion celles des autres. Leurs relations affectives se sont nettement améliorées parce qu'elles ont gagné en confiance et en amour d'elles-mêmes, et cela, grâce à l'écoute sans jugement dont elles ont profité.

Il y a bien sûr d'autres avantages à s'ouvrir à l'univers des émotions qui nous habitent.

> **Contrairement au mental qui peut diviser et provoquer des conflits et des guerres lorsqu'il est coupé de l'affectif ici et maintenant, l'expression émotionnelle responsable et authentique peut unir et rassembler tous les hommes de toutes les races, de toutes les religions et de toutes les croyances.**

J'expérimente cette réalité régulièrement dans mes cours où je m'adresse à des personnes de toutes les origines et dont les convictions religieuses, politiques et idéologiques diffèrent complètement les unes des autres. Malgré leurs différences, toutes ces personnes créent entre elles des liens profonds et authentiques parce que l'approche[82] que j'utilise les rejoint au niveau

---

81 Centre de relation d'aide de Montréal Inc.

82 Approche non directive créatrice^MD (ANDC^MD) enseignée dans les pays francophones du monde.

du cœur. Au lieu d'axer sur des discussions qui favorisent l'argumentation, la division et les défensives, je les encourage à parler de leur expérience, à prendre conscience de leurs vécus et de leurs besoins et à les exprimer parce que je sais que, au niveau du cœur, il n'y a pas de système supérieur/inférieur ni de système dominateur/dominé si l'approche utilisée par l'aidant harmonise le rationnel et l'irrationnel dans le présent de la relation.

La collaboration cœur/tête

Le cœur ne distingue pas les patrons de leurs employés, les riches des pauvres, les croyants des non-croyants, les premiers de classe et les derniers, les gauchistes des droitistes, les républicains des démocrates, les conservateurs des libéraux, les Orientaux des Occidentaux, les vedettes des quidams, les Jaunes, des Blancs, des Noirs, des Rouges. Il ne distingue pas les manipulateurs des manipulés, les abandonniques des déserteurs, les bourreaux des victimes. Le cœur ne connaît que ce que ressentent toutes ces personnes lorsqu'elles se placent en position de supériorité ou d'infériorité, de pouvoir ou de faiblesse, de rébellion ou de soumission, de désertion ou d'abandon, d'ange ou de démon, de juge ou de coupable.

> **Le cœur n'a pas besoin de prouver, de subjuguer, de surpasser, d'éclipser ou d'attaquer pour exister. Il a besoin de donner, d'aimer, d'être aimé, reconnu, accepté, respecté, écouté et compris.**

Le cœur rassemble, rapproche quand nous lui laissons sa juste place. Son influence sur notre vie et sur le fonctionnement de notre intelligence est incommensurable. D'ailleurs, l'Étatsunien Doc Cheldre déclare que *l'énergie émotionnelle est d'une vitesse supérieure à celle de la pensée.*[83] *Il a été confirmé que nos réactions émotionnelles se présentent dans l'activité cérébrale avant même que nous ayons le temps de penser.*[84] C'est dire que nous percevons *sensitivement* et ressentons *émotivement* les événements, les situations, les messages verbaux

83 Stéphane Drouet, *op. cit.*, p. 55.

84 Doc Childre, cité par Stéphane Drouet dans L'*intelligence quantique du cœur*, p. 48.

et non verbaux de notre entourage et de notre environnement avant d'en prendre conscience. Si nous ne tenons pas compte de cette réalité, notre potentiel inné d'intelligence ne peut être utilisé à sa pleine mesure.

> **Est-ce à dire que la raison a moins d'importance que l'émotion ? Je ne le crois pas. Son rôle est fondamental dans nos vies aux seules conditions qu'elle n'empiète pas sur des domaines qui ne lui appartiennent pas, qu'elle n'envahisse pas le champ du cœur et qu'elle agisse en collaboration avec lui plutôt que d'essayer de l'assujettir à ses lois.**

Collaborer veut dire que son rôle est d'accueillir les émotions sans les réprimer, d'en être l'observatrice et de les identifier[85] sans les juger. L'émotion sans la raison pour en déterminer la nature, c'est comme une personne sans identité. Sans la raison pour la nommer, l'émotion est source de confusion, de doute, d'incompréhension, de défensives, voire de chaos tant à l'intérieur de nous que dans nos relations affectives et professionnelles. Compte tenu de ces réalités, nous pouvons affirmer que

> **la tête sans le cœur n'est pas intelligente et inversement. Elles ne peuvent, prises séparément, répondre aux caractéristiques d'une personne intelligente.**

Rappelez-vous qu'une personne intelligente se caractérise par une capacité à harmoniser synergiquement en elle sa tête et son cœur pour manifester une grande ouverture d'esprit, une adaptation lucide au changement, un respect profond et une écoute attentive d'elle-même et des autres et une capacité relationnelle remarquable. De plus, cette personne se distingue par un souci constant d'exploiter son potentiel dans les domaines où elle peut le mieux se créer et créer sa vie, manifester ses talents,

85 Le mot *identifier* dans le sens que je lui attribue ici n'est pas officiellement reconnu par l'Académie française. Il est toutefois utilisé au Québec et signifie *déterminer la nature*.

se réaliser, et où elle peut le mieux contribuer à l'édification d'un monde meilleur.

Sans ce travail de collaboration de la raison et de l'émotion, notre potentiel d'intelligence ne peut être utilisé normalement et effectivement. Autrement dit, sans cette coopération de la tête et du cœur, nos émotions suscitent des comportements défensifs inconscients qui nous rendent encore plus vulnérables et plus malheureux, particulièrement dans nos relations affectives parce que, à cause de notre inconscience, nous les répétons continuellement.

Je suis bien consciente que cette explication du rôle collaboratif de la raison et de l'émotion dans le psychisme ne peut être intégrée dans vos vies que par une expérience prolongée d'auto-observation de votre ressenti, et que cette intégration s'accomplit plus rapidement et plus efficacement dans un contexte de relation d'aide. Elle résulte, en réalité, d'un apprentissage, d'une ouverture sur votre monde intérieur pour qu'il cesse de vous échapper, de vous dominer, de vous trahir, de vous faire peur et de perturber le fonctionnement optimal de votre intelligence.

Chaque fois que nous nous défendons, bien que ce phénomène psychique soit normal, nous sommes menés par notre monde émotionnel intérieur, que nous le voulions ou non. Que faire alors pour nous libérer de notre impuissance et pour ne pas nous laisser glisser dans des mécanismes de défense comme la manipulation, la culpabilisation ou encore le refoulement, la rationalisation, l'accusation la fermeture et le comportement de bourreau ou de victime? La meilleure chose à faire dans ces cas-là est de nous centrer sur le corps. Nous pouvons faire une activité physique aussi intense que l'émotion pour ramener notre esprit dans l'ici et maintenant. Mon expérience m'a appris que les moyens suivants s'avèrent d'une efficacité surprenante pour apaiser l'émotion sans la faire disparaître. Il ne tient qu'à vous de choisir celui qui vous convient le mieux:

– allez marcher longtemps, si possible dans la nature;

- courez, allez en bicyclette, nagez, pratiquez un sport d'endurance pour que votre corps évacue la tension physique causée par la charge émotionnelle ;
- faites du yoga, du qi gong ou du taiji ;
- jouez d'un instrument de musique avec passion ;
- chantez à haute voix ;
- dansez longtemps sur une musique trépidante et stimulante.

Après cette intense activité de votre choix, arrêtez-vous pour méditer, contempler la nature, écouter une musique apaisante, écrire dans votre journal personnel, lire un livre qui vous fait du bien ou pour prier si cela a du sens pour vous. Cependant, quand vous pratiquez cette détente, soyez vigilant. Ne laissez pas vos pensées vous entraîner vers les déclencheurs de votre souffrance sinon l'intensité de vos émotions décuplera. Vous souffrirez beaucoup plus. Centrez-vous sur votre corps et sur votre vécu. Ressentez vos sensations et vos émotions. Si votre esprit vous ramène à votre déclencheur (une personne ou un événement), prenez-en conscience, observez qu'en le suivant, vous souffrez davantage et revenez sans effort à votre ressenti. Faites-le autant de fois que vous céderez à vos ruminations obsessionnelles. Vous constaterez, si vous êtes persévérant, que cette pratique vous apportera la paix parce que vous aurez créé dans votre cerveau de nouveaux circuits neurologiques. Sachez que vous ne trouverez jamais cette quiétude en pensant à ce qui déclenche votre souffrance, mais en changeant votre manière de l'aborder. Surtout, ne vous condamnez jamais si vous êtes défensif et ne condamnez pas les autres non plus. N'oubliez pas que vous êtes humain. Sachez toutefois que la paix que vous recherchez est en vous, pas ailleurs, et que personne ne peut vous la procurer que vous-même. Quand vous l'aurez trouvée, les solutions à vos problèmes arriveront du plus profond de votre être au moment opportun et elles seront toujours justes parce que la sérénité est la sœur jumelle de l'amour.

Le but de ces exercices n'est pas d'éliminer l'émotion, mais d'en favoriser l'acceptation et aussi de la rendre moins menaçante, de la ramener à sa véritable intensité et de ne pas la laisser régenter trop longtemps vos réactions et votre vie. Généralement, après une activité physique quelconque suivie d'une pause relaxante centrée sur vos ressentis, l'émotion se calme sans se dissiper, ce qui vous permet de l'accueillir plus facilement et ce qui donne à votre raison la possibilité de jouer son rôle de témoin de votre vécu et de pouvoir la nommer avec des mots justes qui correspondent exactement à son degré d'intensité. Cela vous empêche de vous laisser déstabiliser et de laisser votre esprit gamberger et de vous trahir. Ce processus d'apaisement et de prise de conscience est possible grâce à l'intervention collaboratrice de vos dimensions émotionnelle, corporelle et rationnelle. Il est une manifestation de la grandeur de l'intelligence humaine quand tout son potentiel est sollicité. Cependant, si vos tentatives pour atteindre la quiétude recherchée ne fonctionnent pas toujours, consolez-vous. C'est tout à fait normal. Pour être honnête avec vous, il est des moments où je n'y arrive pas non plus. Si cela se produit, acceptez-le sans résignation et surtout ne lâchez pas. Votre cerveau a besoin de répétitions pour que vous en arriviez à emprunter de nouveaux circuits automatiquement. Donnez-lui le temps et entraînez-le continuellement.

Quel que soit votre type d'intelligence, vous êtes doué d'une intelligence émotionnelle qui, si vous l'apprivoisez en l'associant aux intelligences corporelle et rationnelle, l'être profondément humain que vous êtes s'épanouira et vos relations seront plus harmonieuses parce que plus authentiques.

L'intelligence émotionnelle

Nous devons le concept d'*intelligence émotionnelle* aux psychologues étatsuniens Peter Salovey et John Mayer. En 1990, dans leur ouvrage E*motional Intelligence*, ils ont défini cette notion comme *une forme d'intelligence qui suppose la capacité à contrôler ses sentiments et émotions et ceux des autres, à faire la distinction entre eux et à utiliser cette information pour orienter ses pensées et ses gestes.*[86] Par contre, c'est

86 Salovey, P. and Mayer, J. *Emotional Intelligence, Imagination, Cognition and Personality.*

Daniel Goleman qui, en 1995, a popularisé le concept. Selon lui, *nous possédons deux esprits : l'un pense, l'autre ressent. [...] Le premier, l'esprit rationnel, est le mode de compréhension dont nous sommes en général plus conscients : pondéré, réfléchi, faisant sentir sa présence. Mais il existe un autre système de connaissance, impulsif, puissant, parfois illogique : l'esprit émotionnel [...]. La dichotomie émotionnel/rationnel correspond en gros à la distinction entre le cœur et la tête. Quand on sent au fond de son cœur qu'une chose est vraie, elle relève d'un degré de conviction différent, presque plus profond, de celui que nous procure l'esprit rationnel.*[87]

Au moment de la sortie de son livre, il a été reproché à Goleman son approche peu scientifique de l'intelligence émotionnelle, ce qui, à mon avis, résulte d'un manque de compréhension de ce type d'intelligence. Pour ceux qui n'accordent crédibilité qu'à ce qui entre dans le cadre de la science et de la raison, il est impossible de saisir le mode de fonctionnement de l'intelligence émotionnelle et de l'intelligence spirituelle parce que, par nature, elles sont complètement différentes de l'intelligence rationnelle sans être pour autant séparées d'elle.

C'est aussi aberrant d'aborder les intelligences d'essence irrationnelle sur le modèle de fonctionnement de l'intelligence rationnelle que d'imposer à la raison, et par conséquent à la science, le modèle de fonctionnement de l'intelligence émotionnelle.

Essayer de calquer l'univers émotionnel et spirituel sur le paradigme linéaire et logique de la science, c'est incontestablement manquer de connaissance de son mode de fonctionnement, lequel peut paraître totalement incohérent à l'intelligence cartésienne.

Cela dit, que vous soyez « esthète », « pragmatique » ou « rationnel », vous êtes tous doués d'un potentiel illimité d'intelligence émotionnelle. Cependant, quand cette dernière est niée, jugée inférieure ou abordée séparément de la raison, toutes les caractéristiques des autres types d'intelligence sont beaucoup

87 Daniel Goleman, *op. cit.*, p. 25.

plus difficiles à développer à cause de l'influence irréfutable de l'émotionnel sur le fonctionnement du psychisme et du cerveau et parce que, en l'être humain, tout est inextricablement lié.

Si vous relisez la définition donnée à l'intelligence émotionnelle par Salovey et Mayer, reprise par Goleman, et que vous vous arrêtez aux caractéristiques que ces auteurs attribuent à cette forme d'intelligence, vous verrez qu'ils affirment qu'elle *suppose la capacité à contrôler ses sentiments et émotions, et ceux des autres, à faire la distinction entre eux et à utiliser cette information pour orienter ses pensées et ses gestes.* À mon avis, ces caractéristiques qu'ils prêtent à l'intelligence du cœur sont de l'ordre de l'intelligence rationnelle et non de l'intelligence émotionnelle. Le contrôle de ses émotions et de celles des autres est généralement un mécanisme de défense et pour en prendre conscience, il faut impérativement l'intervention de la raison. De plus, il est impossible à l'intelligence émotionnelle de nous permettre de distinguer entre nos propres émotions et celles des autres, et d'utiliser cette information pour guider nos pensées et nos actions sans solliciter l'intelligence rationnelle parce que le mot *distinguer* signifie *différencier, discerner, caractériser*, attributs qui ne peuvent être conférés qu'à l'intelligence rationnelle.

C'est pourquoi **j'attribuerais plutôt à l'intelligence émotionnelle les caractéristiques suivantes**:

Caractéristiques de l'intelligence émotionnelle

1. Ce type d'intelligence nous permet de *ressentir* nos émotions, d'*être touchés* agréablement ou désagréablement au niveau du cœur, d'*éprouver* les effets du monde extérieur et de nos pensées sur notre psychisme, sur notre cœur et sur notre corps.
2. L'intelligence émotionnelle est une source d'informations fiables en ce qui concerne notre recherche d'équilibre intérieur, de santé, et lorsqu'il s'agit d'arrêter des choix justes et de prendre des décisions éclairées. Ceux qui ne ressentent plus rien parce que leurs émotions n'ont pas été validées, écoutées, acceptées, sont mal-

heureusement privés de cette source d'informations. Ils avancent donc dans la vie au gré des vents comme un aventurier perdu en mer sans boussole. Ils risquent ainsi de frapper de nombreux récifs tant au plan personnel que relationnel.

3. L'intelligence émotionnelle se reconnaît aussi en ce qu'elle est le véritable moteur de toute motivation. Nous ne sommes pas motivés par des idées ni par des sollicitations extérieures, mais par les émotions qu'elles nous font vivre. J'y reviendrai dans le chapitre consacré à la motivation.

4. L'une des plus importantes caractéristiques de l'intelligence émotionnelle est son pouvoir de rassembler. *Y a-t-il une intelligence plus rassembleuse que celle du cœur?* [...] *Saviez-vous que le terme* diable *vient du latin* diabolus *qui signifie diviser? Le cœur lui, revêt toute sa quintessence dans le rassemblement.*[88]

Cela dit, si nous faisons référence aux neurosciences et au paradigme des trois cerveaux présenté au chapitre précédent, nous pouvons nous demander de quel cerveau résulte l'intelligence émotionnelle, celui du ventre donc des émotions, ou celui du cœur, c'est-à-dire des sentiments de compassion, de gratitude, de reconnaissance, de respect et d'amour de soi et des autres. Je crois que l'intelligence émotionnelle inclut ces deux cerveaux et que le cœur, qui est sage et pondéré, temporise le ventre qui, lui, est impulsif. Le cerveau du cœur, à mon humble avis, est d'un ordre plus spirituel que le cerveau du ventre. Il est le siège de nos sentiments les plus purs, de ceux qui nous élèvent, qui nous sortent de la souffrance ; de ceux qui réparent, guérissent et apaisent. Parfois l'émotion s'exalte et perd ses repères. Elle nous pousse alors à nous défendre, c'est-à-dire à nous écraser ou à attaquer selon nos tempéraments, selon les circonstances et selon nos états intérieurs du moment. Si, dans ces cas-là, nous ne sollicitons pas les cerveaux du cœur et de la tête pour émerger,

88 Stéphane Drouet, *op. cit.*, p. 38.

nous nous enfonçons dans une spirale de souffrance et de défensives interminables.

À quoi sert alors l'émotion ? Rappelons-nous ce qu'affirment Goleman et Drouet : *les émotions nous enrichissent ; tout modèle de l'esprit qui les ignore est déficient* et *Refuser ses émotions équivaudrait à mourir, à refuser de vivre*. En fait, l'émotion nous rend vivants. Les personnes complètement coupées de leur vécu sont mortes à l'intérieur d'elles-mêmes. Leurs yeux ne pétillent plus. Leurs blessures refoulées sont enfouies trop profondément dans leur psychisme pour qu'elles puissent y avoir accès. Leur sentiment d'impuissance est tel qu'elles ne trouvent aucune prise pour remonter du fond des ténèbres où elles se trouvent. Elles tentent d'exister par des réactions défensives plus ou moins violentes pour ne pas entendre la pulsion de mort qui les tire vers le néant.

Eu égard à ces caractéristiques de l'intelligence émotionnelle, au fait qu'elle cherche à trouver un équilibre entre les cerveaux du ventre et du cœur et eu égard aussi à sa relation avec l'intelligence rationnelle, voyons ce que pourrait être une approche globale de l'intelligence.

L'approche globale de l'intelligence

Ces caractéristiques particulières à l'intelligence du cœur que je viens de décrire ne se manifestent dans le langage et dans la relation que lorsque la raison joue bien son rôle d'observation sans envahissement et sans jugement des processus internes et son rôle de reconnaissance des émotions pour que nous puissions les exprimer fidèlement. Je n'insisterai jamais assez sur cette interrelation. **Dans ce monde de spécialistes sans nombre dans le domaine de la santé du corps et de l'esprit, il y a un grand danger que les *parties* qui nous composent soient extraites de la *totalité* et que soit négligée l'importance prioritaire de l'interaction entre elles. Le tout ne fonctionne pas normalement sans la présence des éléments qui le composent. Soustraire un élément de l'ensemble pour le traiter sans tenir compte des autres, c'est faire preuve d'un manque évident de connaissance du fonctionnement global de ce qui nous constitue.**

Chaque composante d'un tout a une influence sur l'ensemble. C'est pourquoi les intelligences du *ventre*, du *cœur* et de la *tête* que l'esprit rationnel a le pouvoir de dissocier pour les analyser et les décrire sont en réalité indissociables dans leur fonctionnement global. Entendons-nous bien. Je ne dénigre pas l'analyse, la structure mentale et les définitions sans lesquelles ce livre ne verrait jamais le jour. Je suis, au contraire, consciente que nous avons besoin de notre tête pour écouter notre cœur. Ce que je dénonce toutefois, c'est le morcèlement et le fait de s'occuper d'une seule partie en l'isolant de la globalité ou de tirer des conclusions sur le tout à partir d'une seule de ses composantes. J'encourage une approche qui tient compte de l'interrelation des parties qui composent l'ensemble et assurent son fonctionnement optimal.

Pour bien me faire comprendre, je vais apporter un exemple visuel très simple : celui d'un verre d'eau. Comme l'eau n'a pas de forme, nous pouvons plus facilement la boire si elle est dans un contenant. Ainsi, quand, par exemple, un politicien s'exprime par des attaques et des justifications défensives, c'est qu'il est mû par un chaos émotionnel qu'il n'a pas identifié (un contenu sans contenant). Dans ce cas, ses propos peuvent devenir incohérents et provoquer la division et la guerre. Le manque de connexion en lui entre son intelligence rationnelle et son intelligence émotionnelle peut l'amener à se contredire et à mentir, ce qui, à la longue, peut contribuer à lui faire perdre toute crédibilité auprès de son électorat ou à l'entraîner dans une dérive idéologique fausse et dangereuse pour la société, comme ce fut le cas d'Hitler et du nazisme. Le même phénomène se produit dans nos relations avec les autres.

Lien entre l'intelligence émotionnelle et l'intelligence relationnelle

L'intelligence émotionnelle et l'intelligence relationnelle décrites par Howard Gardner ont une seule et même source, à mon avis. Ceux dont l'intelligence émotionnelle est développée sont plus proches de leur ressenti ici et maintenant, plus ouverts à accueillir et à exprimer leurs émotions et à entendre celles des autres quand ils sont blessés. Ils sont plus capables de solliciter leur cerveau du cœur pour manifester de la compréhension, de la compassion, de l'empathie. Ils ne résistent pas à leur monde intérieur. Ils accueillent et assument plus rapidement leur souffrance du moment. Ils ont compris que ce qui les unit aux autres, c'est d'abord et avant tout le cœur et l'expression authentique de leur vérité profonde. Ils ont compris que leurs relations avec leur conjoint, leurs enfants, leurs amis, leurs collègues ne peuvent s'épanouir sans une communication qui part du cœur. Ceux-là sont en mesure, grâce à l'écoute et à l'accueil de leurs émotions et de leurs véritables sentiments, de partager leur joie et leur tristesse à ceux qu'ils aiment et de les accompagner tant dans le bonheur que dans le malheur. Ils sont un cadeau de la vie parce qu'ils sont vrais. Cela ne signifie pas qu'ils sont parfaits et qu'ils réussissent toujours à réagir avec amour, mais ils y travaillent du mieux qu'ils le peuvent avec sincérité, et c'est cela qui compte.

Selon moi, les trois types d'intelligence qui font l'objet de ce livre – les esthètes, les pragmatiques et les rationnels – sont tous doués d'intelligence relationnelle. Comme les intelligences émotionnelle et spirituelle, elle est innée. Nous sommes nés pour être en relation avec les autres sans quoi nous aurions tous notre propre île déserte comme Robinson Crusoé, ce personnage du roman de Daniel Defoe publié en 1719, et comme Chuck Noland, ce personnage du film *Seul au monde* joué par Tom Hanks et sorti en l'an 2000. Ces deux hommes, à la suite d'un naufrage, se sont retrouvés sur une île déserte, le premier pendant vingt-huit ans et le second durant quatre ans. Robinson y survécut grâce à sa découverte d'un jeune indigène cannibale qui venait sur l'île périodiquement et qu'il réussit à apprivoiser pour finalement s'en faire un ami. Quant à Noland, c'est grâce à sa relation avec un vieux ballon personnifié qu'il a réussi à sortir à peu près indemne psychologiquement de son aventure.

Difficile de nier l'importance vitale de la relation humaine pour assurer notre santé mentale. Ceux qui manquent de liens affectifs avec les autres pendant une longue période en souffrent énormément. L'isolement, qu'il soit volontaire ou non, est une source de problèmes plus ou moins graves pour tous les hommes, quels qu'ils soient et quel que soit leur âge. **Lorsqu'une personne s'isole trop longtemps et trop souvent, nous devrions toujours nous inquiéter parce que ce n'est pas dans la nature de l'être humain de vivre sans relation avec les autres.**

La pandémie actuelle et le confinement qui en résulte nous font réaliser l'importance de la présence de ceux que nous aimons dans nos vies pour nous épanouir pleinement. Le nombre de personnes qui souffrent de problèmes de santé mentale augmente exponentiellement ces derniers mois. C'est tout le rapport à la vie affective qui est en cause ici. À ce sujet, Goleman affirme que *des études effectuées pendant plus de 20 ans sur trente-huit mille personnes révèlent que l'isolement social – le fait de n'avoir personne avec qui partager ses sentiments intimes ou entretenir des rapports étroits – multiplie par deux le risque de maladie ou de mort.*[89]

Nous avons donc tous avantage à développer notre intelligence émotionnelle en ouvrant notre esprit à ce monde trop souvent inconnu qui nous habite, en accueillant nos émotions, nos sentiments et ceux des autres, en donnant à la tête, au cœur et au ventre la place juste qui leur revient dans notre vie, en respectant le fonctionnement normal de notre psychisme, de notre intelligence et de notre cerveau et, surtout, en acceptant que nous soyons humains et qu'en tant que tels, nous soyons tous mus par des forces intérieures que nous ne connaissons pas. Cette mouvance intérieure est la source première qui nous pousse à agir, à arrêter les choix et à prendre les décisions qui nous font évoluer et qui contribuent à notre réalisation personnelle et à la réalisation de nos rêves. Voyons, dans le prochain chapitre, ce qui vous motive dans la vie et quelles en sont les conséquences sur vos relations et sur l'exploitation des potentiels de votre intelligence.

---

89 Daniel GOLEMAN, *op. cit.*, p 269.

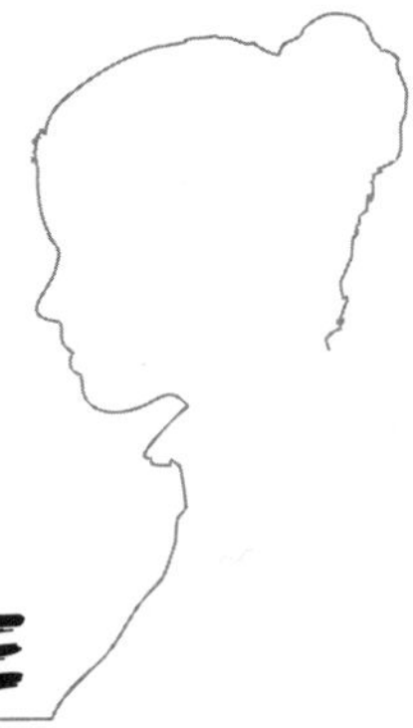

Chapitre 9

L'INTELLIGENCE MOTIVATIONNELLE

J'ai emprunté le concept d'intelligence motivationnelle à David Lefrançois qui affirme que la motivation est une forme d'énergie qui nous pousse à l'action, et que l'intelligence sert à donner une orientation utile à cette énergie.[90] Cependant, pour pouvoir donner une orientation bénéfique à cette force intérieure, il faut savoir ce qui nous motive, c'est-à-dire, quelles sont les énergies qui nous animent et nous incitent à agir, à nous réaliser, à activer notre cerveau, à créer de nouveaux circuits neurologiques et à développer notre intelligence. Pour mieux nous investir dans cette découverte de ce qui provoque nos comportements opportuns ou inopportuns, je vous propose d'abord de répondre aux questions suivantes :

> Qu'est-ce qui vous motive à poursuivre le travail que vous faites ? À vivre en couple ? À vivre seul ? À avoir des enfants ou à ne pas en avoir ? À faire du sport ? À étudier ? À rendre visite à vos parents ou à ne pas leur rendre visite ? À lire ce livre ?

Prenez le temps de répondre sérieusement à ces questions. Ne vous limitez pas à un simple *j'aime ou je n'aime pas*. Cet exercice vous offre la possibilité de découvrir si vos motivations sont fortes ou faibles, positives ou négatives. Par exemple, vous rendez-vous au travail parce que vous êtes obligé de gagner votre

90 David Lefrançois. L'*intelligence motivationnelle : et si la réussite était une science exacte* 2015, p. 6-7.

pain ou parce que vous êtes passionné par votre boulot ? Allez-vous rendre visite à votre mère pour ne pas vous sentir coupable ou parce que vous appréciez sa présence et parce que le respect et la gratitude que vous ressentez envers vos parents sont des valeurs fondamentales pour vous ? Êtes-vous célibataire par peur de souffrir en relation ou parce que vous avez un véritable besoin de solitude pour être heureux ?

Rares sont les personnes qui s'arrêtent pour identifier les motivations à l'origine de leurs choix et de leurs décisions. Peut-être faites-vous partie de celles-là qui se laissent mener par le courant de la vie et par le monde extérieur sans trop donner d'importance à leurs véritables désirs. Peut-être êtes-vous celui qui subit sa vie plutôt que de la prendre en main par peur de l'échec, par peur de s'affirmer ou par manque de confiance en lui.

Afin de nourrir votre réflexion et de vous aider à répondre à ces questions capitales pour vous réaliser pleinement et surtout sereinement, je vais définir le mot *motivation* et poser les bases sur lesquelles elle repose.

> **La motivation est l'ensemble des forces intérieures qui suscitent votre désir d'agir. Mais quelles sont ces forces conscientes ou inconscientes qui vous poussent à passer à l'action ? En réalité, vous êtes animé, *in petto*, par :**
>
> - **vos émotions ;**
> - **vos pensées ;**
> - **vos besoins ;**
> - **vos valeurs ;**
> - **vos intuitions ;**
> - **vos intérêts ;**
> - **vos relations.**

La conscientisation de chacune de ces sources intérieures de motivation vous permettra de découvrir ce qui vous stimule dans la vie et surtout de prendre la responsabilité d'arrêter vos choix dans le respect de ce que vous êtes, de ce qui vous touche, de ce qui vous enthousiasme parce que c'est la motivation qui vous impulse le désir d'agir pour activer vos trois cerveaux et pour réaliser vos rêves. Sachez donc que ce qui vous meut ne vient jamais du monde extérieur, mais de l'intérieur de vous-même, et ce, en commençant par vos émotions.

La motivation et les émotions

Au cours des chapitres précédents, j'ai déjà insisté sur le pouvoir des émotions sur votre vie. Comme la répétition favorise la reprogrammation des circuits neurologiques, je ramène le sujet dans ce chapitre sous un autre angle : celui de la motivation. Indéniablement, l'émotion est une source déterminante de motivation ou de démotivation.

> **Quand une expérience relationnelle, professionnelle ou une expérience d'apprentissage vous fait vivre des émotions agréables, vous avez envie de la répéter.**

Si vous ressentez des émotions agréables en présence d'une personne, vous souhaitez la revoir. Par contre, celles qui déclenchent en vous des malaises persistants ne seront probablement pas invitées souvent à votre table. Autrement dit, votre émotion influence vos comportements. Elle motive vos choix, vos décisions, vos actions. Elle est à la source de ce qui vous meut. À l'école, si un enfant souffre d'un sentiment d'infériorité ou d'une peur constante d'être jugé, étiqueté, critiqué ou ridiculisé parce qu'il ne comprend pas ou qu'il ne réussit pas à se concentrer, sa motivation pour l'apprentissage est irréfutablement affectée. C'est un cercle vicieux : il ne se concentre pas et ne comprend pas parce qu'il vit des émotions qui le font souffrir et il ressent ce vécu désagréable parce qu'il n'arrive pas à se concentrer et à comprendre. Finalement, il n'en sort pas.

Le rôle de l'enseignant dans un tel cas est de semer, chez les apprenants démotivés, les ferments qui éveillent en eux le désir d'apprendre afin d'activer leur cerveau. Il doit créer un contexte didactique et relationnel qui suscite des émotions agréables et qui rende agréable leur expérience scolaire parce que, pour que leur intérêt à apprendre soit suscité, ces élèves ont besoin de se sentir aimés, reconnus, acceptés, importants, sécurisés et en confiance. Autrement, ils n'ouvriront pas leur esprit à l'apprentissage. Le but n'est pas d'en faire des premiers de classe, mais des enfants et des adolescents heureux à l'école, ouverts à l'apprentissage et prêts à exploiter le potentiel de leur intelligence parce qu'ils ne se sentent pas nuls. Qu'ils soient esthètes, pragmatiques ou rationnels, ces élèves doivent pouvoir cultiver la conviction qu'ils sont intelligents et qu'ils sont dignes d'être aimés.

La plupart d'entre nous, parents et enseignants, avons le souci du bonheur de nos enfants et de nos étudiants même si nous ne nous prenons pas toujours de la bonne manière avec eux, par inconscience ou par manque de ressources. C'est pourquoi j'ai donné comme titre au livre que j'ai écrit sur la relation éducateur/éduqué : *Éduquer pour rendre heureux*[91]. Pour être heureux à l'école, l'enfant doit impérativement découvrir le plaisir d'apprendre. L'*un des plus grands facteurs de motivation*, affirme Stephen Jay Gould, *est ce sentiment d'illumination qui se produit lorsqu'on comprend un nouveau concept ; le cerveau réagit très bien à cette sensation*. L'*école devrait faire en sorte que les enfants découvrent très jeune le plaisir de comprendre, se rendant ainsi compte qu'apprendre est une expérience très agréable.*[92]

J'ai eu la chance de grandir dans une famille stimulante intellectuellement. J'ai ressenti tôt dans ma vie le sentiment de satisfaction que procure la compréhension d'un nouvel apprentissage. J'ai développé une curiosité intellectuelle grâce à laquelle la recherche m'attire aujourd'hui. J'éprouve beaucoup de gratitude envers mon père qui, bien qu'il n'ait pas eu l'opportunité de profiter d'une instruction au-delà de l'école primaire, avait comme principal loisir la lecture. Il était très motivé à apprendre. Son désir de compenser son manque de scolarisation par les livres a fait de lui le plus remarquable autodidacte que je connaisse avec qui j'ai pu partager certaines de mes lectures jusqu'à sa mort. Ma mère avait, en tant qu'institutrice, l'ambition de m'enseigner tôt dans la vie des bases linguistiques et mathématiques solides sur lesquelles j'ai pu m'appuyer ultérieurement dans la poursuite de mes études. Elle fit de même avec les membres de ma fratrie. Nos parents ont sacrifié leurs propres besoins pour payer nos études. De toute ma vie, je ne les ai jamais vus prendre de vacances. Quelle était leur motivation ? Comme la plupart des parents, ils

---

91 Colette Portelance, *Éduquer pour rendre heureux*, Éd. du CRAM.

92 Stephen Jay Gould, *Comprendre le cerveau naissance d'une nouvelle science de l'apprentissage*, p. 12.

étaient probablement motivés par l'amour inconditionnel pour leurs enfants, par leur désir de nous donner toutes les chances possibles de développer nos potentiels et par le sentiment de satisfaction ressenti par ceux qui assument la responsabilité de leur fonction.

Quel qu'ait été votre parcours de vie, vous avez vécu comme moi des émotions agréables qui vous ont motivé à vous réaliser dans des domaines particuliers où vous excellez aujourd'hui. Vous avez aussi vécu des émotions désagréables qui ont retardé ou bloqué vos processus d'apprentissage dans d'autres domaines. Il est vrai que j'ai grandi dans un contexte éducatif favorable à l'apprentissage intellectuel ; en revanche, vous avez sûrement reçu de votre éducation quelque chose que je n'ai pas eu. Concentrez-vous sur les talents et les ressources que vous avez et exploitez-les au maximum. Dans le cas où les stimulants intellectuels vous fassent défaut et que vous ressentiez un manque aujourd'hui, servez-vous de votre besoin de le combler comme source de motivation pour exploiter vos potentiels endormis. Si vous êtes motivé, c'est que vous êtes prêts à passer à l'action. Faites-le maintenant. Trouvez-vous un moyen agréable pour vous occuper de votre désir d'apprendre, et surtout ne vous laissez pas arrêter par votre âge, vos peurs et vos croyances limitatives.

Quoiqu'il en ait été de votre histoire éducative passée, vous avez maintenant le choix de voir ce passé comme une fatalité ou de faire comme mon père, c'est-à-dire de combler vos manques par les moyens proposés dans le chapitre consacré au cerveau. **Rien n'est figé en vous si vous décidez de remplacer vos circuits sclérosés par les autoroutes de l'aventure et du bonheur. Créez-vous des expériences qui vous font vivre des émotions agréables et qui vous serviront de motivation pour satisfaire le plus possible vos désirs et vos besoins, sinon vous serez un éternel frustré et vos émotions négatives susciteront en vous des pensées qui nuiront à votre épanouissement.**

La motivation et les pensées

Vos émotions et vos pensées forment un tandem en ce sens qu'elles s'alimentent constamment les unes les autres. Les premières nourrissent les secondes qui, elles, suscitent en vous des sentiments agréables ou désagréables, lesquels créent de nouvelles pensées, elles-mêmes génératrices d'émotions. Elles forment ensemble un cercle vicieux duquel il vous est difficile de sortir si vous n'utilisez pas la lumière de votre conscience pour éclairer ce fonctionnement interne. Sans conscience, elles grossissent indéfiniment, se mêlent, s'entremêlent et causent des désordres psychiques et relationnels sur lesquels vous avez de moins en moins de pouvoir quand vous les laissez opérer leurs ravages sans intervenir. Si vous manquez de vigilance devant des déclencheurs qui éveillent vos blessures d'abandon, d'humiliation, de culpabilisation, de dévalorisation, d'infériorité ou d'injustice, vous devenez complètement impuissants à arrêter ce tandem qui fonctionne comme deux sportifs fanas sur une bicyclette double.

Lorsque vos émotions et vos pensées négatives s'alimentent réciproquement, elles vous motivent à agir de manière défensive et dommageable pour la santé de votre corps, de votre cœur et de vos relations si vous n'êtes pas conscient de leur influence sur vous. Par exemple, si vous éprouvez un sentiment d'infériorité chronique non identifié par rapport à une personne, vous cultiverez probablement des pensées négatives par rapport à elle. Vous interpréterez alors ce qu'elle dit et ce qu'elle fait comme de l'infériorisation. Dans ces circonstances, l'influence de ce tandem intérieur sur votre comportement et vos relations sera forcément néfaste. Ou bien vous vous rabaisserez et n'oserez pas vous affirmer, ou bien vous vous placerez en supérieur et en dominateur. Dans les deux cas, vous resterez habité par une blessure d'infériorité, le supérieur étant un inférieur qui s'ignore. Pour émerger de votre sentiment d'infériorité, vous vous placerez au-dessous ou au-dessus de cette personne ; vous la jugerez et la critiquerez. Tous ces mécanismes de défense auront été suscités par le couple interdépendant de vos pensées et de vos émotions non conscientisées.

Lesquelles de ces deux entités doivent arrêter le sortilège qui vous enfonce dans la souffrance de l'impuissance ? Lesquelles sont responsables de vos tourments ? Vos pensées ou vos émotions ?

Pour vous libérer de leur influence délétère sur votre vie et vos relations, vous devez agir avec elles comme un bon parent le ferait lorsque ses deux enfants se font mal mutuellement. Votre première action est de vous placer en observateur de leur fonctionnement relationnel. Observez d'abord vos pensées, prenez conscience de chacune d'elles et, si possible, écrivez-les. Ensuite, arrêtez-vous pour ressentir et identifier les émotions qui suscitent ces pensées : colère ? peine ? impuissance ? honte ? culpabilité ? sentiment d'abandon, d'exclusion, de rejet, d'infériorité, de trahison, de dévalorisation, d'injustice, d'insécurité ? Observez l'influence qu'elles ont les unes sur les autres et prenez conscience des mécanismes de défense qu'elles éveillent en vous (jugements, reproches, accusations, attitude de victime, fermeture, refoulements, ...). Observez aussi les actions suscitées par ces défensives et les conséquences de ces actions sur votre vie personnelle et relationnelle.

L'observateur

↓

des pensées

↓

des émotions

↓

de la relation pensées/émotions

↓

des défensives

↓

des actions suscitées par les défensives

↓

des conséquences dans votre vie
personnelle et relationnelle
de ces actions défensives

Ce processus peut vous aider à réaliser jusqu'à quel point vous êtes mû par la relation entre vos émotions et vos pensées. Il peut vous faire réaliser aussi que, si vous n'en prenez pas conscience et que vous ne vous observez pas, vous éprouverez une grande impuissance parce que vous vous laisserez mener de l'intérieur par des forces sur lesquelles vous n'aurez aucun pouvoir. Essayer de changer vos pensées est un pas à tenter pour sortir de ce maléfice, mais c'est un pas qui ne vous procurera pas toujours la sérénité recherchée, les émotions étant souvent tellement intenses qu'il est presque impossible parfois de les calmer par la seule force de la volonté. Le travail que je vous propose maintenant, et celui que je vous proposerai au dernier chapitre est à accomplir pour vous libérer d'un vécu devenu cauchemardesque sur lequel vous n'avez pas de pouvoir. Pour l'instant, observez ce phénomène d'interinfluence normal et humain qui se produit en vous entre vos pensées et vos émotions, et accompagnez votre auto-observation par l'écoute et l'identification de vos besoins.

La motivation et les besoins

J'accorde une très grande importance aux besoins comme facteurs de motivation et de réalisation de soi comme vous pourrez le constater. Vous êtes-vous déjà demandé quels sont vos principaux besoins comme travailleur, amoureux, ami, enfant et parent ? Je suis à peu près certaine que mon père et ma mère ne se sont jamais posé la question. Ils ont consacré leur vie à leurs enfants, trop souvent à leur propre détriment. Ils l'ont fait avec tout leur cœur, et nous en avons largement profité. Cependant, par le fait même, ils ont légué l'oubli de soi à certains d'entre nous. En ce qui me concerne, comme eux, je n'ai pas appris à identifier mes besoins, voire à me donner le droit d'en avoir. Ce manque d'attention à leurs besoins n'a cependant pas empêché mes parents de trouver leur part de bonheur. Ils l'ont trouvée, notamment, dans la satisfaction du devoir accompli et dans le regard admiratif qu'ils portaient sur nous qui avons réussi à nous réaliser grâce à leur générosité, à leur amour et, il faut bien l'admettre, grâce à leur travail acharné.

Leur vie a-t-elle été un modèle pour moi ? À certains égards, oui. J'ai reçu d'eux le sens du travail bien fait et de la poursuite jusqu'au bout de mes objectifs de vie malgré les obstacles. Ils m'ont transmis des valeurs fondamentales comme l'intégrité, le sens de la justice, le respect des engagements, le plaisir d'apprendre, le dépassement de soi, la discipline, l'amour et le respect de la nature, le sens de la famille et la foi. Par contre, l'ancrage de la religion dans leur vie les a amenés, comme les personnes de leur génération, à se soumettre à des principes qui ont limité leur liberté d'être et d'agir et à accorder aux exhortations extérieures et aux besoins des autres plus d'importance qu'à leurs propres besoins. J'ai toujours admiré leur courage, leur ténacité et leur résilience devant les nombreuses et lourdes épreuves qu'ils ont dû surmonter, mais j'ai aussi souffert de les voir vieillir épuisés et aux prises avec des problèmes de santé qu'ils auraient peut-être pu éviter s'ils avaient pensé un peu plus à eux au cours de leur vie.

Grâce à ce que j'ai pu observer de leur expérience, j'ai cherché une bonne partie de ma vie de mère, d'amoureuse et d'enseignante un équilibre entre l'amour de moi et l'amour des autres et entre la satisfaction de mes besoins et la satisfaction des leurs. J'ai cherché cet équilibre parce que l'idée de consacrer ma vie au bonheur des autres comme l'ont fait mes parents, sans m'occuper du mien, tant à la maison qu'au travail, ne résonnait pas juste en moi. Elle altérait mon enthousiasme et réprimait ma pulsion de vie. J'ai cherché mûrement et tant bien que mal comment m'épanouir et me réaliser tout en aidant mes enfants, mes étudiants et toutes les personnes que j'aime à y arriver aussi.

Nos parents n'ont aucun pouvoir sur ce que nous faisons avec l'éducation qu'ils nous ont donnée. Nous n'en avons pas non plus sur ce que nos enfants font avec ce que nous leur avons apporté. Une chose est sûre : en tant que mère, je n'ai pas été parfaite, loin de là, mais j'ai donné le meilleur de moi-même et j'ai fait sincèrement de mon mieux. Et vous aussi. N'en doutez pas. Nous avons la liberté de composer le mieux possible avec l'héritage éducatif que nous avons reçu et nos enfants aussi. L'important, c'est que nous ne soyons pas victimes de cette éducation, que nous ne voyions pas que les côtés négatifs de nos parents, mais que nous nous servions du meilleur comme du pire pour nous motiver à créer notre vie et à nous réaliser de notre mieux avec nos forces, nos besoins, nos ressources et nos imperfections. La vie est une source constante de remises en question qui nous poussent à évoluer et à exploiter les potentiels de notre intelligence. Il suffit de toujours nous appuyer sur ce qui nous motive pour la vivre avec le plus de satisfaction et de plaisir possible.

Je suis consciente que les études que j'ai eu la chance de poursuivre grâce à mes parents, et grâce aussi à ma détermination et à ma motivation à apprendre, m'ont amenée à me questionner sur mes priorités et sur la manière de vivre qui me conviendrait le mieux. Mon père et ma mère n'ont pu se permettre cette réflexion aussi librement que moi parce qu'ils ont vécu à une époque où leur chemin de vie était en grande partie tracé d'avance. Je dois reconnaître toutefois que, dans le contexte restrictif et religieux des années 1940 au Québec, ils étaient avant-gardistes, curieux intellectuellement, tournés beaucoup plus vers l'avenir que vers le passé. Cela aussi fait partie de l'héritage que j'ai reçu d'eux.

Eu égard à cet héritage à la fois limitatif et incitatif, j'ai, d'une part, longtemps oscillé entre la peur d'être égoïste et le sentiment de culpabilité et, d'autre part, une poussée intérieure qui m'incitait à me dépasser jusqu'au jour où j'ai compris que je ne pourrais rendre mes enfants et mes étudiants pleinement heureux et leur permettre de se réaliser totalement si je n'étais pas moi-même pour eux un modèle d'épanouissement et de réalisation personnelle et professionnelle. J'ai compris que je perdais la motivation dans ma vie et que j'aurais plus de difficulté à motiver les autres si je ne prenais pas conscience de mes besoins et si je ne m'en occupais pas. J'ai aussi compris que, par frustration, je risquais d'étouffer leurs rêves si je ne réalisais pas les miens, et que je ne sèmerais pas en eux les graines de la motivation et de la joie de vivre si j'étais moi-même triste, frustrée et malheureuse d'avoir sacrifié une partie importante de mes besoins et de mes aspirations au nom du don de soi et de l'amour inconditionnel.

Je crois profondément que nous avons, en tant que parent, éducateur, soignant, la responsabilité d'aider nos enfants, nos élèves, nos patients à s'épanouir et à se réaliser, mais jamais à notre détriment, jamais au détriment de la satisfaction de nos besoins fondamentaux, jamais au détriment de l'amour et du respect de nous-mêmes.

Ne croyez surtout pas qu'il est facile pour moi d'intégrer le respect et l'amour de moi dans ma vie. Si j'y reviens avec autant d'insistance, c'est précisément que je sais par expérience vécue tout le travail sur soi qu'exige une telle démarche, impossible à poursuivre sans honnêteté envers soi-même. Être honnête envers soi, ce n'est pas seulement reconnaître que nous avons des besoins, c'est aussi les identifier, les accepter comme étant légitimes et les prendre en charge.

Si, par exemple, vous avez un grand besoin de sentir que vous êtes important pour une personne en particulier et que vous n'acceptez pas ce besoin parce que vous le jugez égoïste et honteux, il est évident que vous ne l'exprimerez pas et que vous vous placerez en juges devant tous ceux qui se donnent de l'importance dans la vie. Votre lien avec cette personne sera alors biaisé par manque d'intégrité et de fidélité envers vous-même. Le problème qui se posera, si vous niez votre besoin d'être important pour elle, ne disparaîtra pas. Au contraire, il deviendra encore plus insistant parce qu'il n'a pas été entendu par vous. Si vous ne vous en occupez pas, vous risquez, pour le satisfaire, de vous comporter comme un enfant auquel on n'accorde pas d'attention. Comme lui, vous prendrez vraisemblablement des moyens défensifs pour le combler : vous vous organiserez pour vous créer défensivement une place coûte que coûte, quitte, pour y arriver, à prendre du pouvoir sur la personne en question, ou encore vous refoulerez ce besoin et vous vous laisserez dominer par elle parce que vous vous sentirez honteux et coupables de le ressentir. Après quoi, vous en voudrez à cette personne de ne pas vous avoir donné suffisamment d'importance.

Ce fonctionnement se répétera aussi longtemps que vous manquerez d'amour de vous-même et que vous n'aurez pas assez d'authenticité et de responsabilité pour accueillir vos besoins sans les juger et de courage pour les exprimer. Comme ils sont une source importante de motivation, ils vous aideront, si vous les accueillez, à exister pleinement avec tous vos potentiels dans votre couple, vos familles et au travail, et ce, dans le respect de vous-même et des autres.

Cultiver le goût de vivre, d'aimer vraiment, d'avoir des relations saines, de nourrir le désir d'apprendre et de vous réaliser pour exploiter votre intelligence nécessite une connaissance, une acceptation inconditionnelle et un respect de vos besoins les plus profonds. Pour les connaître et les utiliser comme sources de motivation, je vous encourage à répondre maintenant aux questions suivantes :

- **Quels sont vos besoins les plus importants aux plans affectif, intellectuel, corporel, spirituel, professionnel et relationnel ?**
- Au plan affectif, avez-vous besoin de vous exprimer et de vous affirmer ? Avez-vous besoin d'être aimé, apprécié, valorisé, reconnu, accepté, écouté, sécurisé, compris ? Si oui, par qui ? Acceptez-vous d'avoir ces besoins ? Si vous les acceptez, exprimez-les ; sinon, observez ce que vous faites défensivement pour tenter de les satisfaire : Contrôle ? Pouvoir sur l'autre ? Reproche ? Jugement ? Manipulation ? Culpabilisation ? Interprétation ? Fermeture ? Silence défensif ? Projection ? Refoulement ? Résignation ?
- Au plan relationnel, avez-vous besoin d'exprimer vos sentiments et vos besoins à une personne en particulier, de communiquer authentiquement avec ceux que vous aimez et d'élaborer des projets avec eux ? Si oui avec qui ?
- Au plan spirituel, avez-vous besoin d'être libre et en paix intérieurement, de vivre en harmonie avec vous-même et avec les autres, de recevoir ce que la Vie vous offre et de

donner le meilleur de vous ? Si oui, qu'accomplissez-vous pour satisfaire ces besoins ?

- Au plan professionnel, avez-vous besoin de relever des défis, de vous faire confiance, de mettre en avant vos compétences, de vous donner de l'importance ? Si oui, comment vous y prenez-vous pour donner satisfaction à ce besoin sans attendre que les autres s'en occupent ? Sinon, quels mécanismes de défense mettez-vous en place pour obtenir ce que vous voulez ?
- Au plan intellectuel, avez-vous besoin d'apprendre, de comprendre, d'exprimer clairement vos idées, d'écrire ? Si oui, qu'aimeriez-vous apprendre ? Avez-vous trouvé le moyen de vous occuper de ce besoin ? Si oui, lequel ? Quand passerez-vous à l'action ?
- Au plan corporel, avez-vous besoin de mieux vous alimenter, de faire de l'exercice, de respirer plus profondément et de vous détendre ? Si oui, quelle activité choisirez-vous de poursuivre ? Quand commencerez-vous ?
- D'une manière générale, avez-vous le sentiment que dans chacune de ces dimensions de votre vie et de votre être, vous répondez à tous vos besoins et que vous ne donnez pas à vos peurs et au monde extérieur le pouvoir sur vos choix et vos décisions ? Si vous constatez que vous ne vous occupez pas suffisamment de l'un ou l'autre de vos besoins, c'est que vous manquez d'amour et de respect de vous-même. Dans ce cas, repérez l'obstacle intérieur qui vous empêche de prendre vos désirs en main : manque d'acceptation, jugement sur vous, culpabilité, honte, peurs. Voyez quels sont les besoins qui sont insatisfaits, et ce que vous comptez faire pour les prendre en considération de manière à nourrir votre motivation à exploiter votre intelligence, à vous créer un travail qui vous passionne, des relations affectives qui vous nourrissent et une vie personnelle qui vous comble. Que vous proposez-vous d'améliorer pour éveiller votre motivation et la soutenir dans chacun des domaines de votre vie ?

Si vous n'avez pas l'habitude d'identifier vos besoins et de les prendre en charge, répondre aux questions précédentes a dû vous paraître aride et éprouvant. Si c'est le cas, résistez à la tentation de vous y soustraire. Relisez-les en vous concentrant sur une question à la fois. Choisissez de commencer par la satisfaction du besoin le plus pressant. Mon but n'est pas de vous inciter à la performance, mais de vous rappeler l'importance de prendre conscience de vos besoins, de les accepter sans jugement et de vous en occuper parce qu'ils sont source de motivation et parce que leur satisfaction contribue à la création de nouveaux circuits neurologiques dans votre cerveau et à un mieux-être intérieur qui n'a pas de prix. Je souhaite vous encourager à prendre au sérieux la satisfaction de cette source indéniable de motivation ou de démotivation dans vos vies. **Ne soyez pas celui qui, pour satisfaire son besoin d'être aimé, sacrifie ses besoins de reconnaissance, de respect, de gratitude, de compréhension, d'écoute, d'acceptation, de paix et de liberté intérieures. Vouloir être aimé à tout prix, au détriment de l'amour de vous-même vous attirera beaucoup plus d'ingratitude, de manque de considération et de manque de respect que d'amour.**

> Observez-vous. Prenez conscience de ce que vous sacrifiez pour ne pas perdre l'amour et avec quelle personne en particulier vous le faites. Voyez si ces renoncements en valent vraiment la peine. Faites vos choix et changez vos comportements en conséquence.

Sachez que plus vous accepterez vos besoins, plus ce sera facile de les identifier, et plus vous serez motivé à vous en occuper en faisant des demandes claires plutôt qu'en versant dans l'abnégation ou dans le reproche, la manipulation et le pouvoir. En étant à l'écoute de ce que vous voulez vraiment, vous serez ainsi maîtres de votre vie parce que vous n'attendrez plus que les autres prennent en charge la résolution de vos problèmes et la réalisation de vos rêves. Vous n'essaierez plus de les supplanter ou de les changer pour pouvoir exister pleinement. Vous ne sacrifierez plus tous vos besoins au profit d'un seul qui ne sera pas comblé de toute façon. Vous suivrez tout simplement votre chemin sans comparaison ni performance parce que vous serez motivé par une poussée intérieure irrépressible qui vous dictera la voie qui est la vôtre.

La balance de la satisfaction de vos besoins

De quel côté penche votre balance quand vous avez des besoins ? Celui de la dépendance (à droite) ou celui de l'autonomie (à gauche) ? Celui de la demande claire ou celui de l'abnégation et des moyens de pouvoir ?

Passer à l'action pour assurer la satisfaction de vos besoins demande parfois du courage et surtout beaucoup de discernement. Il vous faut d'abord les identifier clairement et les exprimer en disant à l'autre ce que vous aimeriez concrètement qu'il fasse pour que ce besoin soit satisfait. Si, par exemple, vous avez besoin d'être sécurisé dans votre relation amoureuse, dites bien à votre partenaire ce qui vous sécuriserait. Serait-ce qu'il accorde plus de temps à votre relation ? Si oui, combien de temps et à quels moments ? Serait-ce que vous aimeriez qu'il vous exprime davantage son amour ? Si oui, comment ? Serait-ce que vous souhaitez plus d'engagements de sa part ? Si oui, quelle forme doivent prendre ces engagements pour que vous vous sentiez sécurisé ?

Cela dit, vous ne devez pas oublier que l'autre n'est pas obligé de faire tout ce que vous voulez. Ce n'est pas sa responsabilité de deviner vos besoins ni de les satisfaire, encore moins si c'est au détriment du respect de lui-même. Autrement dit, quand vous demandez, il est important que vous laissiez à la personne que vous sollicitez la liberté de dire *oui* ou de dire

***non* et que vous fassiez de même avec elle dans le respect de vos limites respectives.**

Si toutefois vous êtes engagé dans une relation où vos besoins essentiels d'être aimé, reconnu, compris, valorisé, écouté, respecté ne sont pas satisfaits et que vous avez fait des demandes responsables sans être entendu, vous aurez d'abord à regarder votre responsabilité avant de questionner la pertinence de cette relation dans votre vie pour faire des choix justes qui iront dans le sens du respect et de l'amour de vous-même. Par contre, sachez que vous ne pouvez pas attendre d'une seule personne qu'elle satisfasse tous vos besoins et tous vos désirs. C'est impossible. Vous devez faire en sorte par exemple que votre vie affective ne se concentre pas uniquement sur votre partenaire amoureux. Plus il y a de personnes significatives pour vous dans votre champ affectif relationnel (amis, frères, sœurs, parents, collègues), plus vos possibilités sont grandes que vos besoins soient comblés.

Au cours des premières années de ma vie de couple, il m'arrivait assez fréquemment de ressentir de la frustration sans trop en connaître la cause. Mon amoureux me demandait souvent : *qu'est-ce que tu veux au juste*? Cette question m'agaçait au plus haut point parce que j'étais incapable d'y répondre. J'ai mis beaucoup de temps à comprendre que je ne savais pas ce que je voulais parce que j'avais honte de mes besoins, que je les jugeais enfantins et que la seule pensée d'avoir à les exprimer m'humiliait. Je me sentais anormale d'avoir besoin des autres à mon âge. Pour moi, *demander* signifiait *quémander*. Cela correspondait dans mon esprit à une forme de dépendance malsaine et à un manque total d'autonomie. Je ne me rendais pas du tout compte de mon orgueil mal placé et je n'étais pas consciente que je manquais d'autonomie précisément parce que je ne prenais pas en charge mes propres besoins. Je ne me rendais pas compte non plus qu'il était normal pour moi que mon amoureux les devine et qu'il les satisfasse. Corolairement, je vivais dans l'attente parce que je lui cédais tout mon pouvoir. Ce que j'avais retenu de mon éducation religieuse, c'est que j'étais responsable des besoins des autres, et que, par voie de conséquence, ils étaient responsables des miens.

J'ai dû commencer par prendre conscience de ma suffisance et de la croyance enracinée qui nourrissaient mes frustrations et qui m'empêchaient d'alimenter ma motivation à exister pleinement dans ma relation avec mon amoureux, et qui surtout m'empêchaient de m'épanouir affectivement. **Croyez-moi, si vous savez ce que vous voulez et si vous savez exactement où vous voulez vous rendre, il vous sera incontestablement plus facile de prendre les moyens pour y parvenir.** Connaître vos besoins, les accepter et les exprimer vous procurera une liberté extraordinaire et une grande autonomie. Vous aurez alors le sentiment que tout est possible. Au lieu d'attendre que les autres devinent ce que vous souhaitez, vous vous en occuperez vous-même en formulant des demandes claires tout en leur laissant le droit et la liberté d'y répondre ou non selon ce qu'ils sont et ce qu'ils peuvent vous offrir.

La démarche pour arriver à accepter vos besoins exige paradoxalement de l'humilité et du respect de vous-même. Ne vaut-il pas la peine de prendre les moyens de soutenir votre motivation dans tous les secteurs de votre vie pour activer votre cerveau et explorer les potentialités infinies de votre intelligence? Si vous répondez OUI à cette question, demandez-vous maintenant quels sont vos véritables besoins en tant que rationnel, que pragmatique ou qu'esthète, tant dans votre travail que dans vos relations affectives. Cette réflexion vous permettra probablement de vous accepter davantage tel que vous êtes, d'arrêter des choix justes, de les assumer, de faire des demandes claires, de vous respecter et de vous faire respecter. Vous serez alors plus à l'aise d'œuvrer dans le sens de ce que vous êtes. N'oubliez pas que, sans considération pour ce qui vous intéresse vraiment, et sans connaissance de vos valeurs, il n'y a pas de motivation, donc pas d'apprentissage et de travail dans la joie. Sans motivation, vous deviendrez un être résigné, désengagé, qui subit sa vie plutôt que de la créer à son image.

La motivation et les valeurs

Qui que nous soyons, nos actions sont mues par des valeurs desquelles nous sommes souvent inconscients, ce qui ne les empêche pas d'influencer nos choix et nos décisions. Par exemple, qu'est-ce qui détermine votre choix de voter pour tel politicien plutôt que pour tel autre sinon les valeurs qu'il soutient ? Nos valeurs ont tellement d'importance dans nos vies qu'elles sont source de rapprochement ou d'éloignement, d'harmonie ou de discorde. Si la défense de l'environnement est une valeur incontournable pour vous, vous aurez du mal à voir le comportement des personnes qui ne croient pas aux changements climatiques, qui jettent leurs déchets dans la mer, sur les plages, dans les forêts ou sur le bord des routes, et qui n'accordent aucune importance à tout ce qui pollue l'air, la terre et l'eau.

Avant de développer davantage ce sujet, voyons quel sens prend le mot *valeur* dans le contexte de la motivation. En fait, **les valeurs sont des croyances, des grands principes, des idéaux, liés à nos affects, qui construisent notre identité, qui motivent nos actions, nos choix, nos décisions et qui guident toute notre vie**. Elles sont tellement ancrées en nous que, lorsqu'elles ne sont pas partagées, elles nous amènent parfois à évaluer les autres, à les juger, à les déconsidérer, à nous en éloigner. Pour que, par inconscience, nous n'orientions pas notre vie dans un sens qui ne respecte pas ce que nous sommes ; pour que nous n'accomplissions pas des actions que nous pourrions regretter par la suite et pour qu'elles contribuent au développement de notre intelligence, il est fondamental de savoir quels sont ces guides qui nous meuvent avec autant de pouvoir sans que nous en soyons toujours conscients et quels sont les avantages à les découvrir.

En plus de favoriser une meilleure connaissance de nous-mêmes, nos valeurs nous font réaliser ce qui est important pour nous et ce qui ne l'est pas. De plus, c'est plus facile d'arrêter des choix pertinents et de prendre des décisions justes quand nous nous reposons sur nos valeurs parce que nous avançons sur notre chemin de vie dans le respect de ce que nous sommes vraiment et de ce en quoi nous croyons.

Qu'est-ce qui est important pour vous au point d'influencer ce que vous êtes, votre manière de vivre, vos projets, vos aspirations et le choix de vos relations ? Retirez dans la liste qui suit les quatre valeurs qui vous meuvent le plus, celles qui vous poussent le plus à vous dépasser, à exploiter au maximum votre potentiel d'intelligence, celles qui reflètent le mieux votre nature profonde.

- l'acceptation
- l'aventure
- l'amour des autres
- l'amour de soi
- le respect de l'autre
- le respect de soi
- le respect de l'environnement
- l'authenticité
- la ponctualité
- l'accomplissement
- la beauté
- le courage
- la collaboration
- la compassion
- la cohérence
- la compétence
- la confiance
- le devoir
- le dépassement de soi
- la discipline
- l'écoute
- l'égalité
- l'expérience
- la famille
- le couple
- la fiabilité
- l'amitié
- la bonté
- la foi
- la générosité
- l'harmonie
- l'intégrité
- la liberté
- le savoir
- le plaisir
- l'ouverture d'esprit
- la passion
- la persévérance
- la prospérité
- la reconnaissance
- la gratitude
- la responsabilité
- la santé
- la sécurité
- la créativité
- la paix
- l'appartenance à un groupe
- la solitude
- la relation
- la tradition
- la transmission
- le travail
- l'engagement envers soi
- l'engagement envers l'autre
- la fidélité
- la réussite
- la spiritualité
- l'évolution
- la justice
- la satisfaction de soi

Cette liste n'est évidemment pas exhaustive, mais elle renferme un éventail de valeurs assez large et diversifié pour que vous puissiez choisir celles qui vous rejoignent le plus au niveau du cœur. Donc, après avoir déterminé les quatre valeurs qui vous définissent le mieux, appliquez les deux questions suivantes à chacune d'entre elles :

1. Quelles actions cette valeur vous motive-t-elle à poser ?
2. Agissez-vous toujours dans le sens de cette valeur ? Sinon pourquoi ?

Chaque fois que vous avez un choix à faire ou une décision à arrêter, demandez-vous si vous vous orientez dans le sens de vos valeurs ou non. Dans ce dernier cas, vous vous dirigez indiscutablement sur le mauvais chemin. Il y a quelques années, j'ai dû prendre une décision à propos d'un travail très insatisfaisant pour moi, à savoir si je devais le poursuivre ou choisir une autre voie. J'ai consulté ma liste de valeurs et retenu celles qui concernaient la situation en question. Quelles valeurs voulais-je respecter dans ma décision ? Les quatre valeurs qui sont ressorties sont : le courage, le respect, la paix et la satisfaction de moi. La prise de conscience de ces valeurs m'a orientée vers le choix qui m'a apporté la paix. Parfois, choisir d'agir dans le sens de nos valeurs et de nos besoins entraîne une perte importante. La question à se poser dans ces circonstances est la suivante : serai-je plus malheureux si je perds ou si je me perds ?

Agir dans le respect de vos valeurs vous procure toujours un sentiment de bien-être à cause de la cohérence entre vos croyances et vos actions. Sans cette cohérence, votre cerveau reçoit deux messages. Il ne peut donc pas fonctionner normalement. Il est coincé au carrefour de deux chemins : l'un qui va dans le sens de vos convictions, et l'autre dans celui d'actions contraires à ces convictions.

Si, par exemple, la santé est une valeur importante pour vous et que, d'une part, vous croyez fermement que pour la conserver vous aurez des efforts à faire pour mieux vous alimenter et pour faire du sport, et que, d'autre part, vous vous nourrissez de produits transformés et que vous ne faites aucun exercice physique, il est évident que vous ne donnez pas à votre cerveau des informations cohérentes. Vous lui donnez des indications contradictoires comme si vous le placiez devant le panneau suivant :

Permis de stationner Défense de stationner

Cette cohérence est nécessaire pour qu'il n'y ait pas de discordance dans votre cerveau entre ce que vous vivez et ce que vous dites, entre ce que vous voulez et ce que vous faites et entre vos valeurs et les actions que vous posez pour les respecter. Le but des exercices que je vous propose n'est pas seulement de vous montrer que vous manquez d'amour de vous-même, mais de vous aider à vous connaître davantage pour offrir à votre cerveau des informations cohérentes afin qu'il puisse fonctionner au maximum de ses capacités et qu'il ne soit pas bloqué dans l'exploitation de tout son potentiel par les doubles messages que vous lui envoyez.

Nous sommes tous plus ou moins coincés entre nos motivations profondes et nos comportements. Le travail sur nous-mêmes ne servirait-il pas à nous acheminer vers plus de cohérence et plus d'harmonie intérieure ? N'avons-nous pas tous à apprendre chaque jour davantage sur nous-mêmes pour avancer dans le sens de notre vérité profonde ? Ne serions-nous pas plus heureux si nous étions à l'écoute de nos émotions, de nos besoins, de nos valeurs et de nos intuitions ?

La motivation et les intuitions

C'est avec la logique que nous prouvons
et avec l'intuition que nous trouvons.
Henri Poincaré[93]

L'intuition est une forme de langage qui exprime une vérité incontestable, une vérité qui vient du plus profond et du plus pur de notre être. Elle est toujours juste même si elle ne s'appuie pas

93 Henri Poincaré (1854-1912) est un mathématicien, physicien et philosophe français qui a réalisé des travaux d'importance majeure en optique et en calcul infinitésimal (Wikipédia).

sur des faits, ni sur un raisonnement cohérent, ni sur une logique déductive, ni sur une réflexion analytique bien articulée. Elle surgit spontanément en nous sans nécessairement être invitée, au moment où nous l'attendons le moins et quand notre esprit rationnel n'est pas en activité. Elle est un mode de connaissance immédiate, complètement irrationnelle, difficilement explicable, qui se manifeste par une poussée intérieure qui n'a rien de cartésien et de logique. C'est pourquoi elle n'est malheureusement pas suffisamment prise au sérieux. Pourtant, *l'intuition*, affirme Petrowski, *est la grande voix de l'inconnu vers lequel nous pousse notre destin*.

Cette définition que donne Petrowski à cette merveilleuse faculté me rejoint profondément. L'inconnu fait peur, mais il nous attire en même temps. Chaque fois que j'ai suivi cette poussée intérieure irrépressible et complètement irrationnelle, ma vie a pris une direction que je n'avais jamais prévu emprunter. Ce fut le cas, notamment, quand j'ai choisi l'homme de ma vie, lorsque j'ai quitté le Québec avec ma famille en 1982 pour étudier à Paris, quand j'ai ouvert le Centre de relation d'aide de Montréal, quand j'ai créé l'Approche non directive créatrice^MD^. Si je n'avais pas écouté mon intuition, rien de tout cela n'existerait aujourd'hui. Vous dire que suivre cette voix intérieure est toujours facile, ce serait vous mentir. Cependant, en le faisant, ma créativité a toujours été en éveil, ma passion pour mon travail toujours entretenue et, de plus, je n'ai jamais eu de regret, et ce, malgré toutes les montagnes que j'ai eu à escalader, tous les obstacles que j'ai dû surmonter et tous les problèmes que j'ai eu à régler en cours de route. Mon intuition ne m'a jamais trompée.

Que veut dire concrètement *être intuitif*?

Être intuitif, c'est écouter nos poussées irrationnelles intérieures et agir dans le sens du message qu'elles nous communiquent; c'est faire confiance à l'intelligence irrationnelle et spirituelle même si leur langage est presque impossible à expliquer et à justifier au monde extérieur; c'est suivre le chemin de notre mission de vie, pas celle qu'un dieu extérieur aurait conçue pour nous, mais celle que nous dicte notre cœur. Comme l'écrit André Suarès : L'*intuition est une vue du cœur dans les ténèbres*. Si nous avons assez de lâcher-prise pour l'entendre, de courage pour actualiser ce qu'elle nous murmure et de foi pour la suivre sans nous laisser influencer par nos peurs, nos doutes et par les autres, nous aurons la satisfaction de marcher sur la bonne route, celle vers laquelle nous oriente notre guide le plus sûr : le cœur. Suivre notre intuition, c'est nécessairement aller dans le sens de nos valeurs, de nos talents et de nos intérêts puisqu'elle est la voix du cœur.

La motivation et les intérêts

Quelles activités accomplissez-vous avec suffisamment de concentration pour oublier tous les désagréments de votre vie, toutes les contrariétés, tous les soucis ?

Je vous encourage encore une fois à prendre le temps de réfléchir à cette question. En ce qui me concerne, quand je vis, ici et maintenant, une communication authentique avec quelqu'un que j'aime, je suis présente à 100 % à cette expérience relationnelle. Rien de ce qui se passe autour de moi n'existe dans ces moments particuliers. Le même phénomène se produit quand je fais de la recherche et que je traduis par écrit les résultats de mon travail, comme je le fais actuellement. Je suis également très concentrée quand, au cours de mes voyages en véhicule récréatif, je découvre de nouveaux horizons, je vis de nouvelles expériences, je m'engage dans de nouvelles aventures et j'apprends sur les mœurs, coutumes et valeurs des gens et sur leur histoire. Mon attention est intense quand j'observe les animaux dans leur milieu naturel et la végétation qui les entoure. Je suis passionnée aussi par l'architecture, la peinture et la sculpture. Dans ces odyssées, j'apprends constamment grâce aux musées d'art et d'Histoire, aux monuments, à mes conversations avec les résidents qui soutiennent mon intérêt et contribuent à maintenir mon cerveau en constante ébullition. J'oublie aussi mes tracas quand j'entends et que je regarde les enfants rire et crier de joie dans le parc en face de chez moi, et encore plus quand ce sont mes petits-enfants qui s'adonnent à leur plaisir sans se préoccuper de ce qui les attend demain.

Goleman emploie le mot *fluidité* pour désigner cet état d'attention focalisée et détachée de tous les parasites. *C'est le summum de l'intelligence émotionnelle,* écrit-il, *les émotions mises au service* [...] *de l'apprentissage. La fluidité naît de l'émotion, du plaisir à faire ce qu'on fait, de la motivation, de l'intérêt et elle procure un sentiment de joie spontanée, voire de ravissement.* [...] *La fluidité est* [...] *un sentiment irrésistible et extrêmement motivant de légère euphorie* [...] *; quand on observe quelqu'un en état de fluidité, on a l'impression que les choses les plus difficiles sont faciles et que les performances exceptionnelles sont tout à fait naturelles* [...]. *Les tâches les plus compliquées sont accomplies avec une dépense minimale d'énergie mentale.*[94]

> **Comment atteint-on cet état qui rend tout ce que nous faisons plus facile et plus agréable? On l'atteint par l'écoute de soi, le respect de ses besoins et de ses valeurs. On l'atteint aussi par l'entraînement, la répétition et, paradoxalement, par l'effort.**

Supposons que vous ayez un grand intérêt pour la musique et que vous aimeriez jouer de la guitare un peu comme l'artiste que vous admirez le plus pour sa performance dans la pratique de cet instrument. Cet intérêt, de même que les émotions agréables que vous ressentez quand vous écoutez ce virtuose et que vous vous imaginez à sa place, sont propulseurs pour vous réaliser. Si, à ces deux éléments motivateurs, s'ajoute un besoin de vous dépasser et de réaliser votre rêve, vous avez presque tous les ingrédients nécessaires à votre réussite, sauf un. Il vous faudra en plus faire l'effort de passer à l'action et avoir la patience de traverser un parcours de formation et de pratique qui risque d'être long si vous souhaitez atteindre votre but. Cependant, plus vous pratiquerez, plus vous aurez de plaisir à jouer et plus vous deviendrez compétent. Quand vous serez parvenu à cette virtuosité, vous exécuterez votre art facilement d'une manière naturelle et vous franchirez avec douceur les défis à relever pour devenir encore meilleur.

94 Daniel Goleman, *L'intelligence émotionnelle*, p. 142-143-144.

> Je reviens à la question que je vous ai posée précédemment: **qu'est-ce qui vous motive au point que, quand vous accomplissez cette chose, vous devenez concentré à 100 % et vous oubliez tout le négatif qu'il y a dans votre vie?** Arrêtez-vous maintenant pour répondre à cette question avant de poursuivre votre lecture. Faites-le dans le respect de ce qui vous intéresse vraiment. Répondez à partir de ce qui vous stimule, vous passionne, vous donne le goût de vivre, tant sur le plan de vos loisirs et de votre travail que sur celui de vos relations.

C'est en répondant moi-même à cette question que j'ai pu orienter mes choix de vie sur ce qui m'anime vraiment: la relation, la communication authentique, la recherche, l'écriture, les voyages, l'art, le couple, la famille et l'amitié. Répondre à cette question m'a permis de faire mes choix de vie en fonction de ce qui me passionne, me motive et me fait vibrer.

Évidemment, quand je plaide en faveur de la passion, je fais allusion aux passions saines, à celles qui me poussent à devenir une meilleure personne, à des passions qui activent mon cerveau, stimulent ma créativité et exploitent mon intelligence. Croyez-moi, c'est en accomplissant des actions suscitées par des intérêts qui vous motivent que vous ouvrirez votre esprit à de multiples champs d'apprentissage et que vous réaliserez vos rêves.

Est-ce que toutes les étapes que vous aurez à franchir pour actualiser ces rêves seront agréables à traverser? La réponse honnête est non. Pour vous rendre au bout du chemin, il vous faudra vous rappeler votre motivation de départ. Si cette motivation est assez forte, vous passerez au travers des obstacles beaucoup plus facilement et sereinement que si vous ne l'avez pas définie. Autrement, vous risquez d'abandonner. Donc, pour atteindre vos objectifs dans la vie, concentrez-vous sur le plaisir que vous ressentez à l'idée de les avoir atteints et sur les besoins que vous voulez satisfaire en les réalisant.

Passez par votre porte centrale, celle de vos passions, celle de votre type d'intelligence, et vous entrerez dans une demeure qui vous donnera accès à d'autres portes toutes plus dynamisantes les unes que les autres. Ces nouvelles portes, si vous décidez de les ouvrir, vous amèneront à élargir votre zone de confort et surtout à multiplier les champs d'intérêt en lien avec votre motivation de départ. Elles contribueront à stimuler votre cerveau, à créer de nouveaux circuits neurologiques et à exploiter les potentialités infinies de votre intelligence, et ce, d'autant plus si vous œuvrez dans un contexte affectif stimulant et sécurisant.

La motivation et les relations humaines

De tous les facteurs de motivation qui existent, le plus important, le plus déterminant, celui qui englobe ceux que je viens de décrire, c'est la relation affective : la relation entre un parent et son enfant, entre un enseignant et ses élèves, entre un leader et ses collaborateurs, entre un employeur et ses employés, entre deux amoureux, entre deux amis. À celles-là s'ajoute la relation affective qui s'établit entre les étudiants d'un groupe-classe, entre les employés d'une entreprise, entre les membres d'une équipe sportive, entre les participants d'un groupe de croissance et surtout entre les enfants d'une même famille. La relation affective est le plus important facteur de motivation parce que c'est elle qui est à la source de nos plus grandes joies et de nos plus grandes peines dans la vie, et que ces émotions qu'elle nous fait vivre sont à l'origine de nos actions. Toutes nos relations créent des expériences qui suscitent nos émotions, fondent nos intérêts et engendrent nos besoins.

Pour appuyer mes énoncés à ce sujet, je me référerai aux auteurs du livre *Ces liens qui nous font vivre*, Rébecca Shankland et Christophe André, parce que le résultat de leurs recherches rejoint les convictions que j'ai toujours mises de l'avant tout au long de ma carrière et que j'ai partagées dans mes ouvrages depuis 1990. Les auteurs soulignent d'abord l'importance de la relation affective dans nos vies par ces phrases : *Ce qui contribue le plus à rendre les hommes heureux, ce sont les relations aux autres. Passer du temps à cultiver ces relations devrait être au cœur de nos priorités.*[95] C'est pour cette raison que j'ai mis la relation à la base de la formation des TRA^MD, Thérapeutes en Relation d'Aide^MD qui sont d'abord et avant tout des spécialistes de la relation humaine.

Si importante soit-elle, vous pouvez vous demander ceci : en quoi la relation affective est-elle le facteur premier de la motivation ? Autrement dit, en quoi peut-elle susciter votre désir d'agir, de vous réaliser et de réaliser vos rêves ? Et quelles sont les caractéristiques d'une relation qui stimule votre cerveau, contribue à la création de nouvelles connexions entre vos neurones et à l'exploitation des potentialités de votre intelligence ?

Caractéristiques d'une relation motivante

L'ATTACHEMENT

> **Toute relation qui éveille la motivation accorde une place prépondérante à l'attachement, c'est-à-dire à un sentiment réciproque d'affection, de sympathie et de loyauté profond et durable. Cette condition n'est pas seulement souhaitable à tout processus d'évolution, mais absolument indispensable.**

Les relations humaines privées d'attachement tant à la maison, au travail qu'à l'école, sont toujours insatisfaisantes, voire même nuisibles. De plus, elles ne sont pas du tout motivantes. *De nombreux travaux menés depuis plusieurs années*, écrivent les auteurs cités, *ont permis de mettre en évidence les bénéfices d'une relation chaleureuse de l'enseignant envers ses élèves. Ces effets ont été observés non seulement sur le bien-être et la santé mentale des élèves, avec une diminution des risques d'anxiété, de dépression et de délinquance, mais aussi sur leurs apprentissages.*[96] Ils ajoutent plus loin : *une enquête menée auprès de jeunes en décrochage scolaire révèle également que, pour ces derniers, le manque de proximité relationnelle fait partie des motifs d'abandon scolaire.* [...] *Plus l'enfant développe*

95 Rebecca Shankland et Christophe André, *op. cit.*, p. 160.

96 *Op. cit.*, p. 57.

un lien d'attachement sécurisant, plus il développe de comportements d'exploration autonomes. Ainsi, *il semble tout à fait infondé, voire contreproductif, d'éviter l'attachement d'un enfant ou d'un adolescent à un adulte référent.*[97]

C'est aussi tout à fait inacceptable de croire que, devenus adultes, nous n'avons plus besoin de cet attachement relationnel pour nous épanouir. À tout âge et quel que soit le type de relation, l'attachement est le moteur d'une vie saine, d'une relation gratifiante, sécurisante, motivante et heureuse. D'*après les recherches en neurosciences positives*, confirment Shankland et André, *les êtres humains semblent programmés pour s'attacher et pour partager une relation empreinte d'affection. Ces liens constituent un facteur protecteur essentiel face aux troubles de santé physique et mentale.*[98] Ils nous procurent la motivation nécessaire pour nous rendre au-delà de ce que nous croyions être capables. De plus, c'est cet attachement bien vécu et bien assumé qui favorise le plus le développement du lien social duquel nous ne pouvons pas nous passer.

LE LIEN SOCIAL

Notre sentiment de lien social se développe quand on est intégré à un groupe et qu'on se sent accepté et apprécié.[99] Abraham Maslow, l'un des pères de la psychologie humaniste, a mis le besoin d'appartenance au cœur de sa pyramide de hiérarchie des besoins. Sa théorie, exposée pour la première fois en 1943 dans A T*heory of Human* Motivation, est encore une source de référence en psychologie aujourd'hui. Plus tard, en 1970, dans la deuxième édition de *Motivation and* Personality[100], il démontre clairement que les besoins sont à la source de toute motivation. Parmi les besoins qu'il place dans sa pyramide se trouve le besoin d'appartenance.

J'ai déjà moi-même souligné l'importance de la satisfaction de ce besoin dans mon ouvrage D*e quels systèmes relationnels êtes-vous prisonnier*?[101] Je l'ai mise en évidence lorsque j'ai décrit le système

---

97 O*p. cit.*, p. 63.

98 O*p. cit.*, p. 52.

99 O*p. cit.*, p. 52.

100 Abraham Maslow, *Motivation and* Personality.

101 Colette Portelance, D*e quels systèmes relationnels êtes-vous prisonnier*? p. 197 à 200.

envahisseur/envahi et montré à quel point, quand ce besoin n'est pas satisfait, il peut causer de sérieux problèmes relationnels. Selon Maslow, la satisfaction du besoin d'appartenance est tellement importante qu'elle est un prérequis à l'estime de soi. Autrement dit, une personne ne peut cultiver l'amour d'elle-même si elle ne développe pas de liens sociaux où elle se sent reconnue, valorisée, appréciée et importante pour les autres. Elle ne peut pas non plus exploiter pleinement ses ressources si elle ne se sent pas intégrée socialement et si son besoin d'appartenance à un groupe n'est pas satisfait, que ce groupe soit sa famille, sa classe, son équipe sportive, sa bande d'amis ou sa cellule professionnelle. Ce besoin est tellement essentiel que s'il n'est pas satisfait dans leur famille, certains jeunes choisissent pour le combler, de s'intégrer dans un groupe qui les amènera à adopter des valeurs et à poser des actions néfastes tant pour eux-mêmes que pour leur entourage et la société.

Des recherches ont mis en évidence l'impact sur les performances cognitives [...] lorsqu'une personne éprouve un sentiment d'exclusion sociale ou de solitude.[102] Cela signifie que lorsqu'un enfant est rejeté par ses parents ou par sa fratrie parce qu'il est différent, rebelle ou mouton noir; lorsqu'un élève se sent exclu dans sa classe pour les mêmes raisons ou parce qu'il a des problèmes académiques ou de comportement; lorsqu'une personne adulte est écartée ou qu'elle s'isole par peur du jugement ou parce qu'elle a honte de ce qu'elle est, il est incontestable que son besoin d'appartenance n'est pas satisfait. Les conséquences sur le plan de la santé mentale sont largement démontrées.

C'est la responsabilité du parent, de l'enseignant, d'un bon leader de faire en sorte que chaque membre du groupe familial, scolaire, sportif ou professionnel auquel il s'adresse soit bien intégré et qu'il soit apprécié et valorisé par ses camarades, ses collègues ou par ses frères et sœurs. Ses interventions doivent être dépourvues de favoritisme, de comparaisons infériorisantes et de remarques humiliantes. Elles doivent plutôt être empreintes de justice, de valorisation et d'affection. Chaque

---

102 Rebecca Sankland et Christophe André, *op. cit.*, p. 87.

membre du groupe duquel il a la responsabilité doit se sentir important, unique, et avoir le sentiment sécurisant qu'il a de la valeur, qu'il est intelligent et qu'il mérite l'amour et le respect.

La proximité relationnelle est recherchée dès la naissance. Elle est essentielle à notre survie.[103] Cette affirmation de Shankland et André nous porte à réfléchir. Être parent, enseignant, leader, c'est beaucoup plus qu'une fonction. C'est une mission qui demande beaucoup de travail sur soi, de connaissance et de compréhension de la nature humaine. Nous ne pouvons offrir ce que nous n'avons pas. Ce qui rend notre mission si précieuse et si enrichissante, c'est qu'elle nous force à nous remettre en question constamment, à prendre conscience ici et maintenant de nos besoins, de notre vécu et de nos réactions.

Tous ceux qui pratiquent un métier ou une profession doivent une bonne partie de leur réalisation à un parent et un enseignant qui leur ont appris à parler, à écrire, à compter, et qui leur ont communiqué à la maison, à l'école, au collège ou à l'université les valeurs et les connaissances nécessaires à l'accomplissement de leur vie. **Malheureusement, s'il est une vocation non suffisamment reconnue dans notre monde, c'est bien celle de l'éducateur à qui nous devons tous une partie de ce que nous sommes aujourd'hui. Éduquer, c'est beaucoup plus que transmettre un savoir, c'est surtout pouvoir le transmettre avec assez de passion pour susciter la motivation; c'est contribuer à mettre une pierre de plus dans l'édification intérieure d'un être humain, et c'est l'aider à devenir plus intelligent et plus compétent pour qu'il puisse avoir confiance en lui et qu'il puisse contribuer à bâtir un monde meilleur parce qu'il a appris à mettre en valeur toutes les potentialités de son intelligence.**

103 *Op. cit.*, p 39.

LA COMPÉTENCE

Avant de développer le thème de la compétence, je vous propose d'identifier, dans votre entourage, une personne que vous considérez comme compétente. En quoi cette personne est-elle compétente ? Quelles sont les qualités qui vous permettent de lui attribuer cette caractéristique ?

Maintenant que vous avez répondu à ces questions, demandez-vous en quoi vous êtes vous-même compétent. Répondez bien à ces questions avant de poursuivre votre lecture.

Pour vous aider à reconnaître votre valeur – ce qui n'est généralement pas facile – une définition du mot *compétence* contribuera sûrement à vous éclairer.

> **Être compétent, c'est avoir une connaissance approfondie et une expérience importante dans un domaine, quel qu'il soit, où vous excellez parce qu'il vous passionne au point de vous fournir l'énergie nécessaire pour franchir les obstacles que vous y rencontrez et au point de vous en servir comme tremplin vers encore plus de maîtrise, plus d'expertise, plus de professionnalisme, plus de génie créateur et plus de joie de vivre.**

Le mot le plus important de cette définition est le mot *passion*. La véritable compétence repose sur une passion pour ce que vous faites, que ce soit un loisir, un travail, une activité relationnelle ou autre. Vous pouvez être compétent comme joueur d'échecs, par exemple, ou comme danseur de rock. Vous pouvez avoir des talents pour cuisiner des pâtisseries ou lire des livres et en faire des résumés, pour vous adresser à un groupe avec éloquence ; vous pouvez posséder des talents d'imitateur, de jongleur, de mixologue, de rénovateur, etc. Ne cherchez pas votre passion uniquement dans un travail professionnel. L'important, c'est d'être passionné. Imaginez un enseignant qui connaît parfaitement sa matière, qui est considéré comme un érudit dans le sujet qu'il enseigne, mais qui n'aime pas enseigner. Imaginez que le mécanicien qui répare votre voiture pratique son métier pour gagner sa vie, qu'il n'est pas heureux dans ce qu'il fait et que ce n'est pas ce qu'il aurait aimé accomplir comme travail dans la vie, mais qu'il *aurait souhaité être un artiste.*

Chez un individu compétent, la passion est tellement grande qu'il a un plaisir évident à pratiquer ce qu'il fait, qu'il aime apporter quelque chose aux autres grâce à sa spécialité, qu'il cherche constamment à apprendre et à s'améliorer dans son domaine et qu'il transmet tellement bien sa ferveur par son comportement et son attitude qu'il nous donne le goût de le consulter, voire plus, le goût d'apprendre sur ce qu'il fait. C'est en ce sens que la compétence est motivante.

Comme je l'ai écrit précédemment, ma mère était institutrice. Avant de se marier, elle a enseigné cinq ans pour trois cents dollars par année dans une école de campagne où elle avait au-delà de quarante élèves de la première à la septième année du cours primaire. Elle adorait son travail et manifestait une telle compétence que, sur recommandation de l'inspecteur, son salaire a été augmenté de cent dollars, ce qui, à la fin des années 1930, était une fortune pour un enseignant. Or, dans ces années-là au Québec, il n'était pas permis à une femme mariée d'enseigner ; par surcroît, un homme qui laissait sa femme poursuivre une carrière était considéré comme étant incapable de la faire vivre et de faire vivre sa famille. Par conséquent, elle a dû quitter l'enseignement pour se consacrer à son rôle de mère au foyer, position fortement valorisée par l'Église à cette époque. C'était pourtant une femme de carrière qui a beaucoup souffert de ce deuil professionnel. Toute ma vie, j'ai entendu ma mère me parler de la profession d'enseignante comme de l'orientation professionnelle la plus passionnante, la plus stimulante, la plus extraordinaire qui soit. Elle a tellement bien communiqué sa passion que tous ses enfants, sauf un, sont devenus professeurs. Je peux affirmer aujourd'hui que jamais un seul instant je n'ai regretté mon choix et que j'ai envers ma mère une reconnaissance infinie de m'avoir transmis sa passion.

Ce que j'ai retiré de cette expérience, c'est que nous pouvons, comme éducateur scolaire ou parental, vanter les avantages d'une orientation professionnelle quelconque. Cependant, si nos motifs d'encouragement ne sont que d'ordre rationnel et matériel, notre influence sera très limitée parce qu'il n'y a pas d'influence positive sans passion.

> **À quoi sert une relation motivante ? Elle sert à transmettre, grâce à une compétence qui résulte d'un enthousiasme débordant et contagieux, à communiquer aux enfants et aux élèves l'importance cruciale d'orienter leur choix de carrière vers ce qui les passionne parce que c'est la façon la plus sûre pour eux d'être heureux, de développer leur compétence, leur créativité et, *ipso facto*, leur intelligence.**

Dis-le-moi et je l'oublierai. Montre-le-moi et je m'en souviendrai peut-être. Implique-moi et je comprendrai, énonce un proverbe chinois. **Pour motiver une personne à apprendre, il faut qu'elle soit investie et touchée favorablement. Et nous touchons les autres par ce que nous sommes et par l'enthousiasme qui se dégage de nos paroles quand nous nous adressons à eux. La motivation passe par le cœur, jamais par la tête. Une fois le cœur conquis, la tête suit. Elle résulte d'un choix fondamental, celui de toujours écouter notre cœur et de suivre la route qui respecte notre type d'intelligence.**

Même si votre tête veut vous orienter sur une route qui vous attire pour des raisons uniquement matérielles et rationnelles, n'oubliez pas que le chemin du cœur est toujours le plus sûr pour vous réaliser, explorer toutes les potentialités de votre intelligence et pour rayonner la joie de vivre. Normalement, nous devrions gagner notre vie avec un travail qui nous passionne. Si l'école tenait davantage compte de cette réalité, il y aurait beaucoup plus de gens heureux et de génies dans le monde.

Chapitre 10

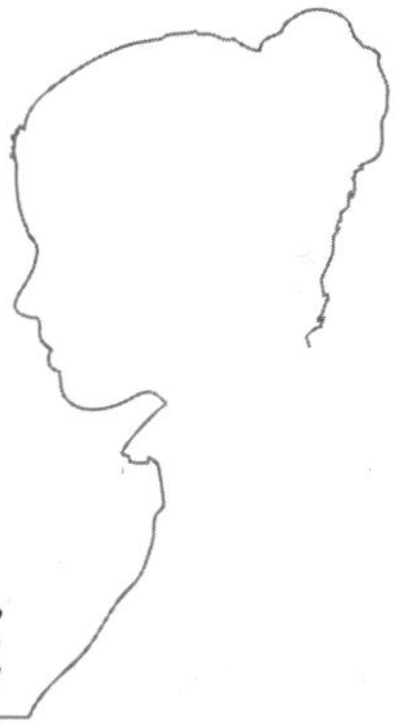

L'INTELLIGENCE IRRATIONNELLE À L'ÉCOLE

On commence à vieillir
quand on finit d'apprendre
Proverbe japonais

La motivation à l'apprentissage

Apprendre est un besoin fondamental chez nous, les êtres humains ; un besoin que nous devons impérativement satisfaire jour après jour pour nous réaliser et réaliser nos rêves ; un besoin qui nous pousse à dépasser nos peurs, à nous ouvrir au changement, à activer notre cerveau, à exploiter nos potentiels, à développer nos types d'intelligence ; un besoin qui nous incite à créer notre vie et à participer à la création du monde.

Le mot *apprendre* est souvent associé, dans nos esprits, à l'acquisition de connaissances de nature strictement spéculative. C'est limiter son sens que de le réduire uniquement à son côté logique et théorique. En réalité, nous pouvons apprendre le piano, la plomberie, l'espagnol, le patinage artistique ; apprendre à jouer au tennis, à écrire, à peindre, à danser, à incarner un rôle au théâtre, à réparer des voitures, à construire des maisons ; apprendre les lois de la gravité et de la relativité ; apprendre à distinguer les grandes époques de l'Histoire ou les courants de pensée de la psychologie et de la littérature. Autrement dit,

apprendre n'est pas un privilège réservé seulement à ceux qui sont dotés d'une intelligence de

type rationnel. L'apprentissage est accessible à tous les types d'intelligence incluant l'intelligence irrationnelle.

Malheureusement, l'école ne l'a pas toujours compris et ne le comprend pas encore dans certains milieux, ce qui a notamment pour conséquences qu'au lieu d'éveiller la motivation chez ceux qui n'ont pas une intelligence de type cartésien, elle est trop souvent source de démotivation, voire de décrochage. Chez ceux-là, la soif innée d'apprendre ce qui les intéresse est étouffée. Ce fut le cas de Mike, ce grand artiste mondial de la musique POP, de Gillian Lynn, danseuse étoile et grande chorégraphe internationale, de Jean-Paul Gaultier, un des plus grands stylistes et modélistes du monde, qui ont interrompu leurs études pour se consacrer à ce qui les motivait dans leur vie. Grâce à leur fidélité à eux-mêmes, ils ont merveilleusement bien réussi dans leur champ d'intérêt parce qu'ils ont suivi la voie de leur cœur.

Nous passons 15 ans à l'école, affirme Einstein, *et pas une fois on nous apprend la confiance en soi, la passion et l'amour qui sont les fondements de la vie. [...] Je ressentais ma soif de connaissances comme étranglée par mes professeurs ; les notes étaient leurs seuls critères. [...] À partir de l'âge de 12 ans, j'ai commencé à me méfier de toute autorité.*[104] L'expérience de ce scientifique renommé rejoint celle de l'écrivain contemporain Haruki Murakami qui écrit dans son livre *Profession écrivain* : *Quand quelque chose me plaît ou m'intéresse, je me plonge à fond dedans [...] Mais il m'est impossible de m'appliquer si la question ne m'intéresse pas.*[105] *Pour quelle raison est-ce que je n'étudiais pas sérieusement ? C'est très simple [...] il y avait dans le monde beaucoup de choses que je jugeais bien plus passionnantes que le travail scolaire.*[106] *En tout cas, je me souviens parfaitement du soulagement que j'ai ressenti quand je suis sorti diplômé de l'université. J'ai alors pensé : ça y est ! Tu n'as plus à remettre les pieds là-dedans. J'ai eu la sensation qu'un lourd fardeau m'était ôté des épaules.*[107]

---

104 Anthony Duncan, *Les perles d'Einstein*, p. 36-37.

105 Haruki Murakami. *Profession écrivant*, p. 133.

106 *Op. cit.*, p. 128.

107 *Op. cit.*, p. 127.

De tels témoignages de la part de personnes considérées comme des experts dans leur domaine ne peuvent nous laisser insensibles au déchirement ressenti par ceux qui subissent l'école pendant des années parce qu'ils n'y trouvent pas d'intérêt. Ils s'y traînent par obligation et non par motivation. À ce sujet, je rejoins Gardner lorsqu'il écrit : *En s'appuyant sur l'intérêt et la motivation de l'enfant, l'école réussirait peut-être mieux à remplir sa tâche essentielle : rendre l'enfant plus à même de s'engager authentiquement dans son propre apprentissage.*[108]

Cela dit, loin de moi l'idée de faire le procès de l'école qui fait un travail remarquable d'évolution, particulièrement ces dernières années alors qu'elle doit, notamment, s'adapter aux changements énormes et incessants causés par l'avènement de nouvelles technologies et aussi par l'immigration. Les professeurs ont le mérite et l'avantage extraordinaires de devoir composer avec des élèves qui viennent de partout dans le monde, qui ont des cultures différentes, des intérêts différents, des histoires différentes et des types d'intelligence différents. De plus, ils ont dans leur classe des enfants et des adolescents qui ont de sérieuses carences affectives et alimentaires, qui sont privés de la satisfaction de leurs besoins fondamentaux et qui sont beaucoup trop perturbés psychiquement pour apprendre ce qui ne les intéresse pas. **Jamais je ne répéterai assez à quel point les enseignants méritent notre admiration et une considération beaucoup plus grande que celle qu'ils reçoivent actuellement,** surtout en ces temps de pandémie.

Tant de facteurs et d'individus sont en cause dans la conception et l'actualisation des principes qui soutiennent l'école. S'il est une personne en mesure de comprendre le travail colossal et l'immense responsabilité de ceux qui œuvrent dans les milieux scolaires (enseignants, directeurs, spécialistes, personnel de soutien, etc.), c'est bien moi qui ai cherché, en tant qu'enseignante à l'école secondaire pendant près de 20 ans, à accomplir ma tâche en composant avec les programmes qui changent régulièrement, les consignes du ministère de l'Éducation et des directions d'école,

108 Howard Gardner. *Les intelligences multiples*, p. 159.

les attentes des parents et les besoins des élèves. Mon amour des jeunes, ma passion pour mon travail de même que mon intérêt pour les relations humaines ont toujours été mes plus grandes motivations. Ils ont rendu ma tâche vraiment agréable. J'étais à ma place et je le savais. J'appréciais le fait de pouvoir faire un travail que j'aimais alors qu'il y avait autour de moi des collègues qui n'arrivaient pas à se réaliser et à s'épanouir dans l'enseignement parce qu'ils n'avaient pas choisi le bon chemin ou qu'ils se sont rendu compte, en cours de route, qu'ils n'avaient pas fait le bon choix.

Les attentes par rapport aux enseignants de la part des parents sont élevées, ce qui est tout à fait compréhensible. Ils leur confient ce qu'ils ont de plus précieux au monde : leurs enfants. C'est donc à juste titre qu'ils espèrent que leur fils ou leur fille apprenne à lire, à écrire et à compter, qu'il réussisse et qu'il soit heureux à l'école. Les enseignants en sont d'ailleurs très conscients, mais peuvent-ils arriver à maintenir leur propre motivation et celle des jeunes compte tenu de la complexité de leur tâche ?

Ce chapitre a précisément pour objectifs de vous entretenir des obstacles à l'éducation, des buts vers lesquels elle devrait tendre et des principes qui devraient la soutenir et soutenir la formation des enseignants pour qu'elle participe au développement de l'intelligence des jeunes et des moins jeunes, qu'elle suscite leur motivation et qu'elle leur procure l'élan nécessaire à l'actualisation de leurs potentiels et à la concrétisation de leurs rêves. Voyons, pour débuter, quels sont les obstacles qui empêchent l'école d'accomplir le mieux possible le rôle pour lequel elle existe.

Les obstacles à l'apprentissage

Gardner sera ma principale référence en ce qui concerne les obstacles fondamentaux qui briment l'école dans sa mission. Je le rejoins lorsqu'il dénonce ce qu'il appelle les trois déformations de la société qui ont une influence délétère sur l'école, ses enseignants et, par ricochet, ses élèves : *l'occidentalisme, l'élitomanie* et la *testomanie.*[109]

Gardner décrit **l'occidentalisme** comme l'héritier de la pensée logique de Socrate, de cette pensée mise sur un piédestal depuis des siècles, de cette pensée qui favorise ceux qui, à l'école, ont une intelligence de type rationnel. Sans dénigrer ce type d'intelligence qu'il nomme *logico-mathématique*, il affirme qu'il est loin d'être le seul.

Quant à **l'élitomanie**, elle est une conséquence de la prédominance de la pensée logique en ce sens qu'elle survalorise certains étudiants au détriment des autres. Elle éveille les sentiments de supériorité et d'infériorité qui existent actuellement dans certaines familles, certains milieux de travail, certains cadres scolaires et dans la société en général. Elle cause ainsi de nombreux problèmes affectifs, relationnels et professionnels. L'élitomanie incruste subrepticement dans l'esprit des enfants, dès l'école primaire, l'idée qu'ils sont plus ou moins intelligents que les autres suivant les notes qu'ils obtiennent aux examens. Elle est fondée sur la comparaison et, dans trop de cas, elle imprime au fer rouge dans la tête de ces élèves, une étiquette dévalorisante ou hyper gratifiante qu'ils peuvent traîner toute leur vie. Cette étiquette perturbe leurs relations avec les autres et déforme l'image qu'ils ont d'eux-mêmes.

Se croire *supérieur* aux autres est aussi nocif que de se croire *inférieur* parce que ces étiquettes n'ont rien à voir avec la réalité. Elles attribuent une valeur excessive à l'intelligence rationnelle au désavantage des intelligences pratique et artistique. Des premiers de classe n'ont pas réussi à être heureux dans la vie alors que d'autres qui ont dû se battre pour réussir ont atteint des sommets dans ce qui les intéressait. Il n'y a personne de supérieur aux autres en ce monde, quels que soient ses titres de gloire, sa culture, ses diplômes ou ses trophées. Nous avons tous quelque chose à donner aux autres et à apprendre d'eux, que nous soyons jeunes, vieux, malades ou limités physique-

109 *Op. cit.*, p. 33-34.

ment, intellectuellement ou affectivement. De cela, je suis profondément et viscéralement convaincue.

Lorsque j'étais jeune, j'ai eu le bonheur de côtoyer une cousine de ma mère qui était trisomique. Elle avait mon âge et je l'aimais vraiment beaucoup. J'étais toujours contente de la revoir parce que sa pureté de cœur me faisait du bien. Bien que nous ne nous voyions pas souvent, nous étions très attachées l'une à l'autre. Les rencontres avec cette cousine font partie de mes meilleurs souvenirs d'enfance et d'adolescence. Avec elle, j'ai appris qu'il était possible d'aimer quelqu'un avec ses différences, quelles qu'elles soient. J'ai aussi appris à quel point l'ouverture du cœur et l'acceptation des autres tels qu'ils sont peuvent changer quelque chose dans notre relation avec eux. Marguerite est décédée aujourd'hui, mais elle fera toujours partie des expériences relationnelles les plus lumineuses de ma vie.

Une autre expérience personnelle me confirme que l'acceptation des autres tels qu'ils sont nous permet d'apprendre d'eux et d'apprendre des événements qui surviennent dans nos vies. Ces événements peuvent nous apporter plus que tous les livres écrits sur le sujet. Une de mes cousines est mère d'un fils qui souffre d'une paralysie cérébrale. Il ne parle pas du tout et ne marche pas. Cet enfant dépend entièrement de ses parents pour manger, se laver et se déplacer. Il est incontinent et ne peut se tourner tout seul dans son lit la nuit. Elle doit changer sa couche et se lever au moins deux fois par nuit pour modifier sa position et assurer son confort.

Ce fils est devenu un homme. Il a aujourd'hui 30 ans. Ma cousine et son mari, le père de l'enfant, sont pour moi des modèles d'amour vrai, de générosité de cœur et de disponibilité inconditionnelle à son égard. Quand je leur dis à quel point je les admire tous les deux, ils sont surpris. Ils ne s'occupent pas de leur fils par obligation, mais par choix et par amour. Ils l'amènent partout dans son fauteuil roulant : en voyage, au restaurant, à toutes les rencontres familiales : mariages, funérailles, anniversaires, fêtes nationales ou religieuses. Ils lui parlent comme à un adulte et comprennent parfaitement son langage silencieux. Ce langage est pourtant complètement énigmatique pour le monde extérieur dont je fais partie. Le plus remarquable et admirable est que ces deux parents exceptionnels sont toujours sereins. J'ai beaucoup d'affection pour eux et je ne peux imaginer ma relation avec cette cousine et son conjoint sans la présence de leur fils. Ils forment une famille indissociable, heureuse et normale à mes yeux.

> **Le terme *normalité* a une valeur très subjective. Pour ma part, je considère qu'une situation devient *normale* dans nos vies à partir du moment où nous l'avons acceptée.**

Ces deux expériences personnelles vous permettent sûrement de comprendre pourquoi, comme Gardner, je crois fermement que *l'élitomanie* est un obstacle important au respect des autres tels qu'ils sont, à la motivation à apprendre, à l'acceptation des différences et à l'amour de soi et de la vie. Chercher à dépasser les autres ne rend pas une personne supérieure. Cela fait d'elle une personne qui se défend d'un complexe d'infériorité non conscientisé par la supériorité comme je l'ai indiqué précédemment. Cette personne croit probablement que pour être aimée et reconnue elle doit être la meilleure, la plus importante, la plus intelligente, la plus digne d'exister. Sa croyance peut la pousser à se mettre constamment en compétition avec les autres. La seule manière pour elle de se libérer de son sentiment d'infériorité ou de supériorité est de prendre conscience que sa valeur, sa force et sa grandeur se trouvent dans ce qu'elle est et qu'elle n'a pas besoin d'en faire toujours plus ni de prouver quoi que ce soit à personne pour être aimée. Si elle ne travaille pas à cette libération, elle doutera toute sa vie de l'amour des autres parce qu'elle manquera d'acceptation et d'amour d'elle-même.

La dernière déformation sociale dénoncée par Garder, qui nuit à l'apprentissage, c'est la ***testomanie*** ou la manie des tests. Il accorde une grande importance à cet obstacle qu'il considère comme le moyen utilisé par l'école pour classer les enfants et les enfermer dans des moules de *bons* ou *mauvais* élèves. Toutefois, **la différence entre un test et une évaluation est claire pour lui, le premier ayant pour but de dépister les faiblesses des élèves et le second de découvrir leurs intérêts et leurs potentiels.**

LES TESTS D'INTELLIGENCE

Parmi les tests les plus connus et les plus utilisés pour jauger l'intelligence humaine se trouve le test d'appréciation normative du quotient intellectuel ou test QI. Le QI est une mesure de la capacité intellectuelle d'une personne par rapport à la moyenne d'un groupe. Il est essentiellement un outil de comparaison. Créé en 1905 par le pédagogue et psychologue français Alfred Binet, à la demande des autorités municipales de l'éducation à Paris, il s'est rapidement répandu en Europe et aux États-Unis après la Première Guerre mondiale. De nombreux tests ont régulièrement été créés par la suite dans le but d'assurer l'efficacité pédagogique.

Malheureusement, le test QI, comme la plupart des autres tests qui mesurent l'intelligence et les connaissances, comporte de nombreux inconvénients et son application est loin d'avoir des conséquences toujours positives chez ceux qui le subissent. Sa première faiblesse est de ne mesurer que les compétences langagières, logiques et mathématiques, ce qui, évidemment, favorise les rationnels et désavantage les pragmatiques et les esthètes. Il restreint donc la notion d'intelligence à un seul type. De plus, en tant qu'outil de comparaison, il renforce les inégalités dans les classes et véhicule une conception uniforme d'une éducation où tous les élèves sont soumis au même programme et où ce programme est enseigné à tous de la même manière.

Malheureusement, le test QI ne tient pas compte de l'origine culturelle des élèves ni de leurs intérêts individuels, encore moins de leur intelligence irrationnelle. Il sert plus à les stigmatiser et à les enfermer dans une norme préétablie qu'à les aider à découvrir et à exploiter leurs talents et leurs différences. À ce sujet, Gardner pose les questions suivantes : *Le joueur d'échecs, le virtuose ou l'athlète sont-ils intelligents ? S'ils le sont, pourquoi nos tests d'intelligence échouent-ils à déceler cette intelligence ? Et s'ils ne le sont pas, qu'est-ce qui leur permet d'accomplir des performances aussi étonnantes ? De façon générale, pourquoi l'acception contemporaine du mot* intelligence *laisse-t-elle de côté de si vastes domaines de l'activité humaine ?*[110]

---

110 *Op. cit.*, p. 36.

L'auteur des intelligences multiples considère donc, avec raison, que ces tests ne mesurent qu'une partie de l'intelligence et qu'ils ne l'abordent pas dans sa totalité. Ils sont donc limités et sont de bien piètres prédicteurs de l'avenir. L'*un des secrets de polichinelle de la psychologie*, affirme Goleman, *est que, contrairement aux idées reçues, les diplômes, le* QI *et les concours ne permettent pas de prédire de manière certaine qui réussira dans la vie.* [...] *Quand on retraça la carrière de* 90 *étudiants de* Harvard *des années quarante* [...] *on s'aperçut que ceux qui avaient obtenu les meilleurs résultats aux examens n'avaient pas réussi mieux que les autres* [...] *ils n'étaient pas plus heureux dans leur vie privée* [...]. *Le fait qu'un individu soit parmi les premiers de sa classe montre seulement qu'il est particulièrement apte à obtenir de bonnes notes. Cela ne nous apprend rien sur sa capacité à réagir face aux vicissitudes de la vie.*[111]

C'est pourquoi Gardner questionne l'utilité des tests. Par contre, il reconnaît l'importance de l'évaluation qui, selon lui, a pour but de permettre à l'élève, avec l'aide de son professeur, de se connaître, de découvrir ses forces et ses ressources, de se fixer des objectifs à court et à long terme à partir de ce qu'il est et de ce qu'il aime, et de trouver des moyens pour les atteindre.

Pour un enseignant, une telle approche évaluative n'est pas facile à réaliser. Bruno Hourst en est bien conscient lorsqu'il pose les questions suivantes : *Comment évaluer l'apprentissage de connaissances acquises* [...] *tout en respectant le développement propre de l'élève, ses capacités ou ses difficultés particulières ? Comment utiliser les résultats de cette démarche de façon à stimuler la motivation de l'élève ?* Et quand il affirme que l'école donne la priorité aux intelligences logique et théorique, Hourst nous demande : *Confieriez-vous votre vie à un pilote qui soit certifié uniquement après avoir répondu à des tests écrits ?*[112]

La réponse aux deux premières questions n'est vraiment pas évidente. Cette conception de l'école centrée sur la motivation et cette conception de l'évaluation centrée sur l'exploitation des potentiels ne sont pas toujours intégrées dans le processus d'apprentissage auxquels de nombreux élèves sont soumis dans certains cadres scolaires. Il ne sert à rien de blâmer qui que

111 Goleman. *L'intelligence émotionnelle*, p. 58-59.

112 Bruno Hourst. *À l'école des intelligences multiples*, p. 169-170-171.

ce soit de cet état de fait. Il est tout à fait normal que ces nouvelles conceptions pédagogiques bousculent les habitudes et les croyances. Au lieu d'accuser, prenons conscience de ce que nous avons à remettre en question personnellement, et donnons-nous du temps pour questionner nos certitudes et pour trouver des moyens afin d'adapter ces connaissances à propos des types d'intelligence, de l'intelligence en général à la réalité concrète de l'apprentissage scolaire.

Tellement de structures établies et de personnes sont concernées par ces nouveaux concepts pédagogiques. Nous ne pouvons faire avancer un système institutionnalisé du jour au lendemain sans déranger nos habitudes et sans désenclaver nos zones de confort. Rappelons-nous que le connu rassure et que l'inconnu, l'inhabituel et le changement déstabilisent, du moins pour le temps de la transition vers le nouveau. Surtout, ne blâmons pas ceux qui travaillent dans le domaine de l'éducation. Ils font un travail remarquable d'adaptation continuelle et d'ouverture au changement. J'en sais quelque chose. Nous sommes tous dans le même bateau, nous les éducateurs. Au lieu de critiquer et de juger, voyons plutôt quels sont les buts d'une pédagogie qui suscite la motivation, apportons des solutions et restons l'esprit ouvert à apprendre.

Les buts de l'apprentissage à l'école

Éduquer ne consiste pas à
remplir des vases,
mais à allumer des feux.
Montaigne, XVIe siècle

Remplir les enfants de connaissances dans le but qu'ils puissent les restituer aux examens n'a évidemment jamais favorisé la rétention de tous ces contenus secs, dépourvus des émotions agréables qui devraient accompagner, voire imprégner le processus d'apprentissage. Savez-vous quel pourcentage vous avez retenu des connaissances qui vous ont été enseignées au cours secondaire ? Apparemment, vous n'en auriez intégré que 5 à 10 %.

> Rappelez-vous les moments les plus agréables d'apprentissage que vous avez vécus pendant cette période. Qu'est-ce qui a rendu ces moments agréables ? Était-ce votre relation avec votre professeur ou avec vos camarades ? Était-ce le fait que vous vous soyez senti utile, considéré, intelligent, compétent ? Les bons souvenirs de cette étape de votre vie étaient-ils réjouissants parce que le savoir enseigné ou la façon dont il était présenté ont suscité votre intérêt ? Qu'est-ce qui vous intéressait à l'école ? Quels cours et pourquoi ? Qu'est-ce qui vous reste de plus important de votre passage à l'école secondaire ?

Quoi qu'il en soit, il n'en reste pas moins qu'un enseignement qui ne découle pas d'une alliance entre les cerveaux du ventre, de la tête et du cœur a de fortes possibilités d'être oublié. Pour cette raison, je ne crois pas que le principal but de toute forme d'éducation soit uniquement de communiquer un savoir. Ce but est difficilement atteignable si les priorités suivantes ne sont pas considérées. À mon avis, un bon apprentissage bien intégré est impossible à réaliser si l'enseignant n'est pas lui-même passionné par ce qu'il veut transmettre, s'il ne fait pas un travail sur lui-même pour le transmettre avec tout son être, c'est-à-dire, non seulement avec sa tête, mais aussi et surtout avec son cœur. **L'apprentissage peut difficilement être intégré si l'éducateur déverse froidement ses connaissances sans se montrer un être humain sensible, soucieux de la présence humaine de chacun de ses élèves dans sa classe, soucieux de tenir compte de leurs intérêts et de leurs types d'intelligence et soucieux d'établir avec chacun d'eux une relation affective authentique et saine qui communique à l'élève le sentiment profond qu'il est important et qu'il a de la valeur, quelles que soient ses notes et quel que soit son type d'intelligence.**

> **La relation prof/élève est, à mon avis, à la base de tout processus d'apprentissage heureux et efficace et tous les buts que doit poursuivre l'éducation auraient avantage à s'appuyer prio-**

ritairement sur la conscience des conséquences bienfaisantes ou nuisibles de cette relation.

Voici donc les objectifs que devrait viser une éducation qui veut assurer l'intégration des apprentissages intellectuels, pratiques ou artistiques :

- susciter la motivation des élèves et leur faire vivre le plaisir d'apprendre ;
- faire prendre conscience à ces mêmes élèves de leurs talents, de leurs intérêts, de leurs potentiels, de leurs ressources et de leur type d'intelligence, les respecter et les valoriser ;
- favoriser la connaissance de soi, l'acceptation de soi, la confiance en soi et l'amour de soi ;
- respecter le fonctionnement et la nature de l'être humain qu'est l'élève en tenant compte de toutes ses dimensions : intellectuelle, affective, corporelle et spirituelle ;
- contribuer à développer l'intelligence irrationnelle, motivationnelle, intrapersonnelle et spirituelle ;
- encourager la liberté d'être soi ;
- favoriser le développement de la créativité, de l'autonomie et de la débrouillardise ;
- donner au *savoir-être* une place aussi importante qu'au *savoir* et qu'au *savoir-faire* ;
- contribuer à la reconnaissance et à l'épanouissement des compétences de tous les apprenants pour qu'ils se sentent intelligents, talentueux et remplis de ressources ;
- respecter, valoriser et exploiter les potentiels de tous les types d'intelligence pour que les esthètes, les pragmatiques et les rationnels sentent qu'il y a une place pour eux à l'école et dans leur famille ;
- ouvrir l'élève à tous les possibles en lui apprenant ces *possibles* d'une manière agréable afin qu'il puisse s'intéresser progressivement à des champs de connaissances

et d'apprentissages autres que ceux auxquels il s'intéresse habituellement, et ce, tout en respectant son type d'intelligence.

Pour que ces buts soient concrétisés, il est essentiel qu'ils s'appuient sur des principes fondamentaux sans le respect desquels ils sont presque impossibles à atteindre.

Les principes fondamentaux de l'apprentissage à l'école

CE QU'EST UN PRINCIPE

Au sens que je lui attribue ici, le principe est un guide qui dirige notre action vers la réalisation de nos buts. Il ne doit pas être inflexible comme le tronc d'un chêne, mais souple comme celui d'un roseau. Rappelons-nous toujours que le principe a pour rôle de favoriser l'atteinte de nos objectifs dans la vie. En éducation, son rôle consiste donc à faciliter l'actualisation des buts énumérés précédemment. Tant qu'il respecte sa place de guide de l'action, le principe est utile, voire nécessaire. S'il ne remplit pas cette fonction et qu'il devient un carcan qui gêne notre croissance, il est important qu'il soit abandonné.

À mon avis, pour justifier la raison d'être d'un principe et pour qu'il soit source de motivation, il doit toujours être rattaché à un objectif de vie qui nous passionne. S'il n'est pas rattaché à un objectif qui nous motive, il nous rend rigides, sclérosés et prisonniers d'une règle que nous avons greffée et que nous nous imposons sans nous rendre compte qu'elle freine la réalisation de nos rêves. Cette règle, si elle est trop stricte, limite notre évolution et n'a pas sa place en nous si nous voulons aller de l'avant et accomplir notre mission de vie. Elle peut aussi freiner l'évolution de nos enfants si nous ne respectons pas leurs intérêts parce que nous n'avons pas tenu compte des nôtres.

L'une de mes connaissances a un fils qui voulait être musicien dans la vie. C'était un virtuose de la guitare et il rêvait de poursuivre des études en ce domaine. Sa mère, par contre, n'était pas d'accord avec lui. Elle avait la conviction qu'il ne gagnerait jamais sa vie avec la musique et qu'il devait se choisir une orientation plus sécurisante pour assurer son avenir professionnel et financier. Elle considérait la musique comme un loisir, pas comme une profession. L'intervention du professeur de guitare auprès d'elle ne lui fit pas changer d'avis. Elle était tellement figée dans son principe qu'il n'était pas question qu'elle le remette en question. Aujourd'hui son fils, qui a abandonné l'école à la fin du cours secondaire, gagne sa vie comme musicien. Il a coupé les ponts avec sa mère parce qu'il a choisi de suivre son cœur. Cet exemple nous montre que sans motivation, les jeunes n'ont pas d'intérêt à apprendre. Quels sont donc les principes générateurs de motivation qui soutiennent l'éducateur dans sa mission ? L'un d'eux et le plus important, que je ne développerai pas dans ce chapitre parce qu'il a été traité tout au long de ce livre, est l'importance prioritaire de sa relation avec ses élèves.

> **Le détachement affectif n'a pas sa place dans le monde de l'éducation. Il est l'un des principaux obstacles à l'apprentissage et il empêche incontestablement l'école d'atteindre ses buts.**

On ne peut donner que ce qu'on a, disait saint Vincent de Paul. L'enseignant ne peut contribuer à développer l'intelligence émotionnelle et l'intelligence relationnelle de ses élèves s'il est froid, distant, uniquement cartésien et complètement coupé de ses émotions.

En plus de l'importance de la relation, d'autres principes largement exposés dans ce livre ne feront pas l'objet d'explications supplémentaires. C'est le cas de l'importance fondamentale et primordiale de la motivation (chapitre 9). C'est aussi le cas du respect du fonctionnement synergique des trois cerveaux : ventre, cœur et tête (chapitre 8). Ce sont, en revanche, les principes suivants qui feront l'objet des prochains développements : l'adaptation de l'école à la vie en société, l'influence déterminante de l'environnement et la place indéniable de l'intelligence émotionnelle dans l'apprentissage.

L'ADAPTATION À LA VIE EN SOCIÉTÉ

Le mot *société* vient du latin *societas* qui veut dire *association*. La société est donc formée par un *ensemble d'individus qui établissent des liens entre eux*.[113] Il n'y a donc pas de société sans relations, sans règles, sans responsabilité. Pour bien vivre en société, il est fondamental d'apprendre à être en relation avec les autres, à communiquer avec eux, à partager, à contribuer. Vivre en société, c'est aussi apprendre à trouver un équilibre entre la vie privée et l'instinct grégaire, et surtout être bien conscient que le bien-vivre dans un groupe est la responsabilité de chacun de ceux qui le composent. Donc, **adapter l'école à la société, c'est inculquer aux élèves la notion de responsabilité, leur apprendre à être en relation avec les autres, à partager leurs forces et leurs talents, à contribuer à l'évolution de la communauté en y donnant le meilleur d'eux-mêmes. Nous savons que *le meilleur de soi* ne réside pas seulement dans nos savoirs. Il se trouve dans tout ce que nous sommes et que nous pouvons offrir de meilleur au monde grâce au respect intégral de notre nature profonde, de nos compétences et de nos types d'intelligence. Nous ne pouvons donner *le meilleur de soi* si nous négligeons notre vie affective et si nous n'accomplissons pas un travail qui nous passionne.**

Comment l'école peut-elle préparer les élèves à vivre sereinement en société? Certainement pas en évaluant uniquement leurs compétences rationnelles. Cela dit, il ne faut surtout pas attendre des institutions scolaires qu'elles portent toute la responsabilité et la charge de l'épanouissement et de l'accomplissement de ceux qui les fréquentent. C'est une tâche qu'elles partagent avec la famille et avec tout ce qui compose l'univers du jeune en dehors de l'école et de la maison.

L'école n'a pas pour rôle de remplacer les parents même si ces derniers ne sont pas adéquats par inconscience ou par manque de ressources. Sa mission principale est d'instruire, c'est-à-dire de transmettre, avec passion et amour, des connaissances théoriques, pratiques et artistiques. Si les parents envoient leurs enfants à l'école, c'est pour qu'ils apprennent à

113 Dictionnaire électronique Antidote, Druide informatique Inc., Montréal, QC.

lire, à écrire et à compter; c'est pour qu'ils enrichissent leurs connaissances; c'est pour qu'ils acquièrent des compétences qui leur permettront de bien gagner leur vie et de bien la prendre en main; c'est aussi pour qu'ils soient bien préparés aux rouages du monde dans lequel ils auront à vivre; c'est, enfin, pour qu'ils développent leur intelligence, leur sens du travail et de l'effort. Je ne connais aucun parent qui envoie ses enfants à l'école pour qu'ils fassent tout le temps ce qu'ils veulent. Dans la vraie vie, nous ne faisons pas tout le temps ce que nous voulons. Nous avons à faire des efforts pour atteindre nos objectifs et pour traverser les obstacles sur le chemin de la réalisation de nos rêves.

Je ne pense pas que les seuls changements de programme et de contenus pédagogiques donneront les résultats que nous recherchons. **Ce n'est pas la matière qu'un professeur enseigne qui importe le plus pour préparer des élèves à vivre en société; autrement dit, ce n'est pas son savoir dans cette matière qui compte le plus dans la tâche qu'il accomplit. J'ai vu des professeurs qui étaient des érudits, d'excellents théoriciens, des gens qui possédaient des doctorats dans leur spécialité, mais dont l'enseignement n'intéressait pas les élèves parce qu'ils n'étaient pas des pédagogues et qu'ils n'établissaient pas de relation affective avec ceux à qui il s'adressait. Ils axaient tout leur enseignement sur le savoir au détriment du savoir-faire et du savoir-être. Ils étaient des êtres de tête, mais pas des êtres de cœur. Des enfants et des adolescents se sont découvert un intérêt pour une matière qu'ils détestaient grâce à un enseignant passionné par son travail, un enseignant qui incarnait ce qu'il leur enseignait, un enseignant qui les aimait, les valorisait et qui voyait leurs potentialités, leurs talents, leur sensibilité, leurs espoirs au-delà de leurs résultats aux examens.**

À ce sujet, j'ai entendu à la télévision dans l'émission *Seconde chance* du 20 février 2021, l'histoire vraie et touchante d'un homme qui avait de très sérieux problèmes d'apprentissage à l'école. Ses résultats scolaires étaient pitoyables. Il ne comprenait pas ce que ses professeurs enseignaient et se croyait carrément stupide. Il avait la conviction profonde qu'il ne ferait rien de bon dans sa vie jusqu'au jour où un jeune professeur est allé vers lui et lui a proposé de visiter l'atelier de soudure où il enseignait. Cet enseignant l'a tellement valorisé et lui a manifesté tant d'importance au plan humain que ce jeune est devenu très compétent dans sa spécialité et qu'il a très bien gagné sa vie avec ce métier qu'il a exercé avec passion jusqu'à la retraite. S'il a participé à ce programme animé par Marina Orsini, c'est qu'il voulait, quarante ans plus tard, retrouver ce professeur qui avait su reconnaître son type d'intelligence pour le remercier d'avoir changé sa vie.

Préparer un enfant à vivre en société, c'est croire en lui au point qu'il soit convaincu qu'il a de la valeur et qu'il a quelque chose à donner, peu importe ses notes aux épreuves d'évaluation, et peu importe ce qu'il a à donner. L'entourage et l'environnement ont donc une influence indéniable et déterminante sur l'éduqué. Comme cette influence agit incontestablement sur son présent et sur son avenir, il m'importe d'y consacrer une partie de ce chapitre.

L'INFLUENCE DE L'ENVIRONNEMENT

L'environnement a un pouvoir déterminant sur le développement de l'enfant, de l'adolescent et de l'adulte et sur l'exploitation de ses potentialités innées. *Au mieux*, affirme Gardner, *les intelligences sont des potentiels ou des tendances qui se réalisent ou non selon le contexte culturel dans lequel elles se trouvent. On peut dire en ce sens que Bobby Fischer avait le potentiel pour devenir un grand joueur d'échecs, mais s'il avait grandi dans une culture ignorant ce jeu, ce potentiel ne se serait probablement jamais manifesté et encore moins réalisé.*[114]

J'accorde personnellement une importance capitale à l'environnement dans le développement des types d'intelligence et je considère qu'il doit être une préoccupation importante pour tous les éducateurs scolaires et parentaux, de même que pour toutes les instances qui chapeautent ce secteur de la société. L'environnement physique, intellectuel, culturel, affectif et spirituel mérite une attention particulière de notre part en tant qu'éducateurs, et de ma part en tant qu'auteur de ce livre sur les types d'intelligence.

114 Howard Gardner, *Les intelligences multiples*, p. 134-135.

L'ENVIRONNEMENT PHYSIQUE

L'endroit où nous vivons doit répondre à nos critères de santé et de beauté. Sa position par rapport au soleil est importante, de même que son confort. Les couleurs que nous choisissons d'y arborer peuvent être source soit d'agitation, soit de tranquillité intérieure. Des expressions bien connues témoignent de l'influence des couleurs sur nous : *broyer du noir, voir la vie en rose, être rouge de colère.* En chromothérapie, le rouge est le symbole de la passion et de l'énergie, une couleur à ne pas mettre en trop grande quantité dans une chambre à coucher, par exemple. Par contre, le bleu déstresse et favorise le sommeil. Lorsqu'il domine notre environnement, il peut favoriser le repli sur soi. Les chromothérapeutes le déconseillent aux personnes apathiques ou déprimées. Le rose entretient la bonne humeur. Il nous pousse vers les autres. C'est pourquoi il représente l'amour-sentiment et non l'amour-passion du rouge. Comme le bleu, le rose est une couleur relaxante. Pour sa part, le vert est doux, frais, reconstituant, idéal pour récupérer d'une fatigue physique ou mentale, ce qui explique pourquoi la nature est si apaisante pour le système nerveux. Quant au jaune, il représente la joie de vivre. Il donne de l'énergie et chasse les idées noires. Chaleureux, rassurant et lumineux, le jaune est, en chromothérapie, la tonalité la plus gaie de la palette des couleurs.

L'environnement physique extérieur a aussi définitivement une influence sur le psychisme. Il y a une différence entre s'entourer de béton et s'entourer d'arbres. J'aime beaucoup la nature et j'en ai besoin pour me ressourcer physiquement et psychologiquement. Cependant, je suis une citadine par choix. J'aime la ville, son animation, ses ressources de toutes sortes et l'accès qu'elle m'offre à la culture. J'ai habité pendant sept ans dans un petit appartement en plein cœur de la ville, dans un quartier branché et populaire. Je logeais au quatrième et dernier étage d'un petit immeuble tout ce qu'il a de plus ordinaire. Devant cet immeuble se tenait bien droit un bel arbre. Assise dans mon salon, je ne voyais que le ciel et la cime de cet arbre. Cette vue me réconfortait tellement que, dans les moments de contemplation, j'oubliais que j'étais en ville. Il me suffisait de ce coin de nature pour me rasséréner et pour m'apaiser. Aujourd'hui, j'habite toujours en ville, mais j'ai la chance d'avoir trouvé un petit appartement en face d'un parc.

Je crois que nous devrions toujours bien choisir notre environnement intérieur et extérieur. À l'école, les salles de classe auraient avantage à être décorées harmonieusement pour que les élèves s'y sentent bien et qu'ils s'adonnent plus allègrement à l'apprentissage. Les lieux où nous habitons, étudions et travaillons devraient être agréables tant pour les yeux de l'esprit que pour les yeux du corps, du cœur et de l'âme.

L'ENVIRONNEMENT INTELLECTUEL

Le mot *intellectuel* vient du latin classique *intellectus* qui signifie *compris*, participe passé du verbe comprendre, lequel signifie, dans le présent contexte du développement de l'intelligence : accéder au sens de quelque chose d'intellectif, de conceptuel, de cérébral, de théorique, d'abstrait, de livresque. Être intellectuel, c'est chercher à enrichir et à comprendre des connaissances rationnelles, à analyser des situations et des écrits, à les élucider et à les expliquer avec des mots justes, utilisés avec pertinence et précision.

Ce n'est vraiment pas tout le monde qui a accès à un environnement intellectuel, ce qui ne devrait pas être un problème puisque chacun reçoit de son environnement des stimuli qui lui permettent de développer son potentiel dans les domaines rationnel, pragmatique ou sensitif, et notre monde a indéniablement besoin de tous les types d'intelligence. Cependant, si nous voulons favoriser le développement de notre intelligence intellectuelle sans la placer au-dessus des autres, il importe que quelque chose dans notre environnement nous y motive. Sans motivation, il n'y a pas d'intérêt et inversement, sans intérêt, il n'y a pas de motivation à apprendre.

Comment un éducateur parental ou scolaire peut-il créer un environnement intellectuel qui suscite la motivation pour un apprentissage de nature théorique, cérébrale et livresque ? Il n'y a qu'une seule réponse à donner à cette question et elle se résume par un mot auquel je réfère souvent : le mot PASSION.

L'enfant profiterait largement de cette influence s'il rencontrait dans sa vie une personne de type rationnel passionnée par les choses de l'esprit. Ce n'est pas du tout nécessaire que ce soit un éducateur parental. Ce peut être l'un de ses grands-parents, le père ou la mère de son meilleur ami, un enseignant ou même un conférencier animé. L'important, c'est que la passion de cette personne touche une corde sensible en lui et qu'il s'y accroche.

Rappelez-vous qu'il n'y a pas de motivation sans émotion agréable. Il est donc fondamental que cette personne incarne ce qu'elle transmet, qu'elle suscite l'admiration, qu'elle donne le goût de s'aventurer dans le monde de savoirs d'ordre intellectif et qu'elle communique sa passion sans renier son type prédominant d'intelligence. En effet, il ne s'agit pas de se convertir ni de convertir un pragmatique et un esthète à l'intelligence rationnelle, mais de les ouvrir à de nouvelles connaissances qui leur permettront de renforcer et d'assouplir la branche de leur arc. Par exemple, ils pourront ainsi, s'ils sont peintres, donner des cours de peinture ou écrire un article pour expliquer leur art, et s'ils sont menuisiers, la même chose si cela les intéresse. Encore ici, l'influence de l'environnement pour exploiter les potentialités est primordiale. Il en est de même au plan culturel.

L'ENVIRONNEMENT CULTUREL

Ma grand-mère maternelle était mélomane. Je crois qu'elle a eu une grande influence sur ma mère qui aimait beaucoup la musique et qui mettait de l'argent de côté sur ses chèques d'allocation familiale pour me payer des cours de piano. J'allais souvent chez mes grands-parents maternels et je les aimais beaucoup tous les deux. Mon grand-père était, comme mon père, un bon cultivateur, un homme simple qui n'avait pas eu la chance de fréquenter l'école très longtemps. Ma grand-mère, par contre, était, comme ma mère, une personne instruite qui aurait pu être une femme de carrière si elle avait vécu à notre époque et si elle n'avait pas eu à élever douze enfants. Ce qui m'a le plus influencé de cette femme que j'ai toujours qualifiée de *châtelaine*, c'est son intérêt pour la musique classique. Quand j'allais chez elle, elle en écoutait du matin au soir. Sa musique préférée était la musique d'opéra. J'ai donc grandi, grâce à elle, avec un amour de l'opéra. J'avais à peine vingt ans quand j'ai pu assister à mon premier opéra. Je m'en souviendrai toujours. C'était *Madame Butterfly*, de Puccini. Ce jour-là, j'ai réalisé un grand rêve. Plus tard, à l'École normale, j'ai découvert le théâtre. Les religieuses nous amenaient au séminaire pour assister à des pièces classiques. Le séminaire était un établissement d'enseignement tenu par des religieux où les garçons faisaient des études pour devenir prêtres ou pour accéder à une profession. Ces soirées au théâtre font partie des plus beaux moments de loisir de ma vie.

Quant à l'art pictural, je l'ai découvert et m'y suis vraiment intéressée au cours des années où j'ai vécu à Paris pour faire mon doctorat en sciences de l'éducation, soit à partir de 1982. Je m'y suis toujours intéressée depuis. Paris est la ville idéale pour nous fournir un environnement culturel d'une richesse incommensurable. Son architecture, ses musées, ses cinémas, ses salles de spectacle offrent une infinité de possibilités toutes plus captivantes les unes que les autres. C'est définitivement un environnement culturel stimulant qui donne le goût de découvrir le monde fascinant des arts.

Grâce à mon père qui aimait beaucoup chanter, qui a longtemps fait partie de la chorale de l'église et qui égayait les rencontres familiales de ses *chansons à répondre*, j'ai cultivé un immense intérêt pour le chant. C'est pourquoi j'ai introduit la chanson au début de chacun de mes cours quand j'enseignais aux adolescents. J'ai même suivi des cours de guitare pour accompagner mes élèves quand je les faisais chanter. Aujourd'hui, quand je rencontre d'anciens étudiants de cette époque, ils me rappellent tous les bons souvenirs qu'ils gardent de ces moments du cours de français. Certains me rappellent leurs souvenirs des soirées de poésie que j'organisais où ils avaient à présenter, devant leurs parents et amis, un poème qu'ils avaient composé pendant mon cours ou des pièces de théâtre que je montais avec eux en dehors des cours.

Pour intéresser les jeunes au théâtre, je les abonnais au théâtre Denise-Pelletier à Montréal où nous nous rendions trois ou quatre fois par année pour voir les pièces du programme annuel. De Rigaud où se trouvait mon école, nous devions parcourir plus de soixante kilomètres de route pour nous rendre au théâtre. Je veux reconnaître ici l'ouverture d'esprit du directeur de l'école où j'enseignais à l'époque. C'était un homme cultivé, un grand amateur d'art auquel il accordait beaucoup d'importance tant dans sa vie qu'à l'école. Malheureusement, quand il a pris sa retraite, son remplaçant a refusé de consacrer un budget à cette activité. Cela confirme que l'influence de l'environnement culturel passe par des personnes passionnées qui savent communiquer leur passion avec amour, parce que l'influence de l'environnement culturel est inextricablement liée à l'affectif pour qu'il soit reçu et intégré.

L'ENVIRONNEMENT AFFECTIF

Je crois que ce livre véhicule du début à la fin l'idée que l'affectif doit impérativement imprégner tous les milieux de l'éducation pour que soit favorisé le développement de l'intelligence. Sans lui, le message ne passe pas. Il ne se rend pas à destination. Sans lui, tous les beaux objectifs que nous nous fixons pour assurer la croissance d'un être humain et son apprentissage ne procurent pas les résultats escomptés.

> **L'éduqué doit nécessairement être touché favorablement pour apprendre. Il doit se sentir concerné émotivement par sa propre éducation. L'influence de l'affectif ne découle pas d'un principe déconnecté de la réalité, mais de l'essence même de la motivation qui prend sa source dans le respect du fonctionnement synergique des trois cerveaux. Une éducation déconnectée des émotions forme des enfants, des adolescents et des adultes déconnectés du cœur. Les conséquences dans nos sociétés sont catastrophiques.**

Le monde est gouverné dans certains pays par des leaders coupés de sensibilité et de compassion, des leaders égocentriques, indifférents aux conséquences désastreuses de leur leadership sans âme sur la population. Par contre, dans nos communautés, existent des meneurs dans tous les domaines qui transmettent le meilleur de ce qu'ils sont. Ce sont ceux-là, aussi humbles soient-ils, qui font évoluer le monde. Leur discret rayonnement s'étend à l'infini comme les vibrations créées par une pierre lancée dans l'eau d'un lac.

Nous avons tous connu dans nos vies de ces leaders à qui nous devons une partie de ce que nous sommes devenus. Pour certains, c'est un parent, pour d'autres, un enseignant ou un moniteur sportif. C'est à ce que nous avons reçu d'eux que nous devons nous accrocher. Il faut reconnaître cependant qu'avancer et se réaliser est un défi plus considérable pour ceux qui ont grandi dans une famille dysfonctionnelle où l'amour n'était ni ressenti ni exprimé. Inutile de blâmer vos éducateurs, si c'est votre cas. Reprocher ne fait de vous que des victimes impuissantes. Si, adultes, vous portez des blessures profondes créées dans vos relations éducatives passées, vous avez aujourd'hui la responsabilité de vous remémorer ce qu'il y avait de bon dans cette éducation, de vous servir du moins bon pour évoluer et de vous créer maintenant un environnement favorable à votre épanouissement intérieur. Beaucoup d'autres l'ont fait avant vous. Inspirez-vous de leur exemple et allez de l'avant.

> **Nous avons la responsabilité de nous entourer de personnes qui nous font vivre des expériences positives de la relation affective parce que seules de telles expériences, vécues sur une période prolongée, peuvent soulager, voire guérir nos zones sensibles. Nous ne sommes absolument pas obligés de fréquenter sur une base régulière des personnes qui éveillent constamment nos blessures.**

Nous avons plutôt le pouvoir de choisir nos relations, de choisir notre entourage sans rejeter et sans juger les autres, mais dans le but de nous respecter et de poser des actions qui vont dans le sens de l'amour de nous-mêmes. Je ne préconise pas le rejet systématique des personnes qui déclenchent trop fréquemment nos zones sensibles, mais la remise en question responsable.

Entendons-nous bien. Je n'affirme pas qu'il faille s'éloigner d'une personne chaque fois que notre relation avec elle est source de souffrance, ni qu'il faille s'éloigner d'elle pour nous venger et la punir de nous avoir blessé, ce qui n'aurait rien à voir avec l'amour de soi encore moins avec la paix intérieure. Ce n'est pas en écartant les autres et en nourrissant la rancœur à leur égard que nous pourrons soulager définitivement nos souffrances. Ce comportement ferait de nous de pauvres victimes tourmentées, parce qu'habitées par un esprit de vengeance autodestructeur. Si nous devions prendre une distance chaque fois qu'un déclencheur extérieur nous affecte, nous serions condamnés à vivre seul parce que la relation affective renferme toujours une part de douleurs psychiques qui favorisent le travail sur nous et sur la relation. Elle est notre principale source d'évolution.

Cependant, après un travail sincère et prolongé pour nous responsabiliser, pour découvrir ce qui part de nous dans nos difficultés relationnelles et pour nous améliorer, après avoir bien vérifié auprès de la personne concernée si nous avons bien compris son message et que nous n'avons pas mal interprété ses paroles ou ses actes, après lui avoir exprimé clairement nos besoins et nos désirs, si la relation continue à être un déclencheur permanent de souffrance, qu'elle suscite l'impuissance, l'angoisse et qu'elle nous rend chroniquement malheureux, nous avons avantage, par respect pour nous, à prendre une distance temporaire afin de laisser le temps à nos blessures de s'apaiser, de cicatriser et, surtout, pour voir clair en nous, pour changer ce que nous avons à changer et pour prendre les bonnes décisions concernant la suite de la relation.

Parfois, un temps d'éloignement et de réflexion nous pousse à accepter que la relation ne soit plus ce qu'elle était ou, dans le cas des divorces, à accepter de nous séparer de personnes importantes pour une question de survie psychique. Cela demande un courage presque héroïque, mais peut devenir indispensable dans certains cas pour que nous puissions continuer notre route avec le sentiment d'avoir fait le bon choix, celui du respect et de l'amour de nous-mêmes. Ces expériences douloureuses n'arrivent dans nos vies que parce que nous avons quelque chose à apprendre pour grandir intérieurement. La distance qu'elles engendrent n'est pas nécessairement définitive. Elle conduit idéalement vers une manière différente d'être en relation qui convient mieux à nos besoins. Dans ces moments-là, ce qui peut nous aider, c'est de nous ouvrir à la dimension spirituelle.

L'ENVIRONNEMENT SPIRITUEL

J'ai longuement hésité avant d'introduire cette dimension dans ce chapitre vu que j'y consacre le dernier chapitre de cet ouvrage, mais je pense qu'il serait incomplet sans elle. Les plus âgés d'entre nous ont connu les effets négatifs d'une éducation religieuse moraliste transmise de génération en génération et fondée sur des croyances rigides qu'ils n'ont même pas eu l'occasion de remettre en question. Si ce n'est pas votre cas, voyez les effets délétères que produit la religion dans le monde. Quand j'étais jeune, douter de l'infaillibilité du pape, de la résurrection du Christ et de la virginité de la Sainte Vierge était considéré comme une faute grave. Le fait que nous aient été imposées ces croyances sous peine de péché a eu pour conséquence qu'au cours des années 1960, au Québec, nous nous sommes affranchis de l'Église et de son pouvoir sur nous. Ce faisant, nous nous sommes départis d'une ressource extraordinaire que nous possédons tous intérieurement et que nous pouvons solliciter en tout temps, même en dehors de notre adhésion aux règles d'une Église, quelle qu'elle soit : la spiritualité.

Heureux sommes-nous si nous avons dans notre entourage des personnes qui nous communiquent leur paix, leur générosité de cœur, leur compassion, leur joie de vivre et leur amour de la vie simplement par ce qu'elles sont. Je crois que se créer un environnement spirituel, c'est aussi simple que de s'approcher de ce type de personnes. C'est aussi s'accorder les conditions idéales pour contacter la paix en nous en faisant des bains de nature de temps en temps, en écoutant de la musique apaisante et en nous créant un environnement physique et humain à la fois réconfortant, déstressant et réparateur. Nos jeunes ont besoin de découvrir cette partie d'eux-mêmes qui leur donnerait accès à des ressources exceptionnelles. Ils ont besoin aussi d'éducateurs qui l'incarnent et qui la leur transmettent par influence inconsciente.

Je tiens à préciser que je ne juge pas du tout ceux pour qui la spiritualité passe par la voie d'une religion. L'une de mes meilleures amies est religieuse. Nous nous connaissons depuis notre adolescence. Nous étions toutes les deux monitrices de terrains de jeu pendant l'été. Quand elle est rentrée en communauté chez les Sœurs blanches d'Afrique, nous avions environ vingt ans. Elle y est toujours et elle fait toujours partie des personnes les plus importantes de ma vie. Nous avons, malgré nos orientations de vie différentes, des valeurs humaines et spirituelles communes qui rendent notre relation harmonieuse et combien nourrissante !

De plus, comme j'ai accompli une grande partie de mes études avec des religieuses dans un pensionnat, j'ai pu constater que la plupart d'entre elles étaient des femmes qui, grâce à leurs qualités spirituelles, l'amour, l'empathie, la compassion, le dévouement désintéressé et l'humilité, ont contribué à me faire découvrir le côté humain et *spirituel* de la religion et non seulement son côté contraignant, culpabilisant et punitif. Grâce à l'influence de cette forme humaine de spiritualité que je travaille à intégrer dans ma vie, j'ai pu, dans les moments les plus difficiles que j'ai connus, m'appuyer sur cette ressource pour traverser les épreuves et pour trouver la paix.

La spiritualité telle que je la conçois maintenant est une ressource accessible à tous ceux qui ne centrent pas leur vie uniquement sur le savoir, le pouvoir et l'avoir, mais aussi sur leur monde intérieur et sur leur cœur. Il n'est pas demandé aux éducateurs scolaires et parentaux de croire en Dieu et en l'Église, mais de croire en l'humain, en le *savoir-être* en le *savoir-être-ensemble*, en l'amour de soi, en l'amour des hommes et de la vie afin qu'ils puissent transmettre ces valeurs tout simplement par ce qu'ils sont. Faire partie de l'environnement spirituel des enfants et des élèves, c'est tout simplement leur communiquer ces valeurs universelles. C'est les aider à accepter qu'ils sont humains et qu'en tant que tels, ils ont droit à l'erreur et à leurs défensives. C'est leur apprendre à ne pas se condamner et à ne pas condamner les autres lorsqu'ils ne sont pas parfaits. Comme le spirituel et l'émotionnel sont liés en nous parce qu'ils composent tous les deux notre vie intérieure, je reviendrai sur le thème de l'intelligence émotionnelle développé au huitième chapitre, cette fois sous l'angle de l'éducation.

La place de l'émotion à l'école

Évitez les gens négatifs,
ils ont un problème pour chaque solution[115]
Einstein

Cette phrase prononcée par l'une des personnes les plus connues de la planète me rejoint par son côté à la fois juste et humoristique. Le propre des gens négatifs est de susciter en nous des émotions négatives. Comme nos émotions guident nos actions, je crois que sans les juger nous devons impérativement nous protéger lorsque nous sommes en présence de personnes qui critiquent tout, qui jugent tout le monde, qui interprètent défavorablement toutes les situations, qui blâment les autres de leurs déboires et dont le verre est toujours à moitié vide au lieu d'être à moitié plein. Même si nous comprenons que ces personnes voient le monde négativement parce qu'elles souffrent, il n'en reste pas moins que si nous n'apprenons pas à être à l'écoute de nos malaises devant elles, nous risquons de nous laisser influencer et, dans ce cas, des conséquences néfastes sur notre santé physique et mentale sont inévitables. De plus, comme le négatif est contagieux, nous le transmettrons inévitablement et nous créerons des désordres dans nos vies et dans nos relations.

De telles réalités nous confirment que le développement de l'intelligence émotionnelle en éducation est d'une importance prioritaire. *Lorsque les parents sont émotionnellement intelligents*, écrit Goleman, *leurs enfants s'entendent mieux avec eux, sont plus affectueux à leur égard et plus détendus en leur présence. En outre, ces enfants réussissent plus facilement à maîtriser leurs émotions, à se calmer lorsque quelque chose les bouleverse, et ils sont moins souvent contrariés. Ils semblent également plus détendus d'un point de vue biologique* [...] *Ces enfants sont plus appréciés et*

115 Anthony DUNCAN. *Les perles d'Einstein*, p. 87.

aimés de leurs camarades, et jugés plus sociables par plusieurs professeurs. Selon leurs parents et leurs maîtres, ils ont moins de problèmes comportementaux, ils sont moins brutaux et agressifs [...]. *Ces enfants sont plus attentifs et meilleurs élèves* [...]. *Les bénéfices pour les enfants dont les parents sont émotionnellement compétents ne se limitent pas à tous les aspects de l'intelligence émotionnelle, mais englobent tous les domaines de l'existence.*[116]

Nous avons appris au huitième chapitre que le manque de développement de l'intelligence émotionnelle n'altère pas uniquement les comportements, mais qu'il agit sur le fonctionnement de l'intelligence globale et sur l'apprentissage.

> **L'émotion négative vécue par l'élève en classe suscite la fermeture de son esprit et de son cœur, le rejet de l'école et de ce qui s'y enseigne et le refus d'apprendre. Ces réactions empêchent les apprenants de comprendre l'enseignement qui leur est dispensé, de penser normalement, de résoudre leurs problèmes. Moins ils comprennent, plus ils sont anxieux, ce qui perturbe davantage l'actualisation de leurs capacités et l'exploitation de leur type d'intelligence.**

Cette réalité concerne tous les êtres humains, quel que soit leur âge. Un état d'anxiété chronique, ajoute Goleman, *condamne presque à coup sûr à l'échec. Comme l'a révélé une étude portant sur* 1 790 *postulants à des postes de contrôleur aérien, les anxieux sont recalés plus souvent que les autres, même lorsqu'ils obtiennent de meilleurs résultats aux tests d'intelligence.* L'*anxiété sabote également les résultats scolaires et universitaires dans toutes les disciplines.*[117]

Il est donc fondamental de développer l'intelligence émotionnelle à l'école et à la maison en étant à l'écoute des émotions qui sous-tendent les comportements des enfants et des adolescents, en étant sensible à leur manque de motivation et d'intérêt et en leur apprenant à écouter eux-mêmes leurs émotions et leurs besoins pour qu'ils fassent des choix qui respectent leur type d'intelligence et qu'ils apprennent progressivement à prendre la

116 Daniel Goleman. *L'intelligence émotionnelle*, p. 187.

117 *Op. cit.*, p. 131.

responsabilité de leurs apprentissages et de leur évolution. Cette approche éducative, qui intègre l'intelligence irrationnelle et le développement et le respect des types d'intelligence et qui mène à la liberté d'être et à l'autonomie aurait avantage à faire partie de la formation des maîtres pour que ces derniers puissent les transmettre à leurs élèves.

La formation des maîtres

Ce que j'écris ici au sujet de la formation des enseignants n'est pas une critique de ce qui se fait actuellement à l'université parce que, pour être honnête, je ne le sais absolument pas, ayant fait ma propre formation de pédagogue il y a déjà de nombreuses années. Mon but est d'apporter des suggestions afin que cette formation offre aux futurs professeurs ce qu'ils auront à offrir eux-mêmes à leurs élèves, pour qu'ils puissent activer leurs trois cerveaux, développer leur intelligence et exploiter leurs potentialités et leurs talents. J'aborderai ce thème sous deux angles : celui de l'importance prioritaire de l'enseignant dans le processus éducatif et celui de la dialectique directivité/non-directivité.

L'IMPORTANCE PRIORITAIRE DE L'ENSEIGNANT

Vous avez évidemment remarqué en lisant ce livre à quel point j'accorde de l'importance au pédagogue à l'école, non pour le rendre responsable des échecs des élèves ni pour lui faire porter seul la responsabilité des problèmes d'apprentissage des apprenants, mais parce qu'il est au cœur du système scolaire. C'est avec lui que les jeunes vivent toute la journée. Les enseignants passent plus de temps dans une année avec les enfants que leurs parents. Nous devons donc reconnaître que leur influence est substantielle dans leurs vies. Si nous nous rappelons les principaux objectifs de l'éducation pour respecter les types d'intelligence, nous devons admettre qu'une formation des maîtres centrée uniquement sur le *savoir* ne peut les préparer adéquatement à remplir leur mission.

> **Pour développer le type d'intelligence des apprenants de même que leur intelligence**

> irrationnelle et relationnelle, pour les ouvrir à d'autres types d'intelligence que le leur, pour favoriser l'amour de soi et la liberté d'être, pour qu'ils puissent motiver les enfants en respectant leurs potentiels et leurs intérêts et les influencer de manière à les propulser, il est essentiel que les futurs maîtres reçoivent une formation centrée sur le *savoir-être* et non seulement sur le *savoir* et le *savoir-faire*.

Mais qu'est-ce qui caractérise une formation centrée sur le *savoir-être*?

Cette formation ne doit pas seulement enrichir les connaissances du futur professeur dans la spécialité de son choix (savoir) ni lui apprendre seulement comment les transmettre (savoir-faire), mais elle doit surtout être axée sur sa personne même, sur ce qu'il est (savoir-être). Autrement dit, en plus de bien connaître la matière qu'il enseigne et de la transmettre pour susciter l'intérêt, l'enseignant doit être un spécialiste compétent de la relation humaine. Pour que son travail professionnel soit régénérateur et stimulant pour l'apprenant, il faut impérativement qu'il y ait une cohérence parfaite entre ce qu'il dit (ses paroles), ce qu'il fait (son comportement) et ce qu'il dégage (son attitude), l'attitude étant le langage non verbal qui reflète ses émotions, ses pensées, ses intentions et ses motivations. Sans cette cohérence, sans cette authenticité, il s'exprime par un double langage, le verbal et le non verbal, l'un contredisant l'autre. À la longue, ce double message perturbe considérablement l'apprenant, car il crée en lui de la confusion, de l'insécurité, un manque de confiance en son professeur et, par conséquent, un manque d'intérêt pour la matière qu'il enseigne.

Il est donc fondamental, pour éviter cette incohérence, que la formation des maîtres accorde une importance prioritaire au travail de l'enseignant sur lui-même. Cette formation aurait grandement avantage à intégrer la psychologie dans ses cours, tant celle qui touche la personnalité des futurs maîtres eux-mêmes que celle des enfants et des adolescents auxquels ils s'adresseront. L'enseignant doit être le modèle de ce qu'il transmet en classe, il doit pouvoir l'incarner. Comment peut-il devenir ce modèle propulseur pour ces élèves ?

Il est essentiel qu'il apprenne à se connaître, à écouter ses émotions, ses ressentis et ses besoins ; à s'aimer ; à se responsabiliser ; à développer ses propres intelligences irrationnelles : émotionnelle, relationnelle, intrapersonnelle et spirituelle. Il se doit de connaître son propre type d'intelligence, de savoir ce qui l'intéresse et ce qui le motive dans la vie. De plus, il est fondamental qu'il prenne conscience de ses limites, qu'il les accepte et qu'il travaille à les dépasser ; qu'il apprenne à travailler en équipe et à découvrir la place qui lui convient au sein d'un groupe ; qu'il découvre ce qui lui fait du bien et ce qui le blesse, ce qui suscite sa pulsion de vie et ce qui éveille sa pulsion de mort ; qu'il soit conscient qu'il lui sera peut-être plus difficile de comprendre et d'aider ceux qui n'ont pas le même type d'intelligence que lui et qu'il aura besoin d'accorder une attention particulière à son attitude dans son rapport avec ses élèves.

> **Enseigner ramène toujours l'enseignant à lui-même, à son vécu, à ses défensives, à ses besoins. L'enseignement est une source permanente de remise en question professionnelle et personnelle comme toute relation humaine. C'est à cette remise en question que le futur maître doit être préparé dans sa formation parce que, qu'il le veuille ou non, quand il sera sur le terrain, il n'échappera pas à la réalité relationnelle et à ce qu'elle exigera de travail sur lui-même.**

La psychologie et la pédagogie sont deux spécialités connexes, interdépendantes et indissociables dans le monde de l'éducation. Favoriser l'activation des trois cerveaux et le développement des intelligences rationnelle, pratique et sensitive n'est possible que si ces spécialités sont toutes les deux présentes dans la formation des enseignants. Cette formation serait plus appropriée aux difficultés de comportements, d'apprentissage et aux difficultés relationnelles des élèves, si elle reposait sur une approche prof/élève à la fois stimulante et apaisante, douce et ferme, aimante et encadrante, une approche qui respecte l'incontournable dialectique directivité/non-directivité.

LA DIALECTIQUE DIRECTIVITÉ/NON-DIRECTIVITÉ

L'Approche non directive créatrice[MD] que j'ai créée est fondée sur la dialectique directivité/non-directivité. J'ai introduit cette dialectique dans les domaines de l'éducation et de la psychologie au milieu des années 1980. Elle est l'un des éléments fondamentaux qui font l'originalité de l'approche. C'est également cette synergie qui rend mon approche créatrice. Des années d'expérience dans les milieux pédagogiques et thérapeutiques m'ont amenée à réaliser que la non-directivité pure n'existe pas dans la réalité. Elle est trop souvent accompagnée d'une directivité confuse parce que non définie, ce qui fait qu'elle s'apparente malheureusement aux notions de *laisser-faire* et de liberté débridée et égocentrique, et qu'elle perturbe la relation et l'apprentissage.

Ceux dont l'approche thérapeutique et pédagogique respecte la dialectique directivité/non-directivité sont directifs *dans le contenant* et non directifs *dans le contenu*. Pour utiliser une image explicative, disons que le contenant, c'est le verre qui permet de boire le liquide qu'il contient. Le contenant, en pédagogie et en éducation, c'est l'encadrement objectif qui sécurise, à savoir les programmes, les exigences de temps, de règles, de travaux qui sont les mêmes pour tous les apprenants et qui doivent constamment être remis en question pour rester au service du contenu. Un contenant trop rigide est toujours nuisible à un aidé quel qu'il soit. Il conduit à l'autoritarisme de la part de l'éducateur et à la rébellion ou à la soumission de la part des éduqués. Un bon enseignant et un bon parent font toujours preuve de souplesse au niveau des règles pour que, comme autorités, ils restent toujours humains, compréhensifs et justes. Ils ne doivent jamais oublier que l'important, ce n'est pas la forme du verre, mais ce qui est dedans. Le contenant doit donc impérativement être adapté au contenu. Jamais l'inverse.

Le contenu, pour sa part, est essentiellement non directif et subjectif. Il comprend la reconnaissance, l'acceptation inconditionnelle et l'expression responsable des émotions agréables et désagréables, des besoins personnels et relationnels, des opinions favorables et défavorables, des goûts, des croyances et des valeurs, des différences personnelles et culturelles dans le respect de soi et des autres. La dialectique directivité/non-directivité a pour avantages de donner à des personnes de différents âges, religions, milieux, cultures, pays, races, la liberté d'être elles-mêmes et de communiquer harmonieusement entre elles dans le but de se comprendre et de se respecter mutuellement plutôt que de s'affronter en se positionnant comme détentrices de vérité.

Appliquer concrètement cette dialectique dans la famille et dans la classe nécessite, de la part de l'éducateur, qu'il soit à la fois aimant et ferme. Une éducation sans amour, sans sensibilité aux émotions de l'enfant, sans compréhension du vécu et des besoins des jeunes fait en sorte que, très tôt dans leur vie, ils se coupent de leurs émotions et se défendent de leur souffrance par un repli sur eux-mêmes ou par une plus ou moins grande hostilité envers l'autorité. Cette approche déshumanisée ne favorise en rien l'actualisation de leurs potentialités. Par contre, **l'amour ne suffit pas**. Un jeune élevé dans l'amour sans encadrement, sans règles, sans discipline de vie grandit dans l'insécurité permanente et n'a pas les balises nécessaires pour réaliser ses rêves. Dans la vie, ce jeune sera frustré, déçu de lui-même et malheureux.

Enseigner est la plus merveilleuse profession du monde, la plus nourrissante, la plus stimulante, la plus exigeante et la plus importante de toutes. Rien n'est plus important que de mettre un être humain sur le chemin de sa réalisation personnelle et de la réalisation de ses rêves. Rien n'est plus important que de lui apprendre à s'aimer, à croire en lui, à développer ses intelligences rationnelle et irrationnelle pour qu'il puisse actualiser ses talents et être fier de lui. Que vous soyez aujourd'hui menuisier, peintre, danseur, cuisinier, thérapeute, couturier, plombier, médecin, avocat, entrepreneur, électricien ou autres, vous avez tous passé par l'école ; vous avez tous reçu la forma-

tion dispensée par des enseignants. Si l'un d'eux a contribué à votre épanouissement, à votre accomplissement et à vous aider à devenir ce que vous êtes aujourd'hui, il a mené à bien sa véritable mission : celle de faire naître à elles-mêmes les précieuses personnes qui lui sont confiées.

Enseigner, c'est à la fois un art, une responsabilité et une mission qui reposent d'abord et avant tout sur la personne même de l'enseignant et sur le développement de ses intelligences rationnelle et irrationnelle. Au cours des deux derniers chapitres, je développerai deux types d'intelligence irrationnelle : l'intelligence spirituelle qui nous donne accès, en tant que personnes humaines et en tant qu'éducateurs, aux ressources sagaces qui nous habitent, et l'intelligence intrapersonnelle qui nous permet d'avoir une conscience affinée de ce que nous sommes et de ce que nous émettons. Grâce à cette dernière forme d'intelligence, nous pouvons prendre conscience de l'influence que nous avons, en tant qu'êtres humains, mais surtout en tant qu'éducateurs, sur tous ceux qui, un jour, se réaliseront et deviendront de meilleures personnes grâce à notre authenticité et au travail que nous accomplissons, jour après jour, sur nous-mêmes.

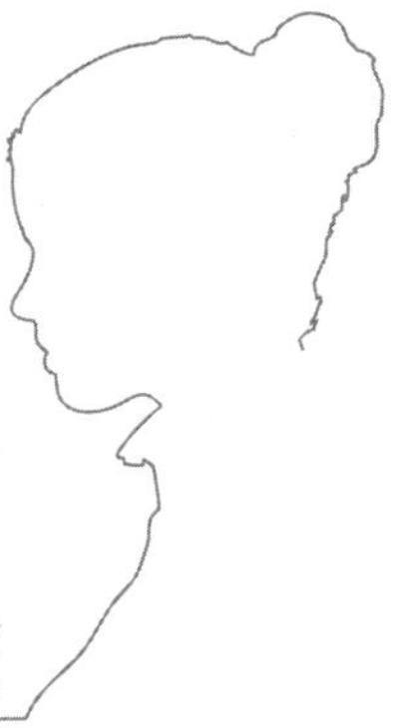

Chapitre 11

L'INTELLIGENCE INTRAPERSONNELLE

Ce qu'est l'intelligence intrapersonnelle

C'est Howard Gardner qui a introduit la notion d'intelligence intrapersonnelle dans son livre sur les intelligences multiples. Il la distingue de l'intelligence interpersonnelle qui permet de comprendre les autres alors que l'intrapersonnelle permet de se comprendre soi-même. Mais, en fait, quelle définition pouvons-nous donner à ce type d'intelligence ?

En termes simples, l'intrapersonnelle c'est l'intelligence de la conscience de soi, de l'écoute de soi, de la connaissance de soi. Il est absolument impossible de comprendre vraiment les autres si nous ne nous comprenons pas nous-mêmes. Pour présenter ma conception personnelle de ce type d'intelligence, j'emprunterai trois termes à Christophe André : ressentir, percevoir et savoir. Tous, nous avons l'aptitude à ressentir et à percevoir notre monde intérieur, mais nous sommes loin d'en être toujours conscients. *La conscience suppose l'éveil : ainsi, un dormeur ressent et perçoit, mais il ne sait pas, il est inconscient.*[118] Sans intervention de l'intelligence intrapersonnelle, nous sommes comme le dormeur, c'est-à-dire inconscients de ce qui se passe en nous et autour de nous. *La pleine conscience [...] c'est s'arrêter pour prendre contact avec l'ex-*

118 Christophe André. *Méditer jour après jour*, p. 80.

périence, toujours en mouvement, que nous sommes en train de vivre. [...] c'est créer par moments un tout petit espace pour se voir faire.[119]

Pour vous convaincre de l'extrême importance de développer votre intelligence intrapersonnelle, je répondrai dans ce chapitre aux questions suivantes :

- Qu'est-ce qui caractérise les personnes qui ont cultivé ce type d'intelligence ?
- Comment fonctionne l'intelligence intrapersonnelle ?
- Quelles conditions favorisent son développement ?
- Quels obstacles nous empêchent d'exploiter son potentiel ?
- En quoi est-elle notre principale source d'évolution ?

Caractéristiques des personnes qui ont cultivé l'intelligence intrapersonnelle

Affirmons d'abord que l'intelligence intrapersonnelle est potentiellement présente chez tous les êtres humains, qu'ils soient esthètes, pragmatiques, ou rationnels. C'est certainement celle qui permet le mieux de développer toutes les autres formes d'intelligence présentées dans ce livre. Voici les caractéristiques des personnes qui l'ont développée :

- ces personnes sont ouvertes à l'introspection et à l'auto-observation ;
- elles peuvent ressentir leurs émotions, et appréhender leur fonctionnement intérieur ;
- elles savent mettre des mots sur ce qu'elles éprouvent ici et maintenant, sur les déclencheurs de leurs émotions et de leurs sensations, sur leurs mécanismes de défense et sur leurs besoins ;
- elles peuvent aussi découvrir leurs ressources rationnelles, spirituelles et créatrices, les motivations qui les meuvent et les intérêts qui les stimulent à créer leur vie plutôt que de la subir.

119 *Op. cit.* p. 18-19.

À mon avis, nous aurions avantage à exploiter les potentiels de notre intelligence intrapersonnelle parce que, sans son intervention, le bateau de notre vie dérive inévitablement. Sans elle, nous n'avons pas de pouvoir sur nos états intérieurs, sur nos réactions et sur nos besoins. Nous empruntons automatiquement les autoroutes neurologiques de la souffrance, de l'autotrahison et du manque de respect de nous-mêmes. Nous nous laissons mener par notre entourage, par les circonstances de la vie, par nos pensées débridées et par nos émotions non ressenties. Nous devenons impuissants à faire des choix en accord avec nos besoins et nos motivations parce que nous ne les connaissons pas. Sans l'intervention de notre intelligence intrapersonnelle, nous ne pouvons exprimer fidèlement notre vécu faute de nous arrêter pour en prendre conscience. Comment communiquer clairement nos sentiments si nous ne les ressentons pas ? Comment mettre des mots sur notre vie intérieure si notre attention est entièrement tournée vers l'extérieur, et que nous attribuons au dehors les déboires qui viennent du dedans ?

Paradoxalement, moins nous sommes conscients de ce qui se passe en nous ici et maintenant, c'est-à-dire de nos émotions et de nos besoins, plus nous perdons la maîtrise de notre vie et plus nous sommes malheureux.

Eu égard à ce constat, le développement de l'intelligence intrapersonnelle ne serait-il pas le plus important objectif à atteindre pour récupérer le pouvoir que nous donnons aux autres, aux événements et à nos émotions inconsidérées sur notre vie par inconscience ? N'est-il pas le meilleur moyen d'activer notre cerveau, de stimuler notre intelligence et d'évoluer ? Mais comment l'exploiter si nous ne comprenons pas son fonctionnement ?

Comment fonctionne l'intelligence intrapersonnelle ?

Ce type d'intelligence résulte, dans son fonctionnement, d'une synergie entre l'intelligence émotionnelle et l'intelligence rationnelle. Mais comment interagissent ces deux formes d'intelligence pour favoriser l'introspection ?

Quand un déclencheur extérieur désagréable (une personne ou un événement) ou un déclencheur intérieur irritant (une pensée) réveille une zone sensible en nous, des émotions inconfortables surgissent dans notre psychisme. Si nous ne nous arrêtons pas pour les ressentir et en prendre conscience, nous réagissons normalement à ces émotions par un mécanisme de défense comme le refoulement, la rationalisation, le blâme, le jugement. Plus la souffrance est intense, plus la défensive est forte. Par exemple, si nous sommes humiliés par quelqu'un (déclencheur), nous pouvons ressentir de la honte et de la colère. Pour nous défendre contre ces émotions harcelantes, nous pouvons fuir ou attaquer verbalement le déclencheur, poussés inconsciemment par ce vécu que nous n'avons pas pris le temps de ressentir et d'identifier.

Lorsque les émotions sont trop intenses, notre réaction verbale ou non verbale peut être plus ou moins teintée d'agressivité envers l'autre ou d'animosité psychique envers nous-mêmes. Ce qu'il faut préciser ici, c'est le fait que les réactions défensives sont toujours inconscientes, spontanées et non réfléchies au moment où elles interviennent dans le psychisme. Il en est ainsi de tous nos mécanismes de défense quels qu'ils soient et quelles que soient les situations et les personnes qui les déclenchent dans nos vies. Ils n'accèdent à notre conscience qu'après leur avènement dans notre psychisme à la seule condition que nous sollicitions les pouvoirs de notre intelligence intrapersonnelle pour les conscientiser.

Quand nous sommes blessés par l'humiliation, la trahison, l'injustice, la dévalorisation, le rejet, l'infériorisation ou l'abandon, quel est le rôle des intelligences émotionnelle et rationnelle dans le processus d'intériorisation ?

Rôle des intelligences émotionnelle et rationnelle dans la conscience de soi

RÔLE DE L'INTELLIGENCE ÉMOTIONNELLE

Comme je l'ai exprimé au huitième chapitre, **solliciter l'intelligence émotionnelle, c'est pouvoir percevoir les sensations et ressentir les émotions desquelles nous nous sommes coupés par nos défensives ; c'est nous laisser toucher agréablement ou désagréablement au niveau du cœur ; c'est éprouver les effets du monde extérieur et de nos pensées positives ou négatives sur notre cœur et sur notre corps.** Les sensations corporelles et les états émotionnels ressentis sont une source d'informations extraordinaire dont nous sommes privés si nous cuirassons notre vie intérieure par peur de souffrir.

Lorsque nous nous séparons de nos émotions, nous nous déconnectons du cœur et de l'amour. *Soyons conscients qu'à chaque fois que nous refusons une expérience par peur, nous nous éloignons de l'amour*[120], écrit Drouet. Seule l'intelligence émotionnelle peut effectuer cette connexion pour que nous puissions les ressentir et les exprimer, et que nous puissions de nouveau ressentir l'amour qui est enfoui sous les réactions défensives, sous la peur et sous les blessures. Le mot clé pour qu'elle puisse accomplir son rôle est RESSENTIR.

> La solution à la souffrance est dans la souffrance, jamais en dehors d'elle. Encore faut-il la ressentir ! Si nous la fuyons par nos défensives, nous perdons accès au langage et au message de notre cœur. Développer notre intelligence émotionnelle, c'est s'entraîner à percevoir nos sensations et à ressentir nos émotions ici et maintenant et jour après jour sans les fuir.

RÔLE DE L'INTELLIGENCE RATIONNELLE DANS L'INTROSPECTION

Cela dit, ressentir ne suffit pas pour que nous profitions pleinement du pouvoir de l'intelligence intrapersonnelle. Sans

120 Stéphane DROUET. *L'intelligence quantique du cœur*, p. 195.

l'intervention de l'intelligence rationnelle dans ce processus d'introspection, nous ne pouvons ni nous connaître, ni nous comprendre, ni exprimer notre vécu. Le rôle de cette dernière est de mettre de la conscience sur nos ressentis. Utiliser notre intelligence rationnelle, c'est nous observer pour prendre conscience, ici et maintenant, des défensives qui nous empêchent d'avoir accès à nos perceptions et à nos émotions et qui nous empêchent de trouver les mots justes pour refléter fidèlement ces émotions quand nous les exprimons. Comme nous l'avons vu au chapitre consacré au cerveau, l'irrationnel a son propre langage. Il précède toujours le rationnel dans le fonctionnement des trois cerveaux. Nous ne pouvons prendre conscience de nos émotions et les nommer sans prendre le temps d'abord de bien les ressentir. Nous ne pouvons orienter nos vies dans le sens qui nous convient si nous sommes uniquement centrés sur nos déclencheurs, et si nous n'écoutons pas les messages qui viennent de l'intérieur.

Il faut bien distinguer ici la différence entre la prise de conscience et la rationalisation. La dernière est un mécanisme de défense inconscient qui intervient spontanément dans notre psychisme pour nous empêcher de ressentir la souffrance. Cependant, au lieu de nous protéger contre la douleur émotionnelle, elle l'exacerbe. Plus nous nous défendons par quelque moyen que ce soit, plus nous souffrons. C'est comme cacher une plaie pour ne pas la voir. Cette plaie risque de s'envenimer si nous ne nous en occupons pas. L'émotion douloureuse est la plaie psychique de l'être. Elle a besoin de notre attention. Elle a besoin que nous prenions soin d'elle pour guérir. Pour ce faire et par amour pour nous-mêmes, nous devons ouvrir la route qui mène au cœur, cette route qui est fermée à cause de tous les mécanismes de défense que nous avons mis inconsciemment en place pour nous empêcher d'y accéder pour fuir la souffrance.

Nous avons à conscientiser nos refoulements, nos jugements et les blâmes que nous portons sur nous et sur les autres ; nous devons aussi prendre conscience de nos rationalisations, de nos négations, de notre attitude de victime qui accuse ou de bourreau qui attaque. Il n'y a qu'un seul chemin pour nous amener droit au cœur quand nous nous en éloignons par nos défensives, c'est le RESSENTI. C'est le rôle de l'intelligence intrapersonnelle de nous faire voir que nous sommes défensifs ici et maintenant, que nous nous sommes déconnectés du cœur et que nous n'avons pas accès à ce que nous vivons. Le résumé suivant éclairera peut-être davantage mes propos.

EN RÉSUMÉ

Voici ce qui se passe en nous lorsque le cerveau de la tête n'est pas en relation avec celui du cœur, particulièrement quand nous sommes touchés émotionnellement et que nous ne prenons pas le temps de ressentir nos émotions. Dans ces moments-là, nos autoroutes neurologiques nous font prendre la voie répétitive des mécanismes défensifs. Ces mécanismes, toujours les mêmes, nous font souffrir davantage et nous éloignent de nous-mêmes et des autres. Ils coupent notre accès au cœur. Mais le cœur n'abdique pas. Il veut reprendre sa place. Il veut que nous entendions son message. Il passe par la voie de la souffrance pour se faire entendre. Il sait que plus nous nous défendons, plus nous souffrons et que cette souffrance durera aussi longtemps qu'une fissure se créera dans la cuirasse de nos défensives pour que nous nous réveillions.

Cette fissure se manifeste par une dépression, un désir de suicide, un burnout, une expérience insupportable d'abandon, de trahison, de rejet, de dévalorisation, d'infériorisation, d'impuissance, d'injustice, d'ingratitude ou de désespoir. **C'est seulement quand cette fissure se produit que nous réalisons que le cœur est le plus fort et que l'émotion est plus forte que la raison. Si nous n'écoutons pas notre cœur, il fera tout pour se faire entendre et pour que nous revenions à lui. Il est le maître de l'intelligence et du cerveau et le siège de l'amour. Sa fonction est de nous ramener au centre de nous-mêmes, à ce seul endroit où réside l'amour véritable de nous, des autres et de la Vie. Ne cherchez pas ailleurs, il n'y a pas d'autre chemin pour trouver la paix.**

> C'est donc dire que le rôle de l'intelligence intrapersonnelle est de favoriser le retour à l'essence de nous-mêmes par une collaboration des intelligences rationnelle et irrationnelle. Si le mot clé de l'intelligence émotionnelle est RESSENTIR, celui de l'intelligence rationnelle est PRISE DE CONSCIENCE par l'auto-observation.

C'est par cette participation coordonnée des intelligences émotionnelle (ressenti) et rationnelle (prise de conscience) que s'exprime l'intelligence intrapersonnelle pour favoriser la conscience de soi et la connaissance de ce qui nous meut, et pour nous ramener sans cesse au cœur de notre intelligence. Sans elle, nous restons toute notre vie sur le pilote automatique et nous ne pouvons participer à la planification de notre voyage sur cette Terre. Des conditions sont toutefois favorables à l'exploitation de l'intelligence intrapersonnelle. Quelles sont-elles ?

Conditions favorables à l'exploitation de l'intelligence intrapersonnelle

Les cinq conditions indispensables au développement de l'intelligence intrapersonnelle sont les suivantes :

- l'ici et maintenant ;
- l'expérience ;
- l'acceptation ;
- la responsabilité ;
- l'attention.

L'ICI ET MAINTENANT

L'intelligence intrapersonnelle ne peut se manifester en dehors de l'ici et maintenant. Même si je suis très consciente que le thème du moment présent a été exploité sous de multiples aspects et par de nombreux auteurs ces dernières années, je ne peux l'extraire du sujet qui fait l'objet de ce chapitre. Comme vous le savez, vivre l'ici et maintenant, c'est être présent à ce qui existe en ce moment même, en nous et autour de nous ; c'est être présent à nos défensives et à notre ressenti, aussi palpitant soit-il ou aussi souffrant soit-il. Ce n'est que dans le présent que nous apprenons à vivre. Nous apprenons de la peine autant que de la joie ; de la colère autant que de la sérénité ; de la guerre autant que de la paix.

Qu'apprenons-nous de la présence à ce qui est au moment même où les événements se produisent ?

PREMIER APPRENTISSAGE TIRÉ DE L'ICI ET MAINTENANT

Nous apprenons d'abord le sage principe bouddhiste : **l'impermanence**. Tout passe dans nos vies. Vous traversez une période difficile en ce moment ? Sachez qu'elle ne durera pas. Vous croyez avoir trouvé un moyen de mettre définitivement fin à vos souffrances ? Ne vous leurrez pas. Des événements hors de votre contrôle peuvent survenir à tout instant pour vous faire évoluer. Vivre en ressassant les douleurs du passé ou en appréhendant les désagréments de l'avenir, c'est ajouter au présent des souffrances supplémentaires. Une excellente manière de vous protéger contre les douleurs que vous vous créez en nourrissant des pensées négatives à propos d'hier et de demain est de vous entraîner à vivre dans le présent. Le mot *entraîner* est ici fondamental. Apprendre à être dans l'ici et maintenant résulte d'un entraînement aussi assidu que celui d'un sportif qui se prépare à une compétition internationale.

La vie est une suite ininterrompue de hauts et de bas. C'était ainsi dans le passé. C'est ainsi dans le présent. Ce sera ainsi dans l'avenir. C'est pourquoi fuir le présent pour un ailleurs dans le but de vous soustraire à la souffrance ne changera rien parce que, quoi que vous fassiez, où que vous alliez, vous ne pourrez jamais vous fuir. **Vous ne pourrez jamais fuir votre manière d'aborder les vicissitudes de la vie. Vous ne pourrez jamais fuir votre façon habituelle de vous défendre et de vous éloigner de votre cœur. Vous traînerez toujours et partout avec vous vos souffrances et vos moyens répétitifs de composer avec elles.**

> Donc, quand ça va mal dans votre vie, restez présent à votre douleur. Sortez de vos déclencheurs.

Dites-vous que cette souffrance est de passage et qu'elle partira lorsque vous aurez compris son message. Ce message c'est elle qui le porte et c'est en la ressentant que vous trouverez vos solutions et votre libération.

Vivre le présent c'est, par conséquent, cesser d'attendre l'homme ou la femme de votre vie ; d'attendre la carrière de vos rêves ; d'attendre l'événement ou la personne qui vous rendra enfin heureux ; d'attendre que l'autre change, qu'il s'excuse de vous avoir blessé et qu'il reconnaisse ses erreurs. Reconnaissez les vôtres et poursuivez votre chemin. Vous voulez rencontrer l'homme ou la femme avec qui partager votre vie ou réaliser un rêve qui vous tient à cœur ? C'est à vous d'agir maintenant pour satisfaire vos besoins et pour atteindre vos objectifs. Nourrir la peur, ressasser les blessures passées et appréhender l'avenir et attendre que tout vienne de l'extérieur ne feront qu'entretenir le doute de vos capacités et le manque de confiance en vos ressources. Ces habitudes délétères vous priveront de l'élan créateur qui active votre cerveau. Sollicitez plutôt les potentialités de votre intelligence intrapersonnelle pour vous ramener, sans pression sur vous-même, à la seule chose qui existe vraiment : le présent. Et agissez.

DEUXIÈME APPRENTISSAGE TIRÉ DE L'ICI ET MAINTENANT

Qu'apprenons-nous de plus en demeurant dans l'ici et maintenant ? Nous apprenons qu'il y a aussi de belles expériences dans la vie, qu'il existe en nous et dans notre entourage non seulement du négatif, mais aussi de la beauté, de la bonté et de la magnificence.

Nous apprenons à nous connecter avec la nature, avec les choses sublimes et surtout avec les hommes ; à être en relation avec eux ; à recevoir et à donner ; à contempler ; à ressentir la gratitude pour les privilèges dont nous profitons, dont celui d'être vivant, de voir, d'entendre, de marcher. À ce sujet, si vous ne l'avez pas encore lu, procurez-vous le livre d'Eckhart Tolle *Le pouvoir du moment présent.*[121] Et si vous l'avez lu, lisez-le encore et encore pour intégrer son contenu. Il est l'un des meilleurs guides pour vous aider à vivre l'expérience de l'instant et à utiliser les ressources de votre intelligence intrapersonnelle.

L'EXPÉRIENCE VÉCUE

Le dictionnaire Antidote définit l'expérience comme *le fait d'éprouver personnellement quelque chose.* L'expérience est donc indissociable du vécu. Être présent à l'expérience de l'ici et maintenant, c'est ressentir ce qu'elle nous fait vivre sans l'interpréter, sans la juger, sans l'analyser, mais simplement pour la vivre, en pleine conscience et la nommer. Vivre l'expérience présente, c'est mettre tous nos sens en éveil : entendre, toucher, regarder, afin d'écouter les messages du corps et ceux de l'âme parce que le corps est la principale porte d'entrée sur la vie intérieure.

> **Tout est expérience. Inutile de revenir en arrière puisque l'expérience présente est la somme de nos expériences passées. Elle les contient toutes. Laissons de la place à nos ressentis du moment, abandonnons-nous à notre intelligence spirituelle et nous aurons toutes nos réponses. Elles jailliront d'elles-mêmes au moment le plus inattendu, au moment où nous ne les chercherons plus.**

L'intelligence intrapersonnelle ne prend pas son savoir dans les livres ni dans les théories les plus sophistiquées. Elle le prend dans l'expérience vécue de l'ici et maintenant. À quoi servent les livres alors ? Ils servent à susciter en nous des émotions, des motivations et des intérêts qui nous encouragent à croître et à nous réaliser. Nous ne retenons de ce que nous lisons que ce qui nous touche. Tout peut être déclencheur d'émotions. **Si nous ne donnons pas à notre intelligence intrapersonnelle la place qui lui permet de ressentir les émotions liées à notre expérience, nous ne pourrons pas prendre conscience de ces émotions ni mettre des mots sur ce que nous ressentons. Nous ne pourrons**

---

121 Eckhart Tolle. *Le pouvoir du moment présent.*

pas orienter nos choix de vie dans le sens de ce qui nous passionne et de notre véritable mission sur Terre. Nous resterons dépendants de nos déclencheurs. Nous continuerons à leur donner le pouvoir de nous définir, de nous interpréter, de nous prêter des intentions et de nous utiliser comme surface projective de ce qu'ils sont. Mais le plus difficile avec l'expérience est de l'accepter telle qu'elle est, surtout lorsqu'elle nous fait souffrir.

L'ACCEPTATION

Si j'ai écrit un livre sur le thème de l'acceptation que j'ai intitulé *L'acceptation et le lâcher-prise*[122] [123], c'est que je lui accorde une importance prioritaire dans le processus d'évolution de l'être humain. **Accepter ne veut pas dire *se résigner* ni *lutter contre*, mais *accueillir simplement ce qui est* sans juger pour avoir du pouvoir sur ce qui existe dans nos vies. Si nous nous résignons, nous sommes des victimes impuissantes. Si nous luttons contre la réalité, nous lui accordons une importance démesurée et dépensons une énergie inutile.**

Au moment de la rédaction de cet ouvrage, nous traversons au Québec une vague de froid qui dure depuis plusieurs jours avec des températures ressenties atteignant moins vingt degrés Celsius. La seule façon de composer avec ce temps glacial pour qu'il soit plus supportable, c'est de l'accepter. Inutile de m'en plaindre ou de lutter contre la nature, ce serait me battre contre des moulins à vent. Je dépenserais une énergie inutile. L'acceptation me donne le pouvoir de *composer avec ce qui est* plutôt que de le combattre. *Composer avec* dans mon cas, c'est m'habiller chaudement pour aller marcher malgré ce froid, au lieu de m'empêcher de sortir et d'en vouloir à la Vie parce qu'elle n'est pas ce que je voudrais qu'elle soit. La même attitude peut être adoptée devant la pandémie et les confinements qu'elle nous impose. Nous pouvons critiquer indéfiniment tous ceux qui prennent les décisions, cela ne nous procurera pas nécessairement la sérénité. Encore là,

---

122 Colette Portelance. *L'acceptation et le lâcher-prise*, Éd. du CRAM.

123 Colette Portelance. *La guérison intérieure par l'acceptation et le lâcher-prise*, Éd. Jouvence.

nous pouvons choisir de nous apitoyer sur notre sort ou d'essayer de *composer avec* la réalité pour avoir du pouvoir sur elle.

> **Si nous critiquons tout le temps, notre bien-être dépend des autres. Nous leur laissons le pouvoir de nous rendre heureux ou malheureux. Nous demeurons prisonniers de notre passivité et de notre manque d'autonomie. Est-ce vraiment cela que nous voulons ?**

Il en est de même dans notre relation avec les autres quand elle nous fait souffrir. Nous pouvons les juger, les critiquer, les accuser, leur faire des reproches, les rendre responsables de nos souffrances, essayer de les changer. Nous pouvons nous placer en pauvres victimes ou en vierges offensées et sacrifiées sur l'hôtel de nos déclencheurs. Tous ces mécanismes de défense, bien que normaux, ne serviront qu'à aviver nos souffrances et qu'à nous éloigner de ceux de qui nous voulons nous rapprocher si nous n'en prenons pas conscience. Nous avons le choix : *lutter contre* ou *composer avec* ; *nous résigner* ou *accepter ce qui est*. Dans la *résignation* et dans la *lutte contre*, nous perdons notre pouvoir parce que nous sommes défensifs et que nous nous éloignons du centre de nous-mêmes, de notre cœur, de notre guide intérieur, c'est-à-dire, de notre ressenti.

> **N'oubliez pas que, quoi que vous fassiez, que vous vous battiez ou que vous abdiquiez, votre cœur restera toujours le plus fort. Rappelez-vous les chemins qu'il prend pour se manifester : le *ressenti, la souffrance* et *l'acceptation*. Plus vite vous l'écouterez, moins longtemps vous souffrirez.**

L'acceptation de ce que nous vivons nous procure le plus grand pouvoir accordé à l'être humain : le pouvoir du choix. Devant toute expérience difficile, nous avons toujours le choix : nous résigner, nous plaindre, fuir, responsabiliser l'autre, *lutter contre lui* ou accepter et nous en servir pour créer, évoluer et nous réaliser.

L'acceptation est essentielle dans le processus d'introspection et dans le processus de changement et d'évolution. Choisir de vous arrêter pour accepter tout ce qui est en vous et en dehors de vous, y compris vos défensives, pour ressentir et prendre conscience de ce que vous vivez et pour accueillir ce qui jaillit en vous-même est la seule manière de vous en servir pour trouver la paix et la liberté intérieures, pour devenir une meilleure personne et pour offrir au monde le meilleur de ce que vous êtes. Cependant, pour qu'accepter *ne signifie pas se résigner*, une condition s'impose : la responsabilité.

LA RESPONSABILITÉ

J'ai souvent écrit sur ce thème que nous retrouvons ces dernières années dans la plupart des livres qui touchent la croissance personnelle, la psychologie et la spiritualité. Ne serait-il pas redondant et superflu d'y revenir dans cet ouvrage consacré à l'intelligence ? Je pense que toutes les étapes d'un cheminement doivent être traversées une à une lorsqu'un événement souffrant se produit si nous voulons évoluer vraiment : la prise de conscience de nos émotions, de nos défensives, de nos besoins ; l'acceptation, la responsabilité et le passage à l'action créatrice. C'est le propre de l'intelligence intrapersonnelle de nous accompagner dans ce parcours, surtout quand nous sommes aux prises avec des problèmes relationnels récurrents et éprouvants.

Lorsque, par exemple, nous sommes blessés par une personne importante pour nous, nous devenons spontanément égocentriques au sens où notre douleur prend toute la place et que nous sommes profondément convaincus que cette personne est la seule responsable de notre souffrance. Nous lui attribuons mentalement tous les torts et nous sommes persuadés que nous avons entièrement raison de lui en vouloir, de la blâmer, voire de la punir par des mécanismes de défense comme la fermeture, le rejet, le reproche, la culpabilisation, la recherche de confluence et l'attitude de victime. Cette conviction nous rassure parce qu'elle justifie nos comportements défensifs à son égard. Nous lui attribuons, verbalement ou en pensées, des caractéristiques négatives, et nous nous appuyons sur de nombreux déclencheurs pour nous innocenter et blanchir nos accusations.

Plus nous nourrissons ces pensées négatives, plus nous nous confortons dans la certitude qu'elles sont légitimes et que nos défensives le sont aussi. Quand cela se produit, nous ne voyons que les erreurs de l'autre et pas les nôtres. Nous sommes donc motivés par des émotions négatives non identifiées que nous entretenons obsessionnellement. Si nous ne sollicitons pas les pouvoirs de notre intelligence intrapersonnelle, nous nous éloignons progressivement du centre de nous-mêmes, c'est-à-dire de notre cœur. Nous laissons notre cerveau du ventre mener notre vie sans la collaboration des cerveaux de la tête et du cœur. Nous nous transformons en marionnettes de nos émotions négatives et devenons complètement irresponsables par le fait même. En nous comportant de cette manière, nous nous créons des systèmes relationnels dysfonctionnels et souffrants avec cette personne. Si nous continuons à la croire coupable de tous nos déboires et à la responsabiliser sans discernement, nous serons habités par un faux sentiment de pouvoir sur elle, au détriment inévitable du pouvoir sur nous-mêmes. Nous nous enfoncerons alors dans un sentiment d'impuissance insupportable avec l'impression erronée que nous n'en sortirons jamais... à cause d'elle bien entendu.

Nous nous maintiendrons dans cette impasse tant que nous n'accepterons pas qu'un conflit relationnel se crée à deux, et que, quelles que soient les apparences, nous avons tous les deux une part incontestable de responsabilité dans cette mésentente. Tant que nous refuserons de l'admettre, nous nous dirigerons vers un cul-de-sac relationnel irréversible.

C'est ici que l'intelligence intrapersonnelle peut intervenir pour nous aider à prendre le temps de ressentir nos émotions et nos besoins, de les identifier clairement et à prendre conscience des réactions que nous adoptons pour nous défendre. Si nous sommes honnêtes, nous saurons reconnaître que nos défensives peuvent aussi être des déclencheurs de blessures chez l'autre et que nous sommes tous les deux prisonniers d'un système destructeur et autodestructeur.

Dans de telles circonstances, que faire pour sortir de la spirale dans laquelle nous nous trouvons? Abdiquer pour avoir la paix? Ce n'est pas de cette façon que nous l'obtiendrons. Attendre que l'autre fasse les premiers pas et continuer de le responsabiliser pour garder le pouvoir sur lui? Cela n'apporte pas la paix non plus. Ces moyens sont totalement néfastes, inefficaces et irresponsables. Seule la reconnaissance, venant des deux personnes concernées de leur part de responsabilité dans le conflit, peut favoriser un rapprochement. Si l'une des deux le fait et que l'autre refuse de se prêter à cet exercice, une relation de pouvoir s'établira entre elles et le différend ne se réglera qu'en apparence, mais pas en profondeur. Il n'y aura jamais de relation harmonieuse et authentique possible entre une personne qui reconnaît sa responsabilité et une autre qui ne la reconnaît pas. Un sentiment d'injustice et un manque de confiance s'installeront dans le cœur de la seconde, qui fermera progressivement son cœur à la relation.

Croyez-en mon expérience et mes erreurs; pour avoir des relations satisfaisantes et épanouissantes, il ne faut pas laisser l'orgueil et le ressentiment nous dominer parce qu'ils causent toujours de la discorde et de la souffrance. Le ressentiment conduit toujours à un comportement de victime et à une forme de pouvoir subtil sur l'autre. Il faut plutôt identifier nos besoins d'amour, d'harmonie et de paix et agir ensemble pour les satisfaire. Il nous faut aussi essayer de comprendre l'autre, de nous imaginer à sa place. Nous n'y arriverons que si nous acceptons d'assumer notre responsabilité et que si nous sollicitons notre intelligence intrapersonnelle pour diriger notre attention au cœur de notre intelligence, c'est-à-dire au cœur de nous-mêmes.

L'ATTENTION

L'*attention est l'outil de base de la conscience: pas d'attention, pas de conscience*, affirme Christophe André.[124] *Il s'agit d'un acte de conscience volontaire.*[125] Le mot *volontaire* est ici le mot clé, à mon avis, au sens

124 Christophe André. *Méditer jour après jour*, p. 91.

125 *Op. cit.*, p. 24.

où nous avons le pouvoir de choisir sur quoi centrer notre attention. Nous pouvons choisir de la diriger sur le monde extérieur, sur nos déclencheurs, sur le passé ou encore sur toutes sortes de pensées négatives et de ruminations qui ajoutent à nos malheurs. *Nos esprits perdent leur fécondité à trop se laisser remplir par le vide des tapages extérieurs.* [...] *Nous souffrons ainsi d'un déficit généralisé d'intériorité. Car il manque dans notre société tout ce qui permet l'introspection.*[126]

C'est le rôle de l'intelligence intrapersonnelle de diriger notre attention sur le ressenti et la prise de conscience de nos états intérieurs. Quand nous sommes possédés par des pensées destructrices ou déprimantes, quand nous dirigeons notre attention sur les autres, sur ce qu'ils nous ont fait ou dit, c'est le moment de solliciter son intervention pour la ramener sur notre corps, nos émotions et nos besoins. Nous pouvons alors nous exercer à ressentir les sensations dans chaque partie de notre corps, sans réflexion et sans attentes, en commençant par le front, les yeux et le reste de notre visage. En demeurant dans la sensation sans penser à quoi que ce soit, sans l'analyser, nous ressentons généralement un bien-être spontané. Aussi paradoxal que cela puisse paraître, l'attention au ressenti émotionnel procure ce même sentiment de paix, même si l'émotion est inconfortable à vivre. Le seul fait d'accorder notre attention à une émotion négative la calme comme le fait un adolescent rebelle lorsque nous nous arrêtons pour lui offrir notre présence accueillante et affectueuse. *Ces centaines de retours à l'instant présent représentent un entraînement mental exceptionnel*, écrit Christophe André. *Pratiquez, pratiquez. Sinon ne vous étonnez pas que votre esprit vous joue des tours.*[127]

Sollicitez constamment l'intervention de votre intelligence intrapersonnelle pour vous ramener à l'ici et maintenant, à votre expérience du moment. Dirigez votre attention vers votre monde intérieur. Ressentez-le. Acceptez-le tel qu'il est. Si des obstacles se mettent en travers du chemin de l'introspection, accueillez-les et reconcentrez-vous sur votre ressenti.

---

126 *Op. cit.*, p. 13 et 137.

127 *Op. cit.*, p. 97.

Obstacles à l'exploitation de l'intelligence intrapersonnelle

De nombreux obstacles peuvent bloquer le travail de l'intelligence intrapersonnelle si nous n'en sommes pas conscients. Son processus peut être congestionné par :

- l'identification à nos émotions ;
- la projection et l'interprétation ;
- l'inconstante fluctuation du vécu.

L'IDENTIFICATION AUX ÉMOTIONS

Nous ne sommes pas nos émotions. Nous ressentons de la peine, de la colère, de l'insécurité, de la peur, du ressentiment, de la joie, de l'amour, de la gratitude, mais nous ne sommes pas ce vécu, aussi agréable soit-il. Lorsque nous nous identifions à un vécu, il nous possède, il nous envahit, il nous aveugle. S'identifier à une émotion, c'est se noyer en elle. C'est être submergé par elle. Cela empêche notre intelligence intrapersonnelle de fonctionner normalement.

Vous n'**êtes** pas votre peine. Vous **avez** de la peine. Vous n'**êtes** pas votre peur. Vous **avez** peur. Vous **n'êtes** pas votre rancœur. Vous **avez** de la rancœur. Chaque fois que vous vous identifiez à votre vécu négatif, il prend des proportions exagérées parce que vous êtes mené par lui et que vous n'avez pas le recul favorisé par l'auto-observation. Vous êtes dans votre imaginaire et non dans la réalité. De la même façon, lorsque vous vous identifiez à un sentiment d'amour idéalisé, vous décollez de la vie réelle. Quand vous atterrissez, vous souffrez énormément. Si vous vous identifiez à la souffrance qui vous possède au moment de l'atterrissage, elle devient insupportable tellement elle est incommensurable. Dans un tel cas, vous ne pouvez ressentir l'intensité réelle de l'émotion. Elle est déformée et amplifiée par l'illusion. Vous perdez la maîtrise sur elle. Elle vous domine complètement. Vous ne pouvez plus la ressentir puisqu'elle est ce que vous êtes. Vous devenez tout simplement esclave de vous-même et victime des autres.

Pour ressentir une émotion, il faut impérativement l'intervention de l'intelligence intrapersonnelle. Elle seule peut vous ramener au ressenti pur, complètement libéré de l'imaginaire défensif. Elle seule peut vous mettre en contact avec votre réalité intérieure et distinguer le réel de l'irréel. Comment procède-t-elle pour permettre cette distinction ?

LES POUVOIRS DE L'AUTO-OBSERVATION

Au lieu de vous identifier à votre vie intérieure, votre intelligence intrapersonnelle vous place en observateur de ce qui se passe en vous. Ainsi, vous ne grossissez pas vos émotions et ne vous coupez pas d'elles. Vous vous observez en train de les vivre. En fait, l'identification vous rend complètement aveugle. Elle vous empêche de vous voir et vous rend totalement impuissant à vous sortir de la souffrance. Impossible de vous en dégager si vous **êtes** cette souffrance. Par contre, si vous l'observez, vous établissez une distance entre elle et vous. Ce faisant, elle ne disparaît pas, mais elle diminue considérablement. En étant le témoin de vos émotions, vous continuez à les ressentir, mais elles prennent leur juste place en vous. Ainsi, elles ne suscitent plus ces pensées obsessives, incohérentes et éloignées de la réalité qui exacerbent votre douleur. Au contraire, elles donnent à votre intelligence rationnelle sa juste place, celle qui consiste à mettre de la conscience sur votre vécu.

- Pour mieux saisir les bienfaits de l'auto-observation, faites l'exercice suivant :
- Pensez à une personne qui déclenche en vous des émotions souffrantes comme, par exemple, de la colère, de la peine, de la jalousie, du ressentiment, de l'impuissance, de la peur, de l'insécurité, un sentiment d'injustice, d'ingratitude ou autre.
- Prenez le temps de vous arrêter et de bien ressentir votre corps et votre vécu. Si des pensées vous dirigent vers le déclencheur, prenez-en conscience et revenez doucement à votre ressenti corporel et émotionnel. Faites-le

jusqu'à ce que vous soyez en contact avec l'émotion pure dégagée du monde extérieur, c'est-à-dire de cette personne. Restez présent à ce ressenti physique ou émotionnel au moins deux minutes et plus longtemps si vous le pouvez avant de passer à l'étape suivante.

- Maintenant, pensez à votre déclencheur, à ce qu'il vous a dit et vous a fait qui vous a blessé. Demeurez centré sur lui quelques minutes. Voyez comment vous vous sentez quand vous y pensez. Votre émotion est-elle plus souffrante ? Votre corps est-il plus paisible ou plus tendu ?
- Revenez au ressenti ; éloignez votre pensée du déclencheur et restez présent à votre corps et à votre vécu pendant deux minutes. Si vos pensées se dirigent vers l'extérieur, ramenez-les à vos sensations et à vos émotions. Que constatez-vous ? Ressentez-vous une diminution de l'intensité émotionnelle ?
- À présent, imaginez qu'il y en a en vous un observateur en train d'observer vos émotions. Laissez-le prêter attention encore et encore à votre ressenti sans vous laisser distraire par des pensées envahissantes. Voyez ce qui se passe en vous au niveau de l'intensité émotionnelle quand vous vous observez en train de vivre une émotion. Votre souffrance est-elle moins forte ?
- Pour finir, imaginez qu'un deuxième observateur observe le premier qui, lui, observe vos émotions. Que constatez-vous ?

Si vous ne vous laissez pas dominer par vos pensées, que vous ne luttez pas contre elles, mais que vous revenez constamment à votre ressenti, vous découvrirez que l'émotion diminue en intensité à chaque étape de l'exercice pour atteindre son intensité réelle. Le résumé suivant vous permettra de visualiser ce processus.

1 Ressenti par rapport au déclencheur	2 Ressenti libéré du déclencheur	3 Observation du ressenti	4 Observation de l'observateur du ressenti

1 Ressenti de l'émotion présente	2 Premier observateur	3 Deuxième observateur

Je vous suggère donc, chaque fois que vous vous identifiez à une souffrance physique ou psychique, de solliciter l'intervention de votre intelligence intrapersonnelle pour vous observer ici et maintenant, et pour réaliser que vous êtes l'auteur de votre souffrance parce que vous la nourrissez par vos pensées, que vous vous identifiez à elle plutôt que de la ressentir. Placez-vous en observateur de votre corps et de votre vécu et en observateur de l'observateur.

Sans ce ressenti épuré de vos ruminations, vous perdez le pouvoir sur votre vie. Au lieu de vous attribuer ce qui vous habite et vous appartient quand vous êtes blessé, vous le projetez sur les autres. Par inconscience, vous interprétez leurs paroles, leurs actions et leurs intentions à la lumière de ce que vous êtes et de ce que vous vivez. Vous ne les voyez pas tels qu'ils sont parce que vous ne vous voyez pas tel que vous êtes. Vous croyez à tort que vous êtes un *ange* sans tache et qu'ils sont les *démons* parce qu'ils déclenchent vos blessures. Vous n'êtes pas conscient que, par le regard négatif et projectif que vous posez sur eux, vous vous supériorisez, vous vous innocentez, vous manquez de responsabilité parce que vous vous perdez de vue.

Sachez toutefois que tous, qui que nous soyons, nous défendons par la projection et l'interprétation très fréquemment dans nos relations, et que même les thérapeutes les plus compétents peuvent verser inconsciemment dans ces mécanismes défensifs quand leurs blessures sont éveillées parce qu'ils sont humains, comme vous. C'est parce qu'ils le reconnaissent quand ils en prennent conscience et qu'ils continuent à travailler sur eux-mêmes qu'ils sont en mesure de vous comprendre et de vous aider. S'ils se croyaient parfaits, ils ne le pourraient pas.

LA PROJECTION ET L'INTERPRÉTATION

Le phénomène projectif est présent dans toutes les relations, particulièrement dans les relations affectives. Sous sa forme positive, il est l'un des meilleurs moyens de remise en question et de connaissance de soi qui soit. Sous sa forme défensive, il peut perturber considérablement le processus relationnel. Dans ce dernier cas, nous pouvons définir la projection comme un procédé inconscient qui consiste à rejeter sur l'autre ce que nous refusons inconsciemment d'accepter comme faisant partie de nous. **Quand nous nous défendons par la projection, nous attribuons à une autre personne, par nos jugements, nos interprétations et nos généralisations, des fonctionnements, des défensives, des intentions qui parlent de nous, mais qui ne parlent pas d'elle. Comme l'identification aux émotions, la projection résulte d'un manque de conscience de soi.** Un exemple vécu vous éclairera davantage sur le fonctionnement du phénomène projectif.

Il me vient à l'esprit l'histoire d'un élève que j'ai eu quand j'enseignais à l'école secondaire. Il s'agissait d'un garçon qui n'établissait pas de contact avec ses camarades. Lors des activités d'équipe, il gardait une distance et ne s'investissait pas dans le travail du groupe, ce qui dérangeait beaucoup ses camarades. L'un d'eux s'en est plaint devant toute la classe. Il trouvait injuste que ce garçon profite des notes de l'équipe alors qu'il n'y participait pas. Offusqué, le jeune en question a rétorqué en disant qu'il ne s'investissait pas parce qu'il n'aimait pas l'école et qu'il n'aimait pas les élèves de sa classe parce qu'ils le rejetaient. Son intervention a fait réagir un bon nombre de ses camarades. Plusieurs lui ont rappelé comment ils avaient été rejetés eux-mêmes par lui dans leurs tentatives d'approche. En réalité, cet élève avait projeté sur ses camarades ce qu'il leur faisait subir lui-même. Il leur reprochait de le rejeter alors que c'était lui qui les repoussait.

Combien de fois reprochons-nous aux autres ce que nous leur faisons par inconscience ? Combien de fois accusons-nous notre conjoint, nos parents, nos enfants, nos amis de défensives que nous adoptons à notre tour à leur égard bien involontairement ? Combien de fois sommes-nous aveuglés par nos blessures et nous plaçons-nous en victimes des autres sans nous rendre compte que nous sommes aussi leur bourreau ? Combien de fois projetons-nous sur eux ce que nous ne voulons pas voir de nous-mêmes ?

Toutes les projections nous donnent des informations à propos de ceux qui les font. Sans l'intervention de l'intelligence intrapersonnelle, elles peuvent nuire considérablement à la relation. C'est cette intelligence et votre honnêteté qui vous permettront de récupérer vos projections et de trouver ce qu'elles vous disent de vous, de votre histoire, de vos défauts, de vos blessures et de vos comportements défensifs. N'oubliez pas que vous voyez le monde à travers ce que vous êtes. À moins d'une observation objective précise de la réalité (OOP), vous risquez facilement de glisser dans la projection, l'interprétation et la généralisation. Par exemple, vous pouvez observer qu'une personne ne travaille pas en ce moment (OOP), mais pas parce qu'elle est paresseuse. Peut-être manque-t-elle tout simplement d'intérêt ou est-elle souffrante physiquement ou psychiquement. De même, vous pouvez voir qu'une autre bâille quand vous parlez (OOP), mais pas qu'elle s'ennuie. Qui sait, elle a peut-être mal dormi ou travaillé tard. Vous pouvez observer qu'un ami vous coupe la parole ici et maintenant pour parler de lui (OOP), mais pas qu'il est égocentrique.

La capacité à récupérer nos projections, nos interprétations et nos généralisations est la plus grande preuve de lucidité, de responsabilité et d'humilité que nous puissions manifester. Grâce à elle, nous pouvons régler les problèmes relationnels les plus graves et soulager les blessures les plus profondes.

Nous ne savons jamais ce qui se passe pour l'autre derrière les apparences. Le supposer, c'est l'interpréter à partir de notre propre vécu et de notre propre expérience ; c'est prendre du pouvoir sur lui. Encore une fois, c'est l'intelligence intrapersonnelle qui peut départager ce qui nous appartient de ce qui appartient aux autres au plan relationnel. C'est elle qui nous permet de prendre conscience de nos projections et de nous en servir comme instruments de connaissance et de compréhension de nous-mêmes au lieu d'attribuer aux autres des caractéristiques qui ne parlent pas d'eux, mais de nous, ce que nous faisons tous inconsciemment à différents moments de notre vie.

Si, par exemple, vous observez qu'une personne n'exprime pas ses émotions, que sa figure est inexpressive, qu'elle reste stoïque devant des événements désagréables (OOP) et que vous affirmez qu'elle manque de sensibilité, vous faites sur elle une projection de quelque chose qui ne parle pas d'elle, mais de vous. Le mot *insensibilité* dans les circonstances n'est pas une observation objective précise (OOP), mais une interprétation. L'interprétation donne des informations sur l'interprète et non sur l'interprété. Que dit-elle de vous ? Dit-elle que devant son impassibilité, vous vivez de l'insécurité ? Que votre père était inexpressif et que vous ne saviez jamais à quoi vous en tenir avec lui ? Que vous vous montrez vous-même distant et froid lorsque vous avez peur ou que vous en voulez à quelqu'un de vous avoir blessé ? C'est l'intervention de votre intelligence intrapersonnelle qui vous donnera votre réponse. C'est elle qui vous aidera à appréhender et à accepter l'inconstante fluctuation de votre vécu.

L'INCONSTANTE FLUCTUATION DU VÉCU ET DE L'ÉVOLUTION

Il n'y a rien de plus instable que l'émotion. Si votre amoureuse vous dit, les yeux remplis d'étoiles et le cœur sur la main, qu'elle vous sera fidèle toute la vie et que rien ne portera ombrage à cet amour, elle le pense sincèrement au moment où elle vous le dit. Sera-t-elle fidèle inconditionnellement à la vie à la mort ? Rien n'est moins sûr. À moins qu'elle veuille vous manipuler, les émotions qu'elle ressent au moment où elle vous les exprime sont vraies. Elle ne vous ment pas. Cependant, les circonstances de la vie nous font passer d'une émotion agréable à une autre très désagréable, et ce, en l'espace d'une fraction de seconde. Si votre amoureuse apprend un jour que vous la trompez, il est fort possible que ses émotions changent et qu'elle remette en question son engagement à vous aimer à la vie à la mort.

Inutile de nous mentir à nous-mêmes et de mentir aux autres. Quand nous recevons de la reconnaissance, de la gratitude et de l'amour, notre cœur s'ouvre. Par contre, quand nous recevons une critique injustifiée, un jugement infondé, une interprétation fausse, une généralisation outrancière, ou que nous vivons une trahison odieuse, du rejet, de l'injustice, de l'incompréhension, de l'ingratitude, de la dévalorisation, il se ferme. C'est tout simplement humain. Nous pouvons faire semblant que nous ne sommes pas touchés, mais l'image que nous présentons pour cacher cette vulnérabilité ne change en rien notre état intérieur.

> **Nous ne pouvons rien contre la fluctuation émotionnelle. Elle est liée à notre nature même. Le propre de l'émotion est la mouvance. Nous n'arriverons jamais à fixer un vécu définitivement. C'est impossible. Nous ne pouvons nous demander de toujours vivre des émotions agréables et ne pouvons attendre cela des autres non plus.**

Devant cette réalité, seule l'intelligence intrapersonnelle peut nous mettre à l'écoute de nos ressentis du moment. Sans elle, nous risquons tous, sans exception, de manquer d'authenticité, de nous trahir, de nous laisser dominer par nos émotions, de nous en défendre et, par conséquent, de souffrir, de faire souffrir les autres par irresponsabilité et de nous sentir impuissants à sortir de nos systèmes dévastateurs. Prendre conscience et accepter cette réalité sont deux prérequis indispensables à la reconnaissance de notre responsabilité.

Tout est en mouvement en nous et seule la mort nous assure l'immobilité, du moins celle de notre corps. Fixer une émotion, pour quelque raison que ce soit, fait de nous un personnage complètement faux. Montrer aux autres une émotion contraire à l'émotion réelle parce que nous la jugeons négativement et pour sauver les apparences fait aussi de nous un personnage faux. Nous sommes des êtres vivants. Assumer notre *humanitude*, c'est accepter la mouvance de la vie, le changement en nous et autour de nous. Il en est ainsi pour l'évolution du monde et celle de la conscience qui passent par différentes périodes d'instabilité avant d'atteindre un équilibre très précaire, parce que destiné à être perpétuellement bousculé. *Pour évoluer, avancer, passer à l'étape qui suit, nous passons par une forme de semi-équilibre*, affirme Stéphane Drouet. *C'est incontournable* [...] *une période d'instabilité précède en permanence une période d'évolution. C'est le prix à payer pour évoluer.*[128]

Conclusion : l'adaptation aux changements

L'intelligence intrapersonnelle centrée sur le ressenti et la prise de conscience de notre vie intérieure favorise l'adaptation incessante à l'évolution. Nous ne pouvons échapper à l'instabilité du changement tant celui qui se produit en nous qu'en dehors de nous. Résister n'a pour effet que de nous faire souffrir parce qu'en résistant, nous nageons dans le sens contraire du courant de la vie. Nos émotions changent, celle des autres aussi. Le monde, la science, l'humanité changent envers et malgré nous. Que faire alors pour mieux nous ouvrir à cette réalité incontournable ? C'est Stéphane Drouet qui nous donne la réponse : *C'est en changeant nous-mêmes que nous faisons évoluer les choses* [...] *c'est en faisant évoluer notre conscience et notre regard sur les choses que les autres évoluent également* [...]. *N'espérez pas de résultats différents en reproduisant les mêmes pensées, les mêmes comportements, les mêmes actions, les mêmes décisions chaque jour. Qu'allez-vous changer demain dans votre vie par rapport à hier ?*[129]

Cette question, je me la pose fréquemment. Ne croyez surtout pas que j'ai réussi à intégrer dans ma vie tout ce que je présente dans cet ouvrage. Surtout, ne m'idéalisez pas. Comme vous, je tombe et je me relève. Comme vous, il m'arrive d'avoir parfois le sentiment de reculer et de ne jamais pouvoir atteindre cette quiétude que je recherche sans cesse. Comme vous, je ressens parfois de la peur, de l'insécurité et de l'impuissance, et je suis loin d'être toujours responsable. Comme vous, je manque sou-

---

128 Stéphane Drouet. *L'intelligence quantique du cœur*, p. 189.
129 *Op. cit.*, p. 191.

vent de respect et d'amour de moi-même. Comme vous, je suis tout simplement humaine.

C'est précisément parce que je reste en contact avec l'humain en moi que je peux écrire ce que j'écris dans ce livre, que je peux vous rejoindre au niveau du cœur, vous comprendre et vous dire : ne lâchez pas parce que c'est paradoxalement dans les moments de recul apparent que vous avancez le plus ; c'est quand vous vous pensez le plus loin du but que vous en êtes le plus proche. C'est de la noirceur que jaillit la lumière la plus belle, celle qui éclaire le mieux les routes intérieures qui mènent à la cohérence du cœur. Soyez les défricheurs de votre vie profonde. Débroussaillez, désherbez, binez, sarclez, déblayez ce qui vous encombre, poursuivez votre travail sur vous-même.

Si vous avez l'impression de toujours recommencer à zéro, sachez que c'est une illusion. Même arrêté, vous avancez si vous décidez d'accepter votre sentiment d'impuissance et de vous en servir comme le meilleur moyen pour contacter vos forces intérieures. Ces forces, vous ne les connaissez probablement pas encore parce que vous vous êtes activé toute votre vie plutôt que de vous déposer pour ressentir votre véritable puissance. Ne lâchez pas parce que c'est par la foi, la détermination et la persévérance que vous dynamiserez votre cerveau, que vous stimulerez vos potentiels et que vous atteindrez le cœur de votre intelligence, là où se trouve la source de la plénitude, de la sagesse, des ressources illimitées et de la paix.

Sollicitez votre intelligence intrapersonnelle. Restez présent à votre ressenti du moment. C'est ainsi que vous pourrez prendre conscience des pensées et des comportements répétitifs qui vous empêchent d'être plus serein à l'égard des vicissitudes de la vie. C'est grâce à cette intelligence et à l'intervention de votre intelligence spirituelle que vous, esthète, pragmatique ou rationnel, arriverez à reprogrammer vos circuits neuronaux, que vous assurerez l'évolution de votre conscience et celle de l'humanité si vous acceptez joyeusement que, pour ce faire, vous soyez en apprentissage toute votre vie, et si vous acceptez que, quoi que vous fassiez, le cœur restera toujours le plus fort.

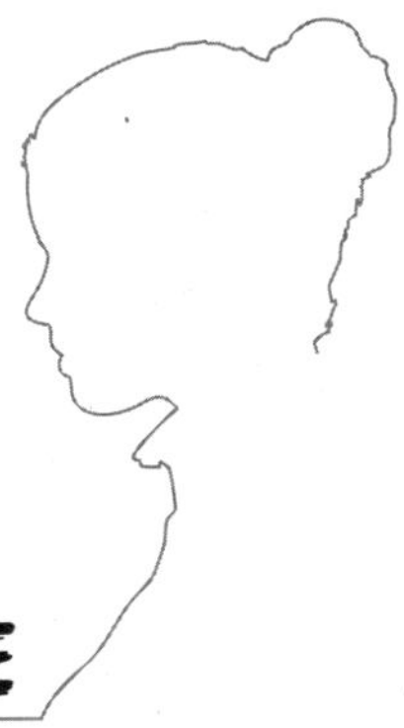

Chapitre 12

L'INTELLIGENCE SPIRITUELLE

Origine et historique du concept

Le concept d'intelligence spirituelle (IS) a été mis au point par une physicienne étatsunienne, Ranah Zobar, et par son époux, le psychiatre Ian Marshall au tout début du 21e siècle. Dans leur livre SI *Connecting with our Spiritual Intelligence*[130], ils présentent la spiritualité comme résultant de la connexion à soi, aux autres et à l'Univers. Ils la conçoivent comme une faculté qui permet à l'homme de comprendre le sens de la vie et de vivre dans le respect de ses valeurs.

Rekha Attri, professeur de marketing en Inde, affirme qu'une IS élevée permet d'être un meilleur leader. Elle fait ce lien entre la spiritualité et le leadership parce qu'elle aborde ce type d'intelligence sous l'angle de l'interconnectivité, donc de la relation avec autrui, ce qui constitue l'une des principales qualités d'un bon meneur, selon elle. **Elle rattache l'intelligence spirituelle à des valeurs comme l'ouverture d'esprit, l'empathie, l'éthique, la sincérité, la créativité et la générosité**[131]. Attri rejoint en cela les propos de Zobar et Marshall et ceux de Richard Wolman[132], le psychologue étatsunien qui a inventé le Psycho Matrix Spiritua-

130 Danah Zohar et Ian Marshall. SI *Connecting with our Spiritual Intelligence.*

131 Rikha Attri. *Spiritual Intelligence–A Model for Inspiration Leadership, the International Journal's Research of Social Science and Management*, 2012.

132 Richard Wolman, *Thinking with your soul: Spiritual Intelligence and Why et Matters.*

lity (PSI), un outil qui permet d'évaluer le profil spirituel d'une personne.

À eux, s'ajoute l'Autrichien Victor Frankl (1905-1997) pour qui la spiritualité a pour but de nous doter d'un sens de la transcendance et d'un objectif de vie qui nous élève au-delà de la matière. L'essentiel de sa conception du monde spirituel est né de l'expérience qu'il a vécue au camp de concentration d'Auschwitz du 19 octobre 1944 au 27 avril 1945, où sont morts ses parents et son épouse. Il y a observé que ceux qui avaient développé une vie intérieure profonde s'en sortaient mieux que les autres parce que, grâce à leur foi, ils gardaient espoir et questionnaient le sens de leur expérience. C'était du moins son cas. À la suite de sa libération, il a créé la logothérapie, une approche psychospirituelle de l'homme et de la vie tirée de son expérience en Pologne. En 1970, il a fondé le premier institut de logothérapie au monde à San Diego en Californie.[133]

Son travail tombait en pleine révolution industrielle, ce phénomène historique qui a fait basculer la société à dominante agraire et artisanale en une société commerciale, matérialiste et rationaliste, une société qui a pris une distance par rapport à la religion et, par conséquent, pour un grand nombre d'entre nous, par rapport à la spiritualité. C'est la sortie du livre de Daniel Goleman en 1995 sur l'intelligence émotionnelle qui a favorisé le développement de l'ouverture à une perception du monde plus large que la seule approche rationnelle et matérielle. L'apport de Goleman en ce sens est inestimable bien qu'il n'ait pas axé ses recherches sur l'intelligence spirituelle proprement dite, comme ce fut le cas d'Howard Gardner qui, dans son ouvrage sur les intelligences multiples, nous offre le résultat d'une importante et intéressante réflexion à ce sujet.

L'intelligence spirituelle selon Gardner

Gardner n'a pas inclus ce type d'intelligence dans ceux qu'il a le plus développés parce qu'il ne trouvait pas suffisamment de preuves scientifiques pour appuyer sa recherche et parce que,

133 Viktor E. Frankl. *Man's Search for Meaning*.

contrairement à Wolman, il considérait qu'elle ne se mesure pas par des tests comme c'est le cas des sept autres types qu'il a présentés dans son œuvre. Il faut dire que l'auteur des intelligences multiples aborde ses types d'intelligence sous un angle plutôt rationnel, ce qui n'est pas un jugement, mais une constatation. D'ailleurs, Goleman écrit à son sujet : *ses travaux sont fortement influencés par le modèle de l'esprit issu des sciences cognitives. Il a donc tendance à mettre l'accent sur la connaissance* [...]. *Cela laisse inexploré l'océan des émotions* [...]. *Gardner ne nie pas pour autant que les capacités émotionnelles et relationnelles sont d'une importance décisive dans la vie de tous les jours.*[134]

LE DOGME DU MYSTICISME

Gardner reconnaît, malgré tout, l'amplitude du *phénomène spirituel* et considère qu'il est impossible à cerner et à définir parce qu'il est trop éloigné du monde de la science. Il affirme que c'est un domaine glissant à cause des dangers réels qu'éveille l'ouverture sur cette dimension de nature irrationnelle et difficilement vérifiable scientifiquement. Le risque de *glisser* dans le dogme du mysticisme est incontestable selon lui. Certains croyants à l'esprit dogmatique se placent effectivement en détenteurs de vérité dans ce domaine et se croient supérieurs aux autres parce qu'ils auraient atteint un niveau de spiritualité bien au-delà de la moyenne des gens. Je rejoins Gardner à ce sujet. Je pense même que, dès qu'une personne se pense supérieure aux autres au point de croire qu'elle détient la vérité, elle n'a plus accès à l'intelligence spirituelle telle que je la conçois et telle que la conçoit Gardner. D'ailleurs, les propos de Paul Ferrini abondent dans le même sens. *C'est de l'orgueil spirituel de penser,* affirme-t-il, *que vous êtes plus avancé sur le chemin spirituel que qui que ce soit d'autre* [...]. *Ce qui nous sert, c'est l'humilité.* [...]. *Vous n'avez pas la capacité à déterminer exactement les progrès spirituels d'une autre personne, quelle qu'elle soit.* [...]. *Toute cette idée d'être devant ou derrière n'a pas de sens puisque vous ne savez pas où se trouvent ni la ligne de départ ni la ligne d'arrivée.*[135]

---

134 Daniel Goleman, *L'intelligence émotionnelle*, p. 69.

135 Paul Ferrini. *L'Évangile selon Jésus : un nouveau testament pour notre époque*, p. 195.

LE DOGME DE LA RATIONALITÉ

L'autre danger évoqué par l'auteur des intelligences multiples est d'aborder l'intelligence spirituelle en versant dans le dogme de la rationalité. Ce danger est très réel et nous guette tous étant donné la survalorisation de l'intelligence rationnelle dans certains pans de notre société qui mettent facilement l'émotion et le spirituel au second plan quand ils ne les rejettent pas complètement. C'est le cas de quelques tenants des sciences cognitives qui considèrent les résultats des recherches en neurosciences et en physique quantique comme dépourvues de sérieux et de crédibilité parce qu'elles débordent du cadre de leur domaine d'investigation. *Les problèmes spirituels relèvent de l'émotionnel et de l'affectif*, affirme Gardner [...], *ils se situent par conséquent hors de portée de l'investigation cognitive.*[136] C'est pour cette raison qu'il conclut, après une longue réflexion, que la spiritualité est un *état d'être*. Elle s'atteint chez les personnes qui veulent donner un sens à leur vie, qui sont connectées aux autres, qui incarnent les valeurs de tolérance, de sagesse, de générosité de cœur et de créativité et qui aspirent à se réaliser.

L'intelligence spirituelle existe-t-elle ?

Ce parcours des différents auteurs cités par rapport à la dimension spirituelle me ramène à la question suivante : **existe-t-il un type d'intelligence que nous pouvons nommer *intelligence spirituelle*?** Du point de vue de la science strictement cognitive, non. Mais une chose est indéniable : la spiritualité répond à un besoin de l'être humain qui, depuis le début des temps et quelle que soit sa culture, se crée des dieux et élabore des systèmes de croyances religieuses, mystiques, métaphysiques ou scientifiques pour trouver des réponses aux questions qu'il se pose sur son existence, sur le sens de la vie et de la mort, sur ses origines et sa finalité.

Si les hommes se créent des dieux, c'est qu'ils projettent à l'extérieur d'eux quelque chose qu'ils portent en eux, une sorte de recherche de l'absolu, à partir de ce qu'ils sont. Même ceux

136 Howard Gardner, *Les intelligences multiples*, p. 79.

qui nient catégoriquement le phénomène spirituel parce qu'ils ne peuvent le cerner rationnellement se sont créé un dieu qu'ils abordent avec l'esprit religieux des détenteurs de vérité. Ce dieu, selon eux irréfutable, c'est *la science*, celle qui repose sur des phénomènes obéissant à des lois vérifiées par des méthodes précises. Ils s'y accrochent comme certains fervents s'accrochent à leur religion en jugeant sévèrement ceux qui n'adhèrent pas à ce qu'ils croient fermement être *La Vérité*. Ceux-là vous diront que leur foi en la science n'a rien à voir avec la foi en une religion. Ils ne sont pas conscients, cependant, que par leur manière d'aborder le scientifique, ils ressemblent étrangement à certains adeptes religieux en ce sens que, comme eux, ils se placent en détenteurs de vérité et qu'ils n'admettent pas d'autre voie que la leur.

LA COMPLÉMENTARITÉ DU RATIONNEL ET DE L'IRRATIONNEL

Il faut reconnaître que la science et la spiritualité sont deux domaines complètement différents, l'un étant de l'ordre du rationnel et l'autre, de l'irrationnel, et que, malgré leurs différences, dans la réalité humaine, le rationnel et l'irrationnel ne s'opposent pas, ils se complètent. L'un sait ce que l'autre ne sait pas et inversement. Déifier la science au détriment des intelligences émotionnelle et spirituelle est aussi délétère pour l'homme que de survaloriser son intelligence rationnelle. Nous sommes des êtres multidimensionnels. Nos dimensions corporelle, affective, intellectuelle et spirituelle doivent toutes être exploitées si nous voulons jouir d'une vie équilibrée et harmonieuse. Chaque fois que nous négligeons une dimension, nous en ressentons des effets perturbateurs sur notre corps et sur nos relations.

> **Le problème avec l'intelligence spirituelle pour une personne de type exclusivement rationnel, c'est qu'elle ne s'aborde pas sous l'angle du savoir, comme c'est le cas pour la science. Autrement dit, nous ne pourrons jamais connaître rationnellement le spirituel parce qu'il n'est accessible que par l'expérience vécue.**

MOYEN D'ACCÈS À L'INTELLIGENCE SPIRITUELLE

Pour y accéder et en ressentir les bienfaits, il est indispensable de nous ouvrir à cette partie immatérielle de nous-mêmes en expérimentant le lâcher-prise. Concrètement, devant un problème, il est normal et sain de chercher des solutions. Pour le résoudre, nous sollicitons naturellement et à juste titre nos ressources rationnelles, pratiques ou créatives, selon la situation. Cependant, il arrive des moments dans la vie où ces ressources ne suffisent pas. Lorsque nous sommes habités par l'impuissance à soulager la souffrance et que nous affrontons le désespoir généré par cette souffrance, il arrive que des lézardes se forment dans la carapace de la conscience rationnelle. Ces lézardes peuvent donner accès à la dimension spirituelle. C'est alors que nous avons la possibilité de découvrir qu'il y a en nous une autre forme d'intelligence dont le langage et le pouvoir sont complètement différents du langage et du pouvoir rationnels : l'intelligence irrationnelle ou spirituelle. Cette forme d'intelligence se manifeste par la voie de l'intuition, de l'inspiration, des coïncidences, des rencontres fortuites et surtout du ressenti. Elle donne des réponses justes à nos problèmes si nous apprenons à l'écouter, à lui faire confiance et surtout à lâcher prise. Évidemment, ces phénomènes qui défient la logique existent depuis toujours. Malheureusement, quand nous contestons l'existence de l'intelligence irrationnelle, nous ne leur accordons aucune importance et ne les voyons pas lorsqu'ils se présentent à nous, ou encore, si nous les observons, nous les jugeons insignifiants, inintéressants et dus au hasard.

> **La seule manière pour vous de vérifier ce que j'affirme, c'est de l'expérimenter sans préjugés. Tant que vous fermez la barrière sur votre vie irrationnelle parce qu'elle ne s'analyse pas intellectuellement, vous vous privez des richesses intérieures inestimables de votre intelligence spirituelle. Pour profiter de ces ressources profondes, vous devez accepter impérativement que l'intelligence spirituelle et l'intelligence émotionnelle ne fonctionnent pas du tout comme**

> **l'intelligence rationnelle. Elles ont un mode d'opération radicalement différent : l'une pense, analyse, compare alors que l'autre ressent, intuitionne, perçoit.**

C'est pourquoi il est impossible pour la raison de comprendre ce qui n'est pas de son expertise. Ce n'est pas parce qu'elle ne le conçoit pas par ses moyens à elle que l'intelligence spirituelle n'existe pas. La raison pure ne connaît que le cartésien, le déductif, le méthodique alors que l'intelligence spirituelle est, par essence, illogique et irrationnelle et elle passe par l'expérience sensitive, intuitive et émotionnelle pour se manifester, pas par le savoir. L'une ne remplace pas l'autre. L'une n'est pas plus respectable que l'autre. Elles sont complémentaires. C'est donc dire qu'à la question *L'intelligence spirituelle existe-t-elle*? je réponds *oui*, elle existe au même titre que l'intelligence émotionnelle. Elles sont innées toutes les deux, et si nous acceptons de voir le monde non seulement à travers la voie du rationnel, mais aussi par celle de l'expérience vécue, du lâcher-prise et des langages du corps, du cœur et de l'âme, nous mettrons enfin le pas sur le palier de l'intemporel, de l'intangible et de l'infini et nous serons habités par un sentiment de sécurité et de complétude qu'il est impossible de ressentir autrement.

CONCLUSION

Si la lecture de ce livre vous a encouragé à prendre des moyens pour activer votre cerveau, stimuler vos neurones, développer votre intelligence de quelque type que vous soyez ; s'il vous a convaincu que vous êtes intelligent, quels que soient vos intérêts, vos talents et vos ressources, j'aurai atteint une partie des objectifs qui m'ont incitée à l'écrire. Cependant, l'essentiel de mon message se résume en une phrase : tout passe par le cœur. Il est le chef d'orchestre de votre vie. Une approche des types d'intelligence qui ne donne pas au cerveau du cœur et, par conséquent, à l'intelligence irrationnelle la place centrale qui leur revient dans nos vies restera superficielle et vous causera beaucoup de déception au niveau des résultats obtenus.

Le plus important à retenir pour toucher le cœur de votre intelligence, pour appliquer votre connaissance du cerveau, des types d'intelligence et de l'intelligence irrationnelle à vous-même et pour l'utiliser en tant que pédagogue, thérapeute, soignant, parent, ami ou même en tant que dirigeant, leader ou employeur, c'est de bien vous souvenir de ne pas mettre l'accent uniquement sur les règles, sur les méthodes d'apprentissage, sur les stratégies ni sur les théories et les connaissances rationnelles, mais surtout sur la manière de les communiquer et sur la personne qui les transmet.

Vous êtes le véhicule par lequel passe tous les messages que vous transmettez consciemment ou inconsciemment à vos enfants, à vos patients, à vos élèves, à vos amis, à vos collègues, à votre entourage. Le succès de votre approche des autres dépend d'abord et avant tout du travail que vous faites sur vous-même pour être cohérent. Ce travail sur vous est le moyen le plus sûr pour que vous arriviez à établir une relation de confiance avec eux, une relation fondée sur une affection sincère, sur un respect des différences et sur la satisfaction de leurs besoins fondamentaux. Pour exploiter le potentiel de tous les types d'intelligence et celui des intelligences émotionnelle, motivationnelle, spirituelle, relationnelle et intrapersonnelle, l'être humain, quel qu'il soit, quels que soient son âge, son sexe, sa culture, ses aptitudes, a besoin de votre cohérence pour se sentir compris, sécurisé et en confiance. Il a besoin de sentir qu'il a de la valeur, qu'il est intelligent et qu'il mérite votre attention, votre foi en lui et votre amour.

Si vous abordez les esthètes, les pragmatiques et les rationnels en leur communiquant ce que vous cultivez de meilleur et de plus authentique en vous, vous les verrez s'épanouir sous vos yeux et conquérir le monde.

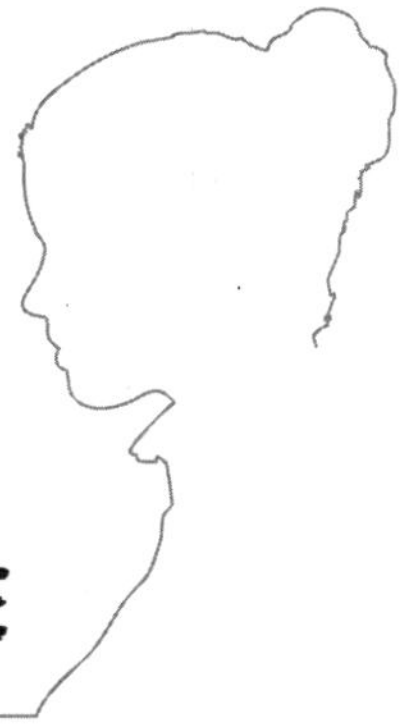

BIBLIOGRAPHIE

André, Christophe.
Méditer jour après jour. Paris : Éditions L'iconoclaste, 2013, p. 300.

Arden, John.
Les 5 clés du cerveau : pour l'entretenir et le dynamiser. Toulouse : Éditions Dangles, 2014.

Attri, Rekha.
Spiritual Intelligence – A Model for Inspirational Leadership. The International Journal's Research of Science and Management, 2012.

Balibar, Françoise.
Einstein. Paris : Tut-Tut, 2019, p. 190.

Bédat, Dr Denis.
Les nouvelles sciences de la santé. Paris : Guy Trédaniel, 2016, p. 228.

Bernard, Jean-Luc.
Tests et théorie de l'intelligence. Paris : Dunod, 2013, p. 128.

Bourgeois-Constantin, Christophe.
Vous êtes dix fois plus intelligent que vous ne l'imaginez. First éditions, 2018, p. 304.

Bobroff, Julien.
Mon grand mécano quantique. Paris : Flammarion, 2019, p. 176.

Cannenpasse-Riffard, Raphael.
Biologie, Médecine et Physique quantique. Résurgence, 2011.

Childre, Doc.
L'intelligence intuitive du cœur. Outremont, Québec : Éditions Ariane.

Collectif sous la direction de Christian Harbulot.
Comprendre l'intelligence économique. Paris : Économica, p. 224.

Collectif sous la direction de Léo Bormans.
Happiness : Le grand livre du bonheur. Montréal : Éditions de l'Homme, p. 365.

Danah, Zohar et Ian Marshall.
SI Connecting with our spiritual Intelligence. New York : Bloombury Publishing, 2000.

Dortier, Jean-François.
Le cerveau et la pensée. Sciences humaines, 2014.

DROUET, Stéphane.
La révolution quantique de la pensée. Libérez le génie qui est en vous. Escalquens : Éditions Dangles, 2016, p. 210.

L'intelligence quantique du cœur, un potentiel illimité à notre portée. Escalquens : Éditions Dangles, 2017, p. 287.

DROUOT, Patrick.
La révolution de la pensée intégrale. Toulouse : Éd. Dangles, 2013.

DUNCAN, Anthony.
Les perles d'Einstein, Paris : Éd. Tut-Tut, 2019, p. 24.

EDISON, Thomas.
L'autobiographie : les secrets de l'inventeur qui a éclairé le monde. Éditions Cadal, 2019.

EINSTEIN, Albert.
Comment je vois le monde. Champs Sciences, 1993.

ELROD, Hal.
L'équation du miracle, transformer le possible en certitude. Paris : Éditions First, 2020, 314 pages

FERRINI, Paul.
L'Évangile selon Jésus : un Nouveau Testament pour notre époque. Paris : Éditions Oxus, 2012, p. 400.

GARDNER, Howard.
Les formes d'intelligence. Paris : Éditions Odile Jacob, 1995
Les intelligences multiples. Éd. Retz, 1996, p. 188.

HOURSH, Bruno (1949-)
À l'école des intelligences multiples. Paris : Hachette Éducation. 2006, p. 288.

GIOVANNINI, Lucia.
Vivez, surmonter les émotions négatives, vaincre la peur et réaliser vos rêves. Montréal : Éditions du CRAM, 2019, p. 411.

GOLEMAN, Daniel.
L'intelligence émotionnelle : Comment transformer ses émotions en intelligence ? Paris : Robert Laffont, 1997.

HARTEMANN, Anne-Cécile.
Métamorphose : le courage d'aller vers soi. Montréal : Éditions du Cram, 2021, p. 232.

HOURST, Bruno.
À l'école des intelligences multiples. Paris : Hachette éducation, 2014, p. 285.

JACQUARD, Albert et Marie-Josée AUDERSET.
Moi, je viens d'où ? Suivi de *C'est quoi l'intelligence ?* Paris : Seuil Point-Virgule, 2002.

KARUKI, Murakami.
Profession écrivain. Paris : Éditions Belfond, 2019, p. 133.

KERSOURDY, François.
Winston Churchill. Paris : Tallandier, 2006.

LAFARGUE, Jean-Noël et Marion MONTAIGNE.
L'intelligence artificielle. Éd. Langage (pour l'édition française), Éditions Le Lombard (édition originale) La petite bédéthèque des savoirs N° 1, 2016, p. 72.

LAFARGUE, Gilles.
Notre cerveau a le sens de l'effort. La Recherche 2009, N° 428, p. 52-55.

LAFARGUE, Gilles.
Notre cerveau jamais au repos : dernières découvertes. Pour la science 2010, N° 393, p. 47.

LEFRANÇOIS, David.
L'intelligence motivationnelle : et si la réussite était une science exacte. WEB, livre électronique, 2015, p. 220.

MASLOW, Abraham
Motivation and Personality. New York : Harper and Row. 1970, p. 399.

MURRAY, Charles et Richard HERRNSTEIN.
The Bell Curve : Intelligence and Class Structure in American Life. Detroit : Free Press Edition, 1994, p. 845.

OUIMET, Olivier.
Psychologie des émotions : confrontation et évitement. Bruxelles : De Broeck éditions, 2008.

PETERSON, Christopher.
Article tiré du livre *Happiness : le grand livre du bonheur.* Montréal : Éditions de l'homme 2011 et qui a pour titre : « Découvrir l'autre en soi », p. 11.

PIAGET, Jean.
La naissance de l'intelligence chez l'enfant. Réédition numérique. Paris : Delachaux et Niestlé, 2018.

PIAGET, Jean et Olivier HOUDE.
La psychologie de l'intelligence. Paris : Armand Colin, réédition 2012.

PORTELANCE, Colette. 1943-
De quel système relationnel êtes-vous prisonnier ? Montréal : Éditions du CRAM, 2015, p. 393.

Éduquer pour rendre heureux. Montréal : Éditions du CRAM, 6e édition 2005, retirage 2009, p. 452.

L'acceptation et le lâcher-prise. Montréal : Éditions du CRAM, 2018, p. 285.

L'amour de soi. Montréal : Éditions du CRAM, 2020, p. 208.
Relation d'aide et amour de soi. Montréal : Éditions du CRAM, 6e édition 2005, retirage 2009, p. 452.

Surmonter les conflits relationnels le cœur en paix. Montréal : Éditions du CRAM, 2019, p. 207.

RAMIANDRISOA, Arthur.
Mon école buissonnière. Paris : Presses Pocket, 1993, p. 305.

RAMIANDRISOA, Joana.
La méthode Arthur : comment développer dans l'harmonie les capacités naturelles de votre enfant ? Paris : Presse Pocket, 1994, p. 378.

SALOVEY, Peter et John D. MAYER.
Travaux sur l'intelligence émotionnelle. 1990.

SERBAN-SCHREIBER, David.
Guérir le stress, l'anxiété et la dépression sans médicaments ni psychanalyse. Paris : Éditions Retrouvées, 2017.

SHANKLAND, Rébecca et Christophe ANDRÉ.
Ces liens qui nous font vivre : l'éloge de l'interdépendance. Paris : Odile Jacob, janvier 2020, p. 331.

SUZUKI, Wendy.
Bouge ton cerveau : comment bouger nous rend plus intelligent et plus heureux. Paris : Éditions Marabout, p. 399.

TOLLE, Eckhart.
Le pouvoir du moment présent ; guide d'éveil spirituel. Outremont : Éditions Ariane, 2000, p. 219.

VIKTOR & FRANKL.
Man Search for Meaning. New York : Flammarion. 2019, p. 176.

WOLMAN, Richard.
Thinking with your Soul – Spiritual Intelligence and Why it Matters. Richard N. Wolman Editor, 2001.

ZOHAR, Danah et Dr Ian MARSHALL.
SQ : Connecting with our Spiritual Intelligence. New York, (N.Y.) : Bloomsbury Publishing, 2000.

REMERCIEMENTS

Le travail d'écriture se réalise dans un espace où l'auteur est seul face à lui-même avec ses notes, ses idées, ses élans créateurs. Toutefois, sans un support humain extérieur, aucun livre ne verrait le jour.

Je tiens d'abord à remercier Guillaume Lavigne des Éditions du CRAM qui a permis la publication de tous mes ouvrages depuis 1990 et qui l'a toujours fait avec une générosité, une écoute et une disponibilité remarquables.

Merci spécial à Anne-Cécile Hartemann qui m'a ouvert de nouvelles portes sur le monde grâce à sa foi en mon œuvre et à son désir de la faire connaître.

Merci à David Portelance à qui je dois le titre de cet ouvrage et la phrase d'Einstein qui en résume le contenu.

Ma reconnaissance est sans limites pour François Lavigne, mon amoureux qui, pendant les soixante dernières années, m'a toujours soutenue, encouragée, aidée dans tous mes projets, dans toutes mes créations et dans mon parcours d'auteure. Je souhaite à tous mes lecteurs et lectrices une compagne ou un compagnon de vie qui croit en vous autant qu'il a cru en moi.

Merci enfin à tous mes étudiants du cours secondaire et de la formation à l'Approche non directive créatrice[MD] que j'ai créée et donnée au Centre de relation d'aide de Montréal. J'ai plus appris sur l'intelligence humaine de ma relation avec vous et de mon expérience pédagogique auprès de vous que de tous les livres que j'ai lus et de tous les cours que j'ai suivis dans ma vie. Grâce à vous, j'ai compris que les meilleurs apprentissages, ceux qui nous font le plus évoluer professionnellement et grandir intérieurement viennent de l'expérience vécue plus que de la connaissance théorique. Je vous en suis profondément reconnaissante.

Merci enfin à mes fidèles lecteurs, ceux qui me suivent depuis la publication de mon premier livre et à tous ceux qui me découvrent par cet ouvrage. Vous me permettez, par votre lecture, d'apporter mon humble contribution à l'édification d'un monde meilleur où chacun de nous est reconnu pour sa véritable valeur, ses précieux apports et ses inestimables qualités humaines.

De tout cœur,
Colette Portelance

Le texte intérieur a été imprimé sur du Rolland Enviro Antique blanc 100M.
Ce papier contient 100% de fibres postconsommation,
est fabriqué avec un procédé sans chlore et à partir d'énergie biogaz.
Il est certifié FSC® et Garant des forêts intactes[MC].

Achevé d'imprimer
au mois d'août 2021 sur les presses de
l'imprimerie HLN à Sherbrooke (Québec)